産業・組織心理学
エッセンシャルズ
【第4版】

外島 裕 監修
Toshima Yutaka

田中堅一郎 編
Tanaka Ken'ichiro

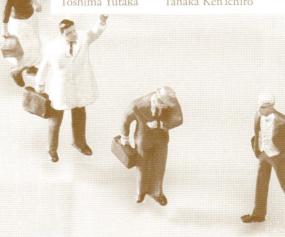

ナカニシヤ出版

は し が き

　『産業・組織心理学エッセンシャルズ』の初版は，ミレニアム2000年紀の4月に出版いたしました。その後「増補改訂版」「改訂三版」と改訂を工夫してまいりましたが，このたび「第4版」を編集いたしました。

　初版より約20年が経過いたしました。おかげさまで，この間，基本的な文献として，多くの研究者，学生の皆様，および実務家の方々に，評価をいただいてきました。

　本書では，当初より2つの試みを企画しています。1つは，理論的な研究をしっかりとふまえた上で，これらを応用し実践していくきっかけとなるように，わかりやすく説明することを心がけています。もう1つは，学会内で比較的評価の定まった重要な概念をきちんとおさえた上で，新しい視点や研究動向などにふれることを意識しています。

　無論，産業・組織心理学領域の研究の広がりと深化は，日々進展しています。経営環境の変化に対応するための経営の課題解決，組織を構成する一人ひとりの心的過程の理解と支援には，研究成果の適切な実践が期待されます。本書を，それらの手掛かりのひとつとして位置づけていただき，さらに関連する論文や文献を検討いただければと思います。

　私たちが生活している日本の社会のみならず，世界では，さまざまな事柄が大きく変化し続けています。その激しい変動の影響を受けざるをえない，一人ひとりの尊厳と自律と幸せを，産業・組織心理学の研究と実践を通して，いかに実現していくことができるでしょうか。組織経営と人間行動との関連，社会生活と人間行動との関連など，一時的な言説の傾向に惑わされることなく，本質的な視点から，洞察を続けたいものです。

　そのためにも，従来から関係の深い組織行動論や人的資源管理論のみならず，産業臨床心理学からの知見，コミュニティ心理学からの知見，さらには，経営学，経済学，社会学，法学などからの学際的なアプローチも期待されるでしょ

う。本書に接していただいた研究者の方々，研究を志している学生の皆さん，実務家の方々との意見交換，ご助言が不可欠です。今後とも，ご支援をお願い申し上げます。

　このたびの「第4版」への改訂にあたり，多くのご示唆をいただきました学会の諸先生方，実務家の方々に感謝申し上げます。特に，今まで親しくご教示いただいた，産業・組織心理学会，経営行動科学学会，日本応用心理学会の皆様にお礼申し上げます。

　また，今回の企画をご理解くださり，編集の労をとっていただいた宍倉由高氏はじめ，ナカニシヤ出版編集部の皆様にお礼を申し上げたいと思います。

　　　　2019年4月

　　　　　　　　　　　　　　　　　　　　　　　　外島　　裕
　　　　　　　　　　　　　　　　　　　　　　　　田中堅一郎

目　　次

はしがき　　*i*

❶　仕事への動機づけ ……………………………………………1
- 1. 動機づけとは　　1
- 2. 歴史的背景　　2
- 3. 内容理論　　4
- 4. 職務満足　　10
- 5. 過程理論　　16

❷　人事評価制度 ………………………………………………29
- 1. 人的資源管理と人事評価　　29
- 2. 人事評価　　34
- 3. 教育訓練　　39
- 4. 職務システム　　44
- 5. 報酬システム　　48

❸　人事測定の方法 ……………………………………………55
- 1. 職業適性と個人差の把握　　55
- 2. 職業適性検査の構成と種類　　60
- 3. 心理検査の標準化　　70
- 4. 行動の評価　　79

❹　職場の人間関係と意思決定 ………………………………91
- 1. 集団　　91
- 2. 集団での課題遂行　　95
- 3. 組織における意思決定　　101

iv　目　次

❺　職場のリーダーシップ ··························117

1. 特性アプローチ　117
2. 行動アプローチ　119
3. 状況適合的アプローチ　121
4. 相互作用的アプローチ　124
5. 認知的アプローチ　126
6. リーダーシップ論のトレンド　128

❻　職場のストレス ······························133

1. ストレスとは何か　133
2. 職場のストレスを説明するモデル　134
3. 職場のストレス要因　138
4. ストレス反応　142
5. ストレス反応に影響を与える個人要因と他者からの支援　145
6. 組織によるストレスへの対応　149

❼　組織における協力と葛藤 ······················153

1. 組織における協力（その1）：組織における向社会的行動　153
2. 組織における協力（その2）：忠誠か，それとも反逆か　156
3. 組織における葛藤（その1）：その種類と原因，そして結果　160
4. 組織における葛藤（その2）：葛藤解決の方略　164

❽　ヒューマンエラー ····························175

1. ヒューマンエラーとは何か　175
2. ヒューマンエラーのメカニズム　177
3. ヒューマンエラー事故発生のモデル　184
4. ヒューマンエラー事故の対策　188

❾　キャリアの発達とその開発 ····················197

1. キャリアとそれを取り巻く環境　197
2. キャリアの理論　201
3. キャリア形成に必要な能力　212
4. 自律的キャリアの開発支援　216
5. キャリアトランジション　219

❿　売り手と買い手の心理学 ……………………………………………221

   1. 要請技法と悪徳商法　　221
   2. 消費者調査とその分析　　227
   3. 広告効果と広告情報処理　　232
   4. さまざまな広告　　242

特論1　心理学で用いられる統計の基礎知識ガイド ……………………247

特論2　産業・組織心理学史 ……………………………………………259

   1. ア　メ　リ　カ　　259
   2. 日　　　　　本　　270
   3. 産業・組織心理学　略年表　　277

  参考文献　　289
  索　　引　　315

トピックス目次

   報酬と動機づけ　　26
   ワーク／ノンワークの理論　　52
   印象形成の実験研究　　87
   プロスペクト理論　　113
   リーダーの発達　　131
   組織市民行動を規定する要因と，それが従業員にもたらす影響　　173
   レジリエンス・エンジニアリング　　194
   単純接触効果と低関与学習理論　　234

仕事への動機づけ

1. 動機づけとは

「仕事を頑張ってするかどうかはやる気の問題である」とよくいわれる。仕事における重要な要素である個人の意欲とは，行動を生じさせて一定の方向に向かわせるエネルギーである。組織の心理学では，仕事場面での行動を決める要因の1つである意欲について動機づけという考え方で説明している。

動機づけとは目標をめざすこのような行動の背後にあると推定される仮説的な過程である。動機づけは目標を志向する行動を起こさせ，何をするかを方向づけ，どの程度行なうかという強度と，どこまでつづけるかという持続性に影響する。動機づけには，欲求など人を行動に駆り立てるエネルギー，目標や誘因などによって決まる行動選択や方向性，行動の結果として経験される満足感などの主観的な反応の3要素があり，動機づけの各理論はこの3要素をいかに説明するかにおいてそれぞれ特色をもっている。

レストランで働く若者を例にして考えてみよう。若者はまず自分の生活費を稼がねばならないので毎日仕事に行く。もちろん給料がよければ仕事にも精が出る。もし一人前の料理人という目標をめざしているならば，何年も下積みであってもくさらずに頑張りつづける。料理の勉強に役立つならフランス語も習いに行く。一方で，友達と飲みに行くのは断わって夜中まで野菜の切り方を練習する。失敗して先輩に叱られれば反発するどころか逆にもっと努力する。

これらはすべて動機づけによって強く影響されている行動である。この章では動機づけの考え方の中でも仕事に深く関係するものを中心に，労務管理に由来する歴史的な背景，欲求理論の考え方，職務満足と動機づけの関係，期待理論および最近の動機づけ理論について述べていく。

2. 歴史的背景

1 科学的管理法

　仕事の動機づけについての本格的なとりくみは，まず労働者を監督する労務管理の立場から研究された。テイラーは科学的管理法と呼ばれる労務管理の方法によって仕事の能率を高めようとした（Taylor, 1911）。テイラーが1878年にフィラデルフィアのミッドベール製鋼工場に入ってこの方法を考えた当時，経営者は競争で価格が低下すると生産の一単位当たりの賃金額である賃金率を引き下げ生産量の調整をしようとし，労働者側はこれに対抗して組織的怠業を行なうことで賃金率を下げられない程度に生産量を自主調整していた。

　テイラーは組織的怠業を解決するため，賃金や生産量を経営者が勝手に決めるのではなく，能率技師がもっとも能率の高い場合の標準時間（所要時間）を熟練作業者の所要時間から求め，これを基準に1日の仕事量や賃金などを決めることを提案した。この場合，仕事の動機づけは，この基準に基づく出来高払いの制度である異率出来高払制度による賃金で高められると考えていた。

　作業方法についても能率技師が行動を要素に分解して再構成し，必要な動作のみによるもっとも能率的な標準作業方法を決め，労働者に勝手に作業させるのではなくこの作業方法を訓練して学習させた。これらの考え方は単純な労働強化によらずに生産効率を最大化する管理方法として企業に歓迎された。

　科学的管理方法は本来，経営者と労働者が対立することなくもっとも効率的な生産方法を発見する手段であったが，見方によっては機械の特性を調べるように人間の作業特性を調べることで人間を効果的に利用する方法の研究とみなすこともできる。その背景には人間を作業する機械として扱う当時の人間観が反映していた。動機づけにおいても，科学的管理法では労働者を本来怠け者で自分の利益のみを追求する合理的な経済人とみていたので賃金が重視された。生産の効率を求める科学的管理法は経営者に都合のよい標準時間や標準作業方法の導入に使われやすく，人間性を無視して労働者を機械部品のように扱う傾向を強めたため経営者と労働者の対立をかえって深めることになった。

2 ホーソン研究

　雇用が安定して一定以上の賃金が得られる場合，仕事の動機づけは周囲の人や組織内の社会的心理的要因によって影響される。この点に注目した研究は人間関係論と呼ばれ，働く人は没論理的な感情や周りの人々から影響を受けやすいと考えた。この発端となった研究がホーソン研究（Mayo, 1933）である。

　ウェスタン・エレクトリック社のホーソン工場では1927年からメイヨーなどの研究者がいろいろな条件で6人の女性労働者に単純なリレーの組立作業をさせる実験を行なった。その結果，実験を繰り返すごとに生産量は増えていったが，休憩回数，終業時間などの労働条件との関係は見いだせなかった。

　メイヨーは，彼女たちが普段と違って作業監督者から監視されず，研究者とは実験について話し合う関係になっていたなど，彼女たちへの扱いや社会的状況がよい感情を生みだしたことが生産量増加の原因と考えた。その後の面接調査の結果，労働者の行動は感情と深い関係があること，非公式な集団の影響力は公式の規範よりも強く公式の作業ルールよりも非公式（インフォーマル）の仲間集団内の慣行によって作業のペースが決められていることがわかった。

　ホーソン研究によって仕事の動機づけは賃金などの経済的要因だけではなく集団によっても強く影響されること，集団の影響は理性ではなく集団や仲間への心情（センチメント）に依存していることが明らかになった。この研究以後，人間らしい扱いを受けることで生じる感情の影響や非公式な集団の影響などを扱う人間関係論が動機づけ理論として注目されるようになった。

　同時に企業においても個人の経済的要因に注目するだけの管理から，感情や集団の影響を考慮することや集団の結束を高めるためにコミュニケーションを重視することなど，組織への参加意識や心情にも配慮した管理が行なわれるようになった。提案制度，モラール・サーベイによる意識調査，リーダーの社会的スキルの訓練などは人間関係論の考え方によって導入されたものである。

　人間関係論は職場での社会的心理的な側面に注目した点が評価されたが，最大の動機づけ要因である仕事や賃金の検討が不十分であり，仕事における問題の根本的解決にならないという批判を受けた。日本では人間関係論による管理

4　　1章　仕事への動機づけ

方法はとにかく部下の感情をよくすればいいと矮小化され，管理者が部下にニ
コニコと笑いかけて肩をポンとたたくといったニコポン主義になったり，労働
組合活動に対抗する理論とみなされたりする誤解もあった。

３　行　動　科　学

　科学的管理法も人間関係論も合理的で論理的な考え方をする経営者がいかに
労働者を管理するかという経営的な発想に基づいていた。しかし，組織が大き
くなり工程が複雑化するにつれ，人間を機械のように考えたり単純な感情に
よって行動していると考えたりする管理方法には限界が見えてきた。これに対
し，労働者や管理者の行動を人間行動の一つとして検討することで動機づけや
労務管理を研究する動きが1950年代以降に盛んとなり，さまざまな理論が提案
された。これらの研究は心理学，社会学，経済学など多様な分野から人間の行
動を研究する行動科学から生まれたので行動科学派とも呼ばれた。

　行動科学は人間としての労働者はなぜやる気をもつのか，なぜ努力するのか
を追求した。そこから，経済的欲求は実際の職場において本当に重要な欲求で
あるのか，それ以外に重要な欲求があるのではないか，欲求はどのようにして
具体的な行動に結びつくのか，といった問題が取り上げられることになった。
これらは労働者についての研究を欲求と行動に関する心理学的知識に基づいた
ものに変えるものであり，その後の労務管理や経営に大きな影響を与えた。

3.　内　容　理　論

１　内　容　理　論

　初期の行動科学では動機づけの強さや行動の違いを欲求の強さや種類の違い
で説明した。このような考え方は内容理論（content theory）と呼ばれる。内
容理論は動機づけの３要素のうちエネルギーを中心とした理論で，なぜやる気
を出して働くのか，行動を起こさせるものは何かを考えることで動機づけを説
明する理論である。

　内容理論では，不満足な状態を一定の方向に向かう行動によって解消してい

く力としてどのような欲求があるのかという欲求の種類の問題と，個々の欲求は互いにどのように関係しているのかという構造の問題から検討が進められた。代表的な内容理論には，マズローの欲求階層理論，アルダファのERG理論，マグレガーのXY理論，マクレランドの達成動機理論がある。また，本章では内発的動機づけも欲求に関連するものとして取り上げている。

2 マズローの欲求階層理論

マズローは積極的に自己を形成して完全な人間性を獲得した理想的な人間を自己実現した人と考え，そこから人間とは何かを考えていった。その際に人間の欲求について検討したのが欲求階層理論（Maslow, 1954）である。この理論では，自己実現した人間は自分の潜在的能力を最大限生かして心理的成長をしたいという高次の欲求によって動機づけられるが，そこに至るまでの人間は欠乏とその充足という生物学的な低次の欲求によって動機づけられるとされた。

低次の欲求は，生理的欲求（physiological needs），安全と安定の欲求（safety-security needs），所属と愛の欲求（belongingness-love needs），尊敬欲求（esteem needs）の4つである。これらは欠乏による緊張を解消するために人を動機づける欠乏動機（deficiency motivation）であり，緊張を解消する目標や誘因へと方向づけられた行動を導くものである。また，充足されると緊張が解消されて強度や重要性が低下する欲求でもある（図1-1）。

生理的欲求は空腹，渇き，性など生存に不可欠なものへの欲求でありもっとも強い欲求である。安全と安定の欲求，所属と愛の欲求，尊敬欲求は社会的な欲求である。安全と安定の欲求は生理的欲求に次いで強く，恐怖や不安からの

欠乏動機	生理的欲求 安全と安定の欲求 所属と愛の欲求 尊敬欲求
成長動機	自己実現欲求

図1-1　マズローの欲求階層

自由や安全への欲求である。所属と愛の欲求は他者からの愛情や集団から受容されることへの欲求である。尊敬欲求は他人からの尊敬の欲求と，達成や自律的な行動ができることを願う自己尊重の欲求からなる。

自己実現欲求（need for self-actualization）は欠乏動機ではない。行動することで一時的に充足されても動機づけは低下せず，次々と新たな緊張を生みだす成長動機（growth motivation）である。また自分の可能性を最大限開拓し理想的な自己をめざして行動しようとする欲求でもある。

欠乏動機の欲求と成長動機の自己実現欲求を比較すると，欠乏動機の欲求は充足すれば緊張が解消されるので行動はそれ以上起こらなくなる。一方，成長動機である自己実現欲求では緊張が自ら作り出されていくので完全な充足はなく，創造的活動のように限りなく新たな行動が生じていく。

マズローはさらに，これらの欲求が低次から高次へと段階的に構成されており，低次の欲求が充足されるとその欲求の重要性や強度が減少し，行動はより高次の欲求の充足を求めるために生じると考えた。つまり，低次の欲求が満たされない状況では高次の欲求によって行動が生じることはなく，自己実現欲求は他の欲求がすべて充足されている場合に限り行動を生じさせると考えた。

マズローの考え方によれば，仕事の環境を整え職場の人間関係を整えるという欠乏動機の充足だけでは人間を十分に仕事に動機づけることはできないことになる。高い動機づけを得るには，仕事において自己実現欲求の充足が可能になるように仕事や組織を改革することが必要である。この考え方による労務管理は人的資源アプローチと呼ばれている。しかし，マズローの理論は本来，人間形成についての理論であり仕事における欲求の理論ではなかった。マズローの自己実現した人とは完全な人間のことであり，これが仕事内容の充実や職場環境の整備を通じて実現されるという考え方にはやや無理があるといえる。

3　ERG理論

アルダファのERG理論（Alderfer, 1972）はマズローと同様の欲求階層理論であるが，マズローの理論が人間全体についての理論的考察であるのに対し，ERG理論は実際の研究結果に基づいた仕事場面での行動に関する理論である。

ERG理論では欲求の階層を次の3つにまとめている（図1-2）。もっとも低次

ERG理論の分類	マズローの欲求階層
生存欲求（existence）	生理的欲求 安全と安定の欲求
関係欲求（relatedness）	所属と愛の欲求 尊敬欲求
成長欲求（growth）	自己実現欲求

図1-2　ERG理論の分類とマズローの欲求階層

の欲求は，生存欲求で人間の生存に必要なあらゆる物質的・生理的なものを求める欲求である。これはマズローの生理的欲求，安全と安定の欲求に対応するものであり，賃金や労働条件の欲求はここに含まれる。関係欲求は人間関係の維持と発展を求める欲求であり，家族，同僚，上司，友人など重要な人たちとの関係への欲求である。マズローの所属と愛情の欲求と尊敬欲求がこれにあたる。もっとも高次の欲求はマズローの自己実現欲求に対応する成長欲求である。人間らしく生きることや成長を求める欲求，自分や自分の周りの環境に対して創造的で生産的であろうとする欲求がこれにあたる。

　ERG理論ではマズローの理論と同じく生存欲求と関係欲求は充足されると強度や重要性が減少するが，成長欲求は充足されても強度や重要性が減少しないとしている。マズローの理論と比較した場合のこの理論の特徴は，マズローが各欲求は段階的にあらわれ低次の欲求と高次の欲求が同時にあらわれることはないとしたのに対し，各欲求は連続的であり高次の欲求と低次の欲求が同時に生じることがあるという現実的な考え方をしている点である。

4　Ｘ　Ｙ　理　論

　個人の欲求を，組織における目標の達成および管理行動に関連付けて検討したのがマグレガーのXY理論（McGregor, 1960）である。マグレガーは，管理者による働く人の欲求への見方にはX理論とY理論の2種類があるとした。

　X理論とは働く人について，人は働くことが嫌いで避けようとする，よって働かせるには強制や罰を用いる必要がある。人は仕事について指示されること

8   1章　仕事への動機づけ

を好み責任を負うことを避ける。人は変化や新しいことを求めるよりも現在の仕事を維持する方を好む，という見方に立つことを指す。X理論では，働く人の欲求はマズローの安全と安定の欲求などが主であると考える。

　一方，Y理論とは働く人について，人にとって働くことは遊びや休息と同様に普通のことである。人は目的が重要であると考えると自ら進んで行動するので強制や罰を用いなくても働く。人は場合によっては責任を負うし，時には自ら進んで責任を負って働く。管理者でない人でも仕事に関して創造的な判断をする能力を持っている，という見方に立つことを指す。Y理論では，マズローの尊敬欲求や自己実現欲求なども働く人にとって重要な欲求であると考える。

　管理者がX理論の見方をとれば，動機づけは管理や統制により高められるので，命令や罰を用いることになる。Y理論の見方をとれば，高次の欲求の充足が重要となるので，権限の委譲やチームの活用により組織目標の達成と個人の欲求充足を関連づけることで動機づけを高めようとすることになる。

　マグレガーは，組織目標の達成のために人を動かすには，Y理論の見方に立って個人の自発的な努力を導く管理行動が求められていると主張した。XY理論は必ずしも実証されていないが，マズローの理論を背景にした個人の理論である欲求論と組織における目標達成と結びつけることで，個人と組織の関係を統合する一つの視点を与えたという意義をもっている。

5　マクレランドの達成動機理論

　欲求のうち，職場における仕事での欲求を中心に検討したのがマクレランドの達成動機理論（McClelland, 1961）である。マクレランドは人間が賃金への欲求以外に，職場でのよい人間関係への欲求（親和欲求），指導的な立場や地位への欲求（支配欲求），仕事の達成や成功への欲求（達成欲求）という社会的な欲求も仕事への動機づけを高めることに注目した（図1-3）。

　親和欲求は集団への所属や親しい友人を求める欲求である。これの高い人は競争よりも協力的で仲の良い関係を求め，人間関係での深い相互理解を求める。これはマズローの所属と愛情の欲求に対応するものである。支配欲求は他人に影響を及ぼしたい，支配したいという欲求である。これの高い人は人から指示されるよりも責任をもって自分で仕事をしようとする。これはマズローの尊敬

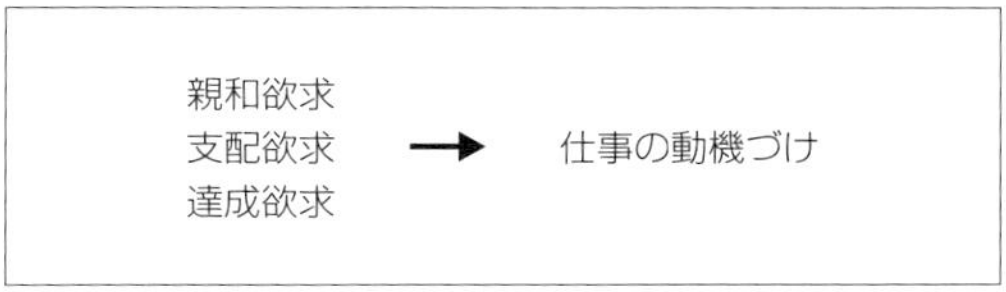

3. 内 容 理 論　9

```
親和欲求
支配欲求　　➡　　仕事の動機づけ
達成欲求
```

図1-3　マクレランドの達成動機理論

欲求に対応する欲求である。達成欲求は高い基準に挑戦して自分のもつ力を発揮し，目標に到達しようとする欲求である。同時に，なるべく早く，また他者に負けないように達成しようという欲求でもある。これは成長欲求であるという意味でマズローの自己実現欲求に対応するものである。

　達成欲求の高い人は，結果が自分への評価につながることを重視するので1人で行なう仕事や課題を好む。能力や努力によって達成できる課題を好み，運や偶然の影響を受ける課題は好まない。成功や失敗が評価につながらないやさしい課題や難しい課題ではなく中程度の難しさの課題を好む，と考えられる。

　実際に，達成欲求の強い人は個人の努力や判断が反映する小さな組織や独立した部署では高い業績をあげる可能性が高いが，部下の指導や育成への関心は低いため大きな組織の責任者には向かない可能性がある。トップセールスマンが必ずしもよい営業所長にはならないという経験則はこれに一致している。

6　内発的動機づけ

　行動には報酬のためではなく，行動そのものから得られる快や満足（内的報酬）のために行なわれるものがある。好奇心や探究心からの行動がそれであり，自発的かつ積極的に行動するという特徴がある。マレーは外的な報酬のために行なわれる行動は外発的動機づけ（extrinsic motivation）による行動，その行動自体のために行なわれる行動は内発的動機づけ（intrinsic motivation）による行動とした（Murray, 1964）。デシも，観察可能な外的誘因が存在しない場合にはその行動は内発的に動機づけられているとした（Deci, 1975）。

　認知的評価理論（cognitive evaluation theory）（Deci & Ryan, 1985）では，この二つの行動の違いを報酬の種類よりもむしろ，行動の背景にある欲求の相対的な大きさの違いによると考えている。内発的動機づけによる行動は外発的動

機づけによる行動にくらべて，熟達性（competence）への欲求，自己決定や自律性（autonomy）への欲求に基づくところが大きいと考えられている。またこのことから，行動への自己決定感を低下させるような成果に応じた高い報酬や厳しい罰は内発的動機づけを低下させ（アンダーマイニング効果），行動を外発的に動機づけられたものにするという研究が行なわれ大いに注目されたが，後にその効果は必ずしも大きくないことが明らかとなった（トピックス参照）。

　仕事において内発的動機づけの高い行動とは，賃金や昇進のためではなく仕事そのものが楽しい，技術や能力を高められる，仕事を任されている，といった理由で仕事をしているケースである。これらの場合には，積極的な努力が行なわれるだけではなく，自ら知識を深め能力や技術を高める，さまざまな方法や手段を試しアイデアを考案する，自発的に組織内外とコミュニケーションをとる，といった積極的で多様な行動が起こされる。職務内容や職務特性の見直し，仕事の管理体制の見直しは，内発的動機づけを高め積極的で自律的な仕事へのとりくみを促進する試みの1つである。

4. 職 務 満 足

1　職務満足と動機づけ

　職務満足は仕事にともなって生じる肯定的な主観的感情である。ロック（Locke, 1976）は「職務満足は個人の仕事の評価や仕事における経験からもたらされる喜ばしい感情，もしくは肯定的な感情である」と定義している。

　職務満足は仕事と同時に組織に対する態度であるので，離職や欠勤といった組織に対する行動を説明する力は動機づけよりも大きく予測力も高い。離職や欠勤による組織全体の生産性の低下に取り組んでいた科学的管理法では，職務満足の源泉と思われていた賃金が重視されていたのは当然である。その後の人間関係論でも，職務満足は動機づけを高めるものとして重視されてきた。

　ただ，この考え方の前提である「満足が高まると動機づけが高くなり努力するようになる」という考え方は必ずしも正しくない。この考え方は，牛をペットのように可愛がればミルクをよく出すようになる，という考え方に似ている

のでペットミルク説といわれている。しかし，賃金が高く仕事の環境もよい組織に勤めている人は，皆，やる気が高くよく働いているとはいえない。

職務満足は仕事や職場に対する態度の一種であり，仕事や職場の状況などに対する評価や感情である。一方，動機づけは課題達成へと努力を方向づけ，努力のためのエネルギーを高めるものである。課題が達成されれば満足は高まり，満足するとさらに動機づけが高まるかというとそうとは限らない。なぜなら，実際の職場では，仕事の達成と外的報酬である賃金の額とは部分的にしか関連していないので，達成は報酬への満足を必ずしももたらさないのである。また，満足をもたらすものは報酬以外に，労働条件，組織風土，職場の人間関係など数多くある。このように仕事の達成と満足の関係は強くはないので，満足をしていても動機づけが高くなるとは限らないのである。

2　ハーツバーグの2要因理論

欲求理論では欲求が充足されると満足し充足されないと不満足になると考えている。テイラーの科学的管理法でも出来高払いの賃金や仕事環境を整えることが満足をもたらすと考えていた。しかし，賃金が少し上がることや職場がきれいになることは必ずしも仕事への満足を高めない。この点に注目したのがハーツバーグの2要因理論（動機づけ‐衛生理論）（Herzberg, 1966）である。

2要因理論は次のような調査に基づいて提示された考え方である。ハーツバーグはアメリカのピッツバーグ周辺の9社の203人の会計士と技術者に面接して，自分の職務についてたいへん好ましいと感じた時，もしくは好ましくないと感じた時を思い出してもらい，その思い出がどのような理由によるのかをたずねた。また，仕事への感情（満足感）が仕事，個人の人間関係，健康状態にどのように影響したかを聞いた。この調査であげられた仕事での出来事と感情をまとめたものが図1-4である。

当初，仕事への感情と結びつく16の因子が見いだされたが（Herzberg et al., 1959），後に10因子にまとめられた。図の箱の左右の長さは頻度，箱の上下の幅は職務態度の持続した期間を示している。図の示すように仕事そのもの，責任，昇進といった要因は長期間続く満足をもたらしたが，賃金や作業条件はすべて短期間の満足の持続しかもたらさなかった。

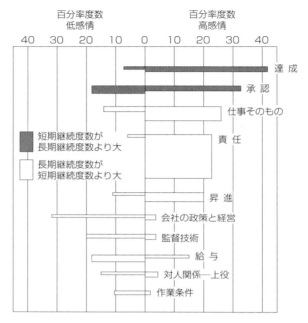

図1-4 動機づけ要因と衛生要因の比較
(Herzberg, 1966 北野訳 1968)

　このように職場での出来事は満足を与える要因と不満足を与える要因に分けることができる。満足を与える要因は動機づけ要因（motivator）といい，達成，承認，仕事そのもの，責任，昇進がこれにあたる。この要因は十分充たされていれば満足となるが，あまり充たされていなくても不満が大きくなるわけではない。動機づけ要因では満足の反対は不満足ではなく，満足ではないである。動機づけ要因の充足は長期間の満足と動機づけの高さをもたらす特徴がある。
　不満足を与える要因は衛生要因（hygiene factor）といい，会社の政策と経営，監督技術，給与，上役との対人関係，作業条件がこれにあたる。衛生とは医学の予防衛生に由来している。予防衛生のレベルが低ければ病気を招くが高くてもより健康にはできないように，この要因が不十分であれば不満足となるが，十分充たされても満足を高めることはない。衛生要因では不満足の反対は満足ではなく，不満足ではないである。衛生要因は作業条件がそうであるよう

に，一度充足しても次々に改善要求が生じるので，不満足感が無限に生じてきて，その度に仕事への動機づけが低下するという特徴がある。

この理論によれば，仕事への満足を高めるには同質の課業の数を増やすだけの職務拡大（job enlargement）ではなく，質や機能の異なる業務を複数担当するなどにより仕事内容を改善する職務充実（job enrichment）が必要である。ここでの職務充実とは，職務設計を見直すことにより仕事を動機づけ要因の高いものにすること，すなわち職務の魅力が高く，個人の成長の機会や達成・承認を受ける機会があり，昇進の可能性も高いものにすることである。

また，職務満足が賃金以外の多くの要因によることが示されたため，職務，待遇，作業環境，上司，同僚，経営方針などに対する従業員の多様な満足を測定するモラール・サーベイがこれ以後流行するようになった。

3　職務満足の尺度

職務満足は離職や欠勤などの組織での行動や業績などに影響する変数として研究されている。職務満足を測定する代表的な尺度としては，ミネソタ大学のウィースら（Weiss et al., 1967）が開発したMSQ（Minnesota Satisfaction Questionnaire）がある。MSQ（短縮版）は20項目からなり，内発的な動機づけによる満足と外発的な動機づけによる満足に分かれているが，全項目を合わせることで全般的な職務満足の指標となるように作られている（図1-5）。

MSQとならんでJDI（Job Descriptive Index）（Smith et al., 1969）もよく用いられている。JDIは仕事における各側面の個別の満足を測る尺度であり，仕事そのもの，賃金，昇進，監督，同僚のそれぞれについての短い記述に「はい」「いいえ」で答える5つの個別尺度からなっている。たとえば仕事そのものの満足尺度は，「熱い」，「自立している」，「退屈」，「達成感がある」，「つまらない」，「おもしろい」，などについて「はい」「いいえ」で答えるようになっている。このように職務満足の測定尺度には，給与への満足や上司への満足などの個別の満足を測るものと，全般的な満足を測るものの2種類がある。

4　QWLと働くことの意味

職務満足は職業生活だけでなく仕事以外の生活の満足にも影響を及ぼしてい

14   1章　仕事への動機づけ

　現在の仕事に関し以下の項目についてどのように感じていますか。次の5
段階で答えてください。

　1. 非常に不満足　2. 不満足　3. 満足か不満足かどちらとも決められない
　4. 満足　5. 非常に満足

　1. いつも忙しく仕事ができること（内発的，活動性）。
　2. 自分1人で仕事をする機会（内発的，独立性）。
　3. ときどき違ったことをする機会（内発的，多様性）。
　4. 地域で「一目置かれる人」になる機会（内発的，社会的地位）。
　5. あなたの上司の部下への接し方（外発的，指導―人間関係）。
　6. あなたの上司の判断能力（外発的，指導―専門性）。
　7. 良心に反しない行動をとれること（内発的，道徳価値）。
　8. 雇用の安定という点から見たあなたの仕事（内発的，雇用安定）。
　9. 他の人のためになることをする機会（内発的，社会貢献）。
　10. 他の人にどうしたらよいかを教える機会（内発的，権威）。
　11. あなたの能力を生かせることをする機会（内発的，能力発揮）。
　12. 会社の方針を実行するやり方（外発的，会社の方針と実行）。
　13. あなたの給与と仕事の多さの関係（外発的，給与）。
　14. 昇進・昇格の機会（外発的，昇進・昇格）。
　15. 自分の判断の自由度の大きさ（内発的，責任）。
　16. 自分のやり方で仕事をすすめてみる機会（内発的，独創性）。
　17. 労働条件（外発的，労働条件）。
　18. 同僚との人間関係（外発的，同僚）。
　19. よい仕事をしたときのあなたへの賞賛（外発的，承認）。
　20. 仕事から得る達成感（内発的，達成）。

　注：カッコ内は満足の種類を示すもので実際の質問項目にはない。

図1-5　MSQ の項目

る。この点に注目して1970年代に欧米を中心に動機づけの面からも，労務管理
において人材の効率的活用を行なう面からも，職場での生活全体の向上が必要
であるという考え方がでてきた。これがQWL（Quality of Working Life：労働生
活の質）であり（武沢ら，1974），ウォルトンのQWLの包括的基準（Walton,
1973, 1975）がその考え方をよく示している（図1-6）。
　QWLは，仕事の作業方法や職場の人間関係だけではなく職場組織や意思決定
の方法なども変えることで，仕事を意味のあるものにするという考え方であり，
具体的には経営参加やフレックスタイムの導入，労働時間短縮や職場での福祉

> 1. 十分で公平な賃金：生計維持のために賃金が満足で公平でなくてはならない。
> 2. 安全で健康的な作業条件：物理的・時間的作業条件が健康を害するものでないこと。
> 3. 能力の発展や活用の機会：労働の細分化・単純化，自律性の減少により，知識や技術の発展や活用の機会を失わせないこと。
> 4. 継続的に将来にわたって成長する機会：職種や学歴によって将来の成長の機会や進路が妨げられないこと。専門知識や技術が陳腐化することによる将来への不安がないこと。
> 5. 組織の社会的な統合：組織の中で他のメンバーとよい関係にあること。
> 6. 組織における権利：組織の中で個人の民主的な権利が守られる保障があること。
> 7. 個人の生活と労働生活の調和：労働生活が個人の生活と調和していること。
> 8. 労働生活の社会的な意味：働いている組織が社会的に意義のある役割を果たしていること。

図1-6　ウォルトンのQWLの包括的基準

施策の改定などが行なわれた。職務拡大，職務充実，職務転換（ジョブローテーション）などもQWLに役立つ施策として取り上げられた。また，スウェーデンの自動車会社ボルボのカルマール工場では，単調労働をもたらすコンベアを使わない工場が作られるなど，生産形態の改善なども対象となった。

　QWLと同じように仕事の意味を重視した考え方にMOW（Meaning of Working Life：働くことの意味）がある。QWLでは職務満足を高めれば生活全体の満足も高まると考えているが，MOWでは働くことの意味が異なれば職務満足の質が異なり，職務満足と生活満足との関係も違ってくると考えている。

　MOWの研究（三隅，1987）では7ヵ国の国際比較により働くことの意味が共通でないことを示した。この調査では，日常生活を仕事，家族，レジャー，地域社会，宗教，の5領域に分け，それぞれの占める割合を比較した。その結果，他の国では家族の割合がもっとも高かったが日本では仕事の割合が36％ともっとも高く，働くことが生活そのものであることを示していた。

　労働の人間化には，MOWにおける労働と生活に対する文化の独自性を背景にして，QWLに示される実際の労働生活の改善が必要と考えられている。

16   1章　仕事への動機づけ

5. 過　程　理　論 ‥‥‥‥‥‥‥‥‥‥‥‥‥‥‥‥‥

1　内容理論と過程理論

　内容理論である欲求理論では，欲求が強いと必ず一定の行動が起こされると考え，行動の強さや種類の違いは欲求の強さや種類の違いで説明している。しかし，欲求が強くても行動が起こされないことがあるのはなぜか，行動において多くの候補からある行動を選択するのはなぜかを説明することはできない。

　これを説明するには，行動の生起，継続，終了といった動機づけの過程とそこに及ぼす認知や判断の影響を説明する理論が必要である。これは動機づけの3要素のうち，行動選択や方向性を中心とした理論であり過程理論（process theory）と呼ばれる。代表的な過程理論には期待理論，アトキンソンの達成動機理論，社会的認知理論，目標設定理論，公正理論がある。

　内容理論と過程理論の差は扱う要因と具体的行動との近さの差と考えることもできる（Kanfer, 1992）。動機づけによる行動を説明し予測する要因はさまざまである。内容理論の扱う欲求は非常に重要な要因であるが行動からみると遠い要因であり，その人の全体的な行動傾向を説明することができるものの，特定の状況での具体的な行動の予測には役立たない。一方，行動の結果として期待される事態の予想，行動の目標，フィードバックなどは実際の行動選択や強度に直接影響する近い要因である。これらはその人の全体的な行動傾向を説明するには役立たないが具体的な行動の予測には力を発揮する。

　動機づけの各理論において問題の視点と説明の範囲が異なるのは，取り上げる要因によって具体的行動からの近さに差があるためである。人間の動機づけ全体の理解には行動から遠い内容理論が役立つが，実際の行動の予測や管理には行動に近い過程理論が役立つといえる。

2　期　待　理　論

　行動する際，人によって行動が成功する可能性や，成功した場合に得られるものの価値の判断には違いがあり，それにより行動も違ってくる。このような

5. 過 程 理 論　17

```
行動への力（動機づけ）F＝Σ（期待E×結果の誘意性V）

ただし，

結果の誘意性V＝Σ（行動の道具性I×2次的結果の誘意性V'）
```

図1-7　ヴルームの期待理論

個人の認知の違いによって行動の違いを説明するのが期待理論である。

期待理論では行動がある結果をもたらす（成功する）であろうという主観的な期待（確率）の大きさと，その結果のもつ誘意性（価値，魅力）の高さによって行動の選択や行動における動機づけが変化する点に注目する。このように期待と価値の認知によって行動が決定されるという考え方は一般に期待価値モデル（expectancy-value model）と呼ばれている。

初期の代表的な期待理論であるヴルームの期待理論（Vroom, 1964）では，ある行動への動機づけFの大きさは期待E（行動がある結果をもたらすであろうという一時的な確信の大きさ，確率）とその結果の誘意性V（価値，好ましさ）の積であらわされる（図1-7）。また，行動の結果からもたらされる多様な2次的結果の影響は図の2番目の式で考慮されている。2次的結果をもたらすであろうという期待I（確率）は道具性と呼ばれている。

たとえばある人が新製品の開発チームに参加するかどうかを期待理論で考えてみる。参加すれば能力が生かせヒット商品を生んで表彰されるかもしれない。一方，徹夜続きで病気になるかもしれない。このようなさまざまな結果についての期待と誘意性の積の合計が動機づけの大きさである。これによって開発チームへの参加という行動選択とやる気の大きさが決まると考えるのである。

ヴルームの考え方に対し，実際の会社ではよい結果（業績）をあげることが必ずしも2次的結果（報酬）に結びつかないことを考慮したものが図1-8のローラーの期待モデルである（Porter & Lawler Ⅲ, 1968）。ここでは，実際の仕事場面に合わせてヴルームの期待理論での結果と2次的結果を，それぞれ業績と結果とした。また期待と道具性は，努力がある業績をもたらすという主観的な期待（確率）E→Pの大きさと，業績がある結果をもたらすという主観的な見込

1章 仕事への動機づけ

$$動機づけ M = \Sigma \{努力から業績への期待 [E \rightarrow P] \\ \times \Sigma（業績から結果への期待 [P \rightarrow O] \times 結果の誘意性 V)\}$$

図1-8　ローラーの期待モデル

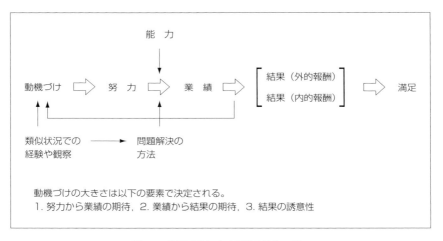

図1-9　期待理論による行動の基本モデル

み（確率）P→Oの大きさとした。行動はこれらの期待と結果の誘意性（魅力）Vの高さによって動機づけられるとした。

ローラーら（Nadler & Lawler Ⅲ, 1977）は，業績には動機づけだけではなく能力や経験なども影響することを織り込んで期待理論に基づいた行動全体のモデルを示している（図1-9）。このモデルは，人は経験や観察によって知識を積み重ね，解決方法も学習するので期待が変化すること，また，人によって経験や状況認知が異なるので期待が異なることを示している。

期待理論には問題点もある。その1つは人が行動選択する場合には必ずしも期待や誘意性の大きさを合理的に推論していないことである。たとえば就職ではかなりの学生が就職情報サイトのデータ以上の情報収集をすることなく進路を決めている。期待や誘意性の推定にはあらゆる種類の情報が必要であるが，

多くは入手できないので実際には不十分な推定のまま行動が決定されている。また，期待論は選択の理論であるのでどのような仕事を選ぶかを予測できても，動機づけのエネルギーの側面である，選んだ仕事をどの程度頑張ってするかという予測については十分にできないという問題もある。

3　アトキンソンの達成動機理論

　達成行動の動機づけについてアトキンソンは，内発的な誇りや達成感への欲求に基づいて人がどのような行動を選択するか，という過程理論の立場から検討した（Atkinson, 1957）。アトキンソンの達成動機理論では，目標達成行動には成功を求める成功動機と失敗を避けようとする回避動機の相反する2つの動機（欲求）が働き，達成動機はこの両者で構成されるとしている。重要な点は，課題への不安や恐怖を示す回避動機を導入したことである。これまで失敗への恐怖が強いことは達成動機の低さを示すとされてきたが，入学試験のように成功動機が高く同時に回避動機も高いという葛藤状態のケースは多い。この理論は，こういった状況での行動を達成行動としてとらえることを可能にした。

　アトキンソンのモデルは期待価値モデルであり，ある行動をする傾向Tsは，成功動機Msの強さ，期待度Ps（目標達成の主観的成功率），誘因価Is（目標達成にともなう成功の喜びなどの価値）によって決まる。一方，その行動を避ける傾向Tafは，回避動機の強さMaf，期待度Pf（主観的失敗率），誘因価If（失敗による恐怖などの価値）によって決まる。実際の動機づけの大きさは，この2つが合成された合成達成動機Trで示される（図1-10）。

接近傾向 Ts　＝　成功動機 Ms　×　期待度 Ps　×　誘因価 Is
回避傾向 Taf　＝　回避動機 Maf　×　期待度 Pf　×　誘因価 If

合成達成動機 Tr　＝　接近傾向 Ts　－　回避傾向 Taf

ただし，誘因価　＝　1　－　期待度
　　　　期待度 Ps　＋　期待度 Pf　＝　1

図1-10　アトキンソンの達成動機モデル

20   1章　仕事への動機づけ

　このモデルでは成功の期待度が大きい時は成功の価値である誘因価はかえって小さくなると考えている。これは簡単な課題では達成の喜びが小さいことを示している。主観的成功率と動機づけ（接近傾向）の関係が逆U字カーブを描くのがモデルの特徴である。成功率が低い困難な課題や成功率が高いやさしい課題では動機づけが低くなると予想するのである。

　このモデルで接近傾向，すなわち達成しようとする動機づけが最大となるのは，期待度と誘因価がともに0.5，つまり主観的成功率が0.5で成功と失敗の確率が半々になる課題となる。これはやや意外であるが，その原因はモデルでは成功や失敗による外発的報酬を考慮していないからである。実際には報酬やコストの影響が大きく，困難なほど報酬が多くなる課題では成功率が小さくても動機づけ（接近傾向）は大きくなる。

　一方，回避傾向についても主観的失敗率と回避傾向の関係は逆U字カーブを描くので，失敗率の高い困難な課題や失敗率の低いやさしい課題では回避傾向が小さく，成功と失敗の確率が半々になる課題では回避傾向が最大となる。したがって，ある課題に対する成功動機が強い人はやや難しい課題を好み，回避動機の強い人は逆にやや難しい課題をもっとも避けようとする。達成動機において両方の傾向を合わせた合成達成動機を考慮しなければならないのは，このように課題に対してまったく反対の方向づけが働いているからである。

4　目標設定理論

　現実の多くの仕事は達成が困難で報酬も不十分である。期待理論では動機づけの低いこのような仕事でも，なぜ人は努力するのか，これを説明し予測するのが目標設定理論（goal-setting theory）（Locke & Latham, 1990a）である。目標設定理論では，明確で困難な目標を設定した場合，人は強く動機づけられ高い業績をあげると考える。

　明確で困難な目標とは，量的で具体性の高い困難な目標のことである。「30分間で10問を解きなさい」といった明確に特定された困難な目標の方が，「30分間で2問を解きなさい」といったやさしい目標や，「最善をつくしなさい」といった曖昧な目標よりも業績を高めることがこれまで確認されてきた。

　また，目標を設定するとは単に目標を立てることではなく，必ず実現しなけ

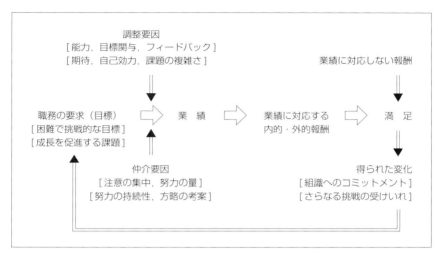

図1-11　目標設定理論による高業績サイクル

ればならない目標関与（コミットメント）の高い目標として設定することである。たとえば，「今年の利益目標は1000万円」という目標設定ではなく，「今年中に1000万円の借金を返さねば倒産する」といった目標設定の場合には，強く動機づけられて高い業績を達成できるのである。

　この理論に基づいた高業績サイクル（Locke & Latham, 1990b）という行動過程のモデル（図1-11）が理論の特徴をよく示している。明確で困難な目標が業績を高めるのは努力に加え，目標が努力だけでは実現できないので新しい方略・技術の考案や学習が促進されるからである。やさしい目標では努力の集中や方略の考案の必要がなく，曖昧な目標では何をどこまですべきかの基準が明確でないので業績が高まらないのである。

　目標設定理論の想定する行動は，実現可能性が高く価値のあるものをめざす期待理論の想定する行動ではない。この行動のめざすものは外的な報酬ではなく自分自身に対する内的な評価の高まりである。この行動の動機づけは目標への行動を自己調整しようという内発的な自己動機づけ（Bandura, 1986, 1991）である。この動機づけ過程では，まず，自分の現状よりも高い目標を立て，それにより現状が目標から低いことを認知する。その結果，自尊感情や自分に対

する満足感が低下する。その結果この状態を解消しようとする動機づけが生じて目標へ向けた努力が行なわれる。行動の結果，目標が達成されれば動機づけは低下し自尊感情や満足感が回復される。

この動機づけによる行動では，達成できない場合でも成果のレベルは高くなるので必ずしも失敗とはならない。また，挑戦したこと自体や努力の過程で知識や技術を身につけたことが内的報酬となるので，達成できないことが必ずしも大きな不満足をもたらさないという特徴がある。目標設定理論は，期待理論では予測できない，高い目標を立てることが達成の成否にかかわらず結果として高い成果をあげることをうまく説明している。

目標設定理論は目標管理制度の基礎理論として扱われることがある。しかし，目標設定理論は目標を立てることが自尊感情や成功感などの内的報酬につながるので動機づけ（自己動機づけ）が高まると考えている。一方，目標管理制度は目標達成が高次の欲求の充足につながるため動機づけが高まるという欲求理論を背景にしている。業績についても，目標設定理論では目標の困難さや明確さ，目標による努力や方略考案の促進が業績を高めると考えているが，目標管理制度では，高次の欲求の充足に関わる目標設定への参加，権限委譲，自己統制の範囲の拡大が動機づけを高め，業績を高めると考えており，理論的にも実践的にも両者はかなり異なったものである。

5　社会的認知理論

社会的認知理論（social cognitive theory）（Bandura, 1986）も目標設定理論と同じく，目標によって動機づけが生じ努力が行なわれる現象に注目している。この理論は目標と動機づけの関係について，コントロール理論（Klein, 1989）の影響を強く受けている。コントロール理論では，人は現状と外的な基準との差に気づくとこれを解消しようと動機づけられると考える。さらに，人は高い目標をたてることで自ら基準を作り出すことができることから，コントロール理論では動機づけの過程は外的な報酬や基準だけではなく，自己制御（self-regulation）によるところも大きいと考えている。

社会的認知理論でも，課題に対して目標を設定することで現状との差を作り出して動機づけを生じさせ，その差を解消するために行動を起こすという自己

制御過程を基本としている。また，目標は階層に分けることができるが，短期的な近接目標の達成は満足や自己効力の向上をもたらし，それによって最終目標へ向う動機づけが維持されるとしている。

この理論の特徴は自己効力（self-efficacy）が自己制御過程に大きな影響を及ぼすとする点である。自己効力とはある課題の達成に影響を与える自分の力についての主観的で総合的な認知判断であり，能力だけでなく経験，技術，情報，ストレス対処能力など課題遂行にかかわるすべてのものが関係している。課題への自己効力の高い人は目標を高く設定し動機づけも高く，達成が困難でも方略を変えるなどして努力を続け，達成した場合はより高い目標をめざす。一方，自己効力の低い人は目標を低く設定し努力も小さく，達成が困難な場合は目標を下げたり放棄したりすると考えられる。

動機づけの主な要因である自己効力が多様な要因で向上することは，仕事の動機づけを考える上で重要な点である。自己効力は個人の能力だけではなくこれまでの経験や研修，職場での支援や管理方法の改善などによっても高まることから，動機づけは組織の問題としても考える必要性があるといえる。

6　公　正　理　論

公正理論（justice theory）では，職場や組織において公正な扱いや処遇が得られない場合には不公正を感じ，それによる緊張を解消しようと動機づけられ，働き方や行動が変化すると考える。またこの動機づけは他者との社会的比較に基づいているという特徴がある。

公正理論での公正さは，分配的公正（distributive justice）と手続き的公正（procedural justice）に分けられる。分配的公正では組織や集団における行動を，組織への貢献とそこから受けとる（分配される）結果の交換関係と考える。分配的公正とは貢献と結果の対応関係が一定のルールに基づいており，しかも他のメンバーの貢献と結果の対応関係と同じであることを指している。この場合の貢献は働くことから愛情まで人間行動のすべてを含んでいる。結果も金銭から尊敬まですべてを含んでいる。

分配が公正であれば結果に満足して交換関係は続けられるが，貢献と結果の関係がルールからずれていたり他者と異なっていたりすれば分配は不公正とさ

図1-12　衡平さのモデル

れて結果に不満を感じ，不公正を解消しようと動機づけられる。ただし，公正理論も認知理論の一種であるため公正の判断は「見る人次第である」。人によって同じ状況が不公正で不満であったりなかったりするのはこのためである。

　貢献と結果の分配がどのようなルールに基づいていれば公正であるかについては，平等分配，衡平分配（比例分配），必要性に応じた分配の3つの代表的なルールが考えられる。平等分配のルールとは，貢献にかかわらず同じ分配を行なうことである。集団の維持や組織の一体感を重視する場合や，急いでいる時など貢献や必要性の評価が困難な場合に平等分配が行なわれる。

　衡平分配のルールは，野球選手の年俸のように貢献に応じて分配することである。貢献の大きさが重視される場合は衡平分配がルールとなる。必要性に応じた分配のルールは，災害での避難民のうち老人や子どもには多くの救援物資を配るように，貢献の差は考慮せず必要とする程度に応じて分配することである。お互いの福祉を重視する関係ではこれがルールとなる。

　衡平分配のルールによる動機づけ理論として衡平理論（equity theory）（Adams, 1965）がある。衡平理論によれば，人は自分の貢献（input）と結果（outcome）を交換関係の相手や集団の他のメンバーと比較する（図1-12）。その結果，自分の貢献と結果の比が比較相手の貢献と結果の比と同じであれば，関係は衡平であると認知して満足し，関係を維持する。自分と比較相手の比が異なる場合は自分の比の方が小さい場合も大きい場合も不衡平を感じ，これを解消する行動へと動機づけられる。

　衡平さを回復する方法には，自分や比較相手の貢献や結果を実際に変化させる方法と，自分や比較相手の貢献や結果の評価を変えて認知的に衡平さを回復させる心理的回復がある。さらに，比較相手を変えたり関係を絶ったり組織から離れることも方法の1つである。

　分配的公正と並ぶもう1つの公正が手続き的公正である。手続きが公正であ

> 1. 一貫性：どの時も，どの場合も，どの人に対しても一貫した手続きであること。
> 2. 判断の不偏向：利己的な考えや偏見に基づく考えに影響されないこと。
> 3. 正確さ：正確な情報による判断であること。
> 4. 訂正可能性：過程の各段階において訂正の機会が用意されていること。
> 5. 代表性：重要な位置を占める人びとの考え方や価値観が評価の過程に反映されていること。このことにより，決定が変更されることが少なくなっていること。
> 6. 倫理性：手続きが基本的な道徳や常識に反していないこと。

図1-13　公正な手続きのルール

るとは，貢献や結果の評価の決定手続きや分配の決定過程が公正な制度や手続きルールに基づいていることである。

　組織においてさまざまな人の貢献を同じ基準で評価することは難しく，また，比較相手の貢献や結果を把握することも困難であるから，分配的公正を直接確認することはできない。その場合でも，分配の決定が公正な制度や手続きのもとで行なわれていれば分配の結果も公正になっていると考えることができる。

　公正な手続きとは，評価や決定を行なう手続きの過程において図1-13のようなルールが充たされる手続きのことである（Leventhal, 1980；2章5参照）。手続き的公正を高める代表的な要因は，貢献の評価や分配の決定過程に対する2種類のコントロールの大きさである（Thibaut & Walker, 1975）。その1つは分配や評価の決定に参加して影響を与える決定コントロールであり，もう1つは，決定の基準づくり，問題点の提示，情報収集といった決定までの過程に参加して意見表明をしたり情報提供をしたりすることで影響を与える過程コントロールである。過程コントロールについては意見表明の機会が十分あれば，分配結果にかかわりなく分配結果の公正感が高まる，という意見表明（voice）効果があることが知られている。

　また，分配の手続きがルールに沿っていても公正と感じられないことがある。受け手にとっては分配や評価を決める人がそれを正しく実行し，受け手のことを配慮していると感じられることが，分配の結果も公正になっていると考えることができる。これは対人的公正（interactional justice）といわれるもので，これを第3の公正さとする考え方もある（Bies & Moag, 1986）。

　職場では公正であることが動機づけを維持するために必要であるが，公正さ

26　　1章　仕事への動機づけ

は評価や分配の結果を公正にすること以外に，決定への参加，結果の公開といった手続きや制度を導入すること，上司や評価者が制度を正しく運用し被評価者や受け手を尊重することでかなり達成できる。動機づけを維持するには人事評価や賃金制度の分野においてこれらの公正さを高めることが重要である。

トピックス　報酬と動機づけ

　一般に報酬を与えると行動の動機づけは高まるが，内発的に動機づけられている場合は報酬の認知がかえって動機づけを低下させるというアンダーマイニング効果がみられることがある。デシは次のような実験によって，行動の原因を，「課題ができるのが楽しい」といった内的なものと認知するか，「報酬がもらえるから」といった外的なものと認知するかという認知的評価により動機づけが変化することを実証した（Deci, 1971）。

実験方法

　実験は大学生の実験参加者を実験群と統制群に分けて行なわれた。実験は3日間に分かれており，いずれも立体の組み立てパズルを4つ解く課題が与えられた。第1日目は両群ともに4つのパズルを与えられ実験参加者は解くために努力した。報酬は与えられなかった。

　第2日目も同様にパズルが与えられたが実験群の実験参加者は「1つのパズルを13分以内に解いたら，パズル1つにつき1ドルが報酬として与えられる」と告げられ，解けた数に応じて報酬を与えられた。統制群は何も告げられず報酬も与えられなかった。

　第3日目も同様にパズルが与えられたが実験群は「今回は報酬なしである」と告げられた。統制群は何も告げられなかった。したがって両群とも報酬は与えられなかった。

　3日間とも実験者はデータ分析のためといって途中で8分間実験室を空けた。その際実験参加者は，「その間は雑誌を読んでいてもいいし何をしていてもよい」と告げられた。ただし実際には実験参加者はマジックミラーを通して観察されており，8分間のうち何分間パズル解きをしていたかが測られていた。

表1-1　8分間の観察時間中パズルを解いていた時間の平均値（秒）

実験条件	第1日目	第2日目	第3日目	第3日一第1日
実験群（12人）	248.2	313.9	198.5	－ 49.7
統制群（12人）	213.9	205.7	241.8	27.9
差	34.3	108.2	－ 43.3	－ 77.6*

*$p < .10$

結　　果

　この実験では8分間の観察時間中，実験参加者が自主的にパズルを解いていた時間を内発的動機づけの強さの指標とした。実験の結果，報酬を受けた実験群では第1日目での時間に比べ第3日目の時間が49.7秒も短く，統制群では逆に第1日目での時間に比べ第3日目の時間が27.9秒長かった。両群の差は統計的にも有意であり実験群は報酬がないと知らされた第3日目にはパズルへの内発的動機づけが低下していた（表1-1）。

　第1日目には両群とも内発的に動機づけられてパズル解きをしていたが，第2日目に報酬を与えられた実験群は，「報酬のためにパズルを解いている」と認知が変化し内発的ではなく外発的に動機づけられるようになった。そのため，報酬のなくなった第3日目には動機づけが低下したのである。

　このように，外的報酬を与えることは行動を自己決定しているという認知を変化させて内発的動機づけを低下させ，行動を単なる報酬のためのものに変えることがある。これはアンダーマイニング効果と呼ばれる。外発的動機づけと内発的動機づけは単純に加算的には働かず相互に影響しあうのである。

　しかし，この結果から短絡的に報酬はやる気を低下させると考えるのは正しくない。外的報酬には行動を変化させる制御的（コントロール）側面と行動結果の価値を知らせる情報的側面がある。認知的評価理論によれば制御的側面は自己決定感を低下させることで内発的動機づけを低下させるが，情報的側面は有能感や熟達感を高めることでむしろ内発的動機づけを高め自発的な行動を促進する。報酬が内発的動機づけを低下させるのは成果に応じた大きな賞罰など制御的側面が強い場合であり，情報的側面が強い場合は必ずしも低下させない。報酬のほかに内発的動機づけを低下させるものとして，締切り，脅し，競争，否定的な評価などが知られている（e.g., Ryan & Deci, 2000; 金井, 2006）。

人事評価制度

1. 人的資源管理と人事評価

1 人的資源管理とは

　組織にとって重要な資源は，ヒト，モノ，カネ，情報といわれている。このうちヒトの管理を人事管理ないしは人事労務管理（personnel management）という。ヒトの管理は，1980年代以降その組織運営における重要性の認識が高まったため，人的資源管理（human resource management）と呼ばれるようになった（Guest, 1995）。この新しい用語には，人的資源管理の役割を人事の専門スタッフからライン（生産，営業など）の管理者へと拡張すること，問題解決的・場当たり的な活動から計画的・戦略的に方向づけられた活動へ変化させること，労働者の統制と服従に基づく経営から労働者のコミットメント（関与）と信頼に基づく経営へと移行させること，などの意味が含まれている。その点で人的資源管理は，企業と従業員の関係のあり方に影響を与える経営の意思決定や行動のすべてを統括する（Beer et al., 1984），という幅広い意味をもつ。本章では，このような考え方の変化に従い，以下人的資源管理という用語を用いる。

　ヒトの管理という点では認識が一致しているものの，人的資源管理が達成すべき目標や，有効性の基準については必ずしも共通の認識があるわけではない。アメリカで用いられているいくつかの教科書で述べられている人的資源管理の目的は，内容，種類，数の点でさまざまである。その中でも比較的理論的な枠組を明確に示しているハーバード学派によれば，その短期的な目的は，高いレベルのコミットメント（従業員がマネジャーの伝達してくる環境的要求の変化

30 2章 人事評価制度

について，十分に耳を傾け，理解をし，反応してくれている状況），能力（従業員が多彩な技能と必要に応じて新しい役割や職務を担っていく展望をもっている状態），コスト効果性（人的資源のコストを競争相手よりも低く抑えること），整合性（経営者，株主，従業員の間の統一性が保たれた形で，人的資源管理の諸制度が形成，維持されていること）の4つ（Beer et al., 1984）があげられているので，本章ではそれに従うことにする。

共通の認識が十分得られていないという点は，人的資源管理の機能（活動）ないし下位領域についてもいえる。アメリカの多くの教科書では人的資源管理の機能として，一般に採用，配置，昇進，異動，退職，人事評価，能力開発，報酬などが取り上げられており，その点では一定の認識が共有されている。しかし，その取り上げ方は羅列的であり，これらの機能が最小限どのように分類され，それらのどのように統合されるのか，については合意がなされていない。つまり，統合的理論が欠落している（Ferris et al., 1995）。

このように人的資源管理についての目的や下位領域・機能についての合意や統合的な見方が未形成なのは，1つにはアメリカ企業の人的資源管理が前述のように，場当たり的・問題解決的な実態をもっていたこと，そして人的資源管理の研究が行動科学的アプローチによって特徴づけられ，その主な分析レベルがマクロ（つまり，組織レベル）というより，ミクロ（つまり，個人レベル）だった（Ferris et al., 1995）ことにも原因があるであろう。

人的資源管理における統合的視点の重要性に目を向けさせたのが，日本的経営論である。1980年代以降，日本企業の急成長に刺激され，その成功の理由を解明しようとする研究が盛んになり，日本企業に特徴的な人的資源管理のスタイルが見いだされたのである。その特徴は，労働市場の内部化（人材の調達・育成・配分について外部労働市場に依存することをできるだけ少なくし，企業内部で人的ニーズを充足する）という戦略のもとに統合された人的資源管理システム（石田，1985）である。そして，人的資源管理施策の中核としてそれらを統合する人事制度の存在は，欧米の企業にはほとんどみられない日本企業の特徴である（倉田，1993）。人事制度は，社員を格付けし，経営組織の中でしかるべき位置を与える階層区分の制度であり，第2次大戦後から高度成長期にかけて年齢や勤続年数をもっとも重要な基準とする年功主義的制度が主流で

表2-1　職能資格制度のモデル例 (清水, 1991)

職能資格			職能資格の等級定義（業務の職能の等級区分＝職能段階）	職掌区分	対応役職			初任格付		理論モデル年数	昇格基準年数	
層	等級	呼称			役職位	技術系	事務系				最短	最長
管理専門職能	M3 (9)	参与	管理統率業務・高度専門業務	管理専門職掌	部長	技師長	考査役			—	—	
	M2 (8)	副参与	上級管理指導・高度企画立案業務及び上級専門業務		副部長	副技師長	副考査役			⑤	—	
	M1 (7)	参事	管理指導・企画立案業務及び専門業務		課長	主任技師	調査役			⑤	③	
指導監督専任職能	(6)	副参事	上級指導監督業務・高度専任業務・高度判断業務	事務・技術・営業職掌	課長補佐	技師	副調査役			④	③	
	(5)	主事	指導監督業務・専任業務・判断業務		係長	技師補	主査			④	②	
	(4)	副主事	初級指導監督業務・判定業務		主任					③	②	
一般職能	(3)	社員一級	複雑定型及び熟練業務	事務・技術・営業				大学院修士		③	②	⑥
	(2)	社員二級	一般定型業務					大学卒		②	①	⑥
	(1)	社員三級	補佐及び単純定型業務					高校卒	短大卒	④②	④②	⑥

あったが，1980年代以降は職務遂行能力を基準とする職能資格制度（表2-1）が中心である（岩出，2002）。

2　人的資源管理における人事評価の位置

　上述のように人的資源管理の研究が没理論的な状況にあるなかで，理論的でシステマティックな視点にたった人的資源管理論を志向したのが，ビーアら（Beer et al., 1984）のハーバード学派である。彼らによれば，人的資源管理の領域は，「従業員のもたらす影響」，ヒューマン・リソース・フロー，報酬システム，職務システムの4つに分類される（図2-1）。「従業員のもたらす影響」とは，企業のさまざまな意思決定に対する従業員からの影響の管理（従業員の参

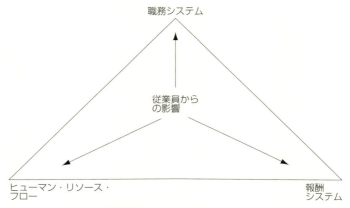

図2-1　人的資源管理システムの4つの領域　(Beer et al., 1984)

加や従業員への権限委譲など），ヒューマン・リソース・フローとは，人的資源の「流れ」の管理（採用，配置，昇進，異動，退職，人事評価，能力開発など），報酬システムとは，評価に基づいて報酬を分配すること，職務システムとは，組織の目標に応じて一人ひとりのメンバーが担当すべき仕事を規定し，構成することである。そして，HRMシステムの4つの制度領域を横断的に統合する場合，官僚主義的アプローチ，市場的アプローチ，協調的アプローチがあり（表2-2），これらは企業の置かれた環境や企業のビジネス戦略などの状況に応じてその有効性が異なるとされる。

　組織にとって一人ひとりの従業員がどの程度貢献しているかを知ることは大切である。従業員の効果性の評価，つまり人事評価は人的資源管理のどの下位領域においても重要な役割を果たす。まず，人事評価はヒューマン・リソース・フローの管理に必要な施策である。つまり，採用，配置，昇進などは，従業員の効果性の評価に基づいて行なわれる。また，人事評価は，同じくヒューマン・リソース・フローの管理に属する教育訓練や，職務システム，報酬システムにも大きくかかわる。教育訓練においては訓練の成果を評価することが必要であり，職務の設計においては評価の仕方も重要な要素であり，報酬の基準には評価がかかわるからである。

　従業員の効果性には，職務そのものと組織文化という2つのレベルがある。つ

1. 人的資源管理と人事評価　33

表 2-2　人的資源管理の統合的アプローチ（Beer et al., 1984　梅津・水谷訳　1990より一部改変）

HRM 制度の領域	従業員の参加の形態		
	官僚主義的 （従業員は部下として参加する）	市場的 （従業員は契約者として参加する）	協調的 （従業員は組織メンバーとして参加する）
従業員からの影響	命令系統に沿って上方に上がっていく	契約に関して交渉を行なう	相談の上でコンセンサスを求める（たとえばQC運動）
ヒューマン・リソース・フロー	組織の下部に入り，その企業内で自己の能力レベルまで昇進していく	イン-アウト雇用関係（たとえば社内公募制）	横断的異動，上方への昇進を活用する長期安定雇用
報酬	職務評価にもとづく給与システム	業績にもとづく給与システム（出来高払い，重役のボーナス制度）	年功と技能に基づく給与，利益分配
職務システム	命令系統によってしっかり規定された細かい分業体制	グループまたは個人による契約システム	すべての職務が内部的に関連づけられており，仲間との協力がモティベーターとして働く

　まり，職務遂行に必要な要件をどのくらい満たしているかという点だけでなく，組織文化に適合しているかどうかという点も問題になる。効果性の評価が正しく行なわれないと，従業員個人の業績の低さから直接的なコストが生じるとともに，潜在能力の高い従業員の昇進チャンスを奪うことによって長期的コストも生じる。アメリカ企業で使われることの多い業績評価（performance appraisal）も日本企業における人事考課もこの意味での人事評価の一種である。

　本章の以下の各節では，まず人事評価，次いでそれと関連する制度である教育訓練，職務システム，報酬システムについて論じる。その際，制度の基礎となる社会心理学的理論，また主にアメリカと日本における制度（施策）の実態を説明する。

2. 人 事 評 価 ·•·

1 評価バイアス

人が人を評価する場合歪み（バイアス）が生じやすい。これは人間が共通に
もっている認知的メカニズムに原因がある。評価バイアスを引き起こす認知メ
カニズムは，社会心理学における二つの理論，つまり対人認知と帰属の理論に
よって説明できる。

1）対人認知の理論　　対人認知とは，人が他の人の性格や心の状況などを知っ
たり考えたりする過程のことである。人を対象とする場合，物を対象とする知
覚とはいくつかの点で異なる。1つは，意図，態度，感情，能力など人の内面
にある心理的な特性を，さまざまな手がかりを使って推測することである。2
つ目は，認知する側の人間の存在やその行動が相手に影響したり，またその逆
の影響が生じる，つまり相互影響がありうるということである。また，自分と
同じ人間であることから，認知する側の人は自分自身の経験を利用できる（利
用してしまう）ということである。

以上のような特徴をもつ対人認知の過程にはさまざまな要素が影響するので，
認知した結果が実際の相手の姿と異なることがありうる。実際に，他者の性格
を判断する能力についての研究によると，どのような場合にも正確な判断を下
しうるような人がいることは疑わしい（Taft, 1955; Bender & Hastorf, 1950）。つ
まり，ある時ある人のある面について正確な判断ができる人が，他の場面で他
の人の別の側面を正確に判断できるとは限らない。

人の性格の判断に歪みや誤差が生じる原因にはさまざまなものが指摘されて
いるが，代表的なものは以下のとおりである（Tagiuri, 1969など）。

①ハロー効果：後光効果，光背効果とも呼ばれる。他者の1つの次元につい
ての評定が他の次元についての評定に影響すること，つまり他者に顕著に好ま
しいもしくは好ましくない特徴があると，その人の他のすべての特徴を不当に
高くあるいは低く評定してしまう傾向である。このため，他者の評定項目間に
本当の相関以上に高い相関が生じることがある。

②寛大効果：寛容効果ともいう。望ましい特性については他者を実際以上によく評価し，望ましくない特性についてはそれほど厳しくなく寛大に評価する傾向。たとえば，人事考課はとかく甘くなりがちになるというのがこの効果である。

③中心化傾向：他者の実際の姿とは関係なく，評定が尺度の中央に集まる傾向。可もなし不可もなしという気持ちで，多くの者に対してBをつけてしまい，AやCの割合が少なく，優劣の差が出ない状態。

④論理的誤差：他者にある特性がみられれば他の特性もみられるはず，と自分なりの理屈をつくって判断すること。たとえば，攻撃的な人だからエネルギッシュだろうと考えるような場合。

⑤仮想類似性：他者を自分と似ていると思い込む傾向。この傾向は他者に対する好意によって左右される。たとえば，どちらの友人も実際には同じ程度に類似しているにもかかわらず，好きな友人の方が嫌いな友人よりも自分に類似していると感じられる（Fiedler et al., 1952）。

⑥ステレオタイプ：あるカテゴリー集団について抱かれている固定化されたイメージ。人は，他者についてどんな人物か考える時，その人の性別や年齢や社会階層などによって判断することが多い。たとえば，女性だから感情的だとか，既婚者の方が落ち着きがある，などの判断である。

2）帰属理論　われわれは，自分たちの周りで何かが起こるとそれを説明したり，何かに原因を求める。そのような心理的作用を帰属という。われわれが日常頻繁に行なう帰属は，人の行動の原因に関するものである。われわれがある人の行動に接した時，一般に行為者の要因（内的帰属）か環境の要因（外的帰属）に原因を求める。たとえば，部下がある課題においてよい成績をおさめた時，上司は部下の能力や意欲など内的要因に帰属させたり，幸運や課題のやさしさなど外的要因に帰属させる。ケリー（Kelley, 1967）によれば，人が行動の原因を帰属させる場合，共変原理「事象の原因は，その事象が生起した時に存在し，生起しなかった時には存在しない」を適用し，以下の3つの基準によって原因を判断する。

①一貫性（その対象に対するその人の行動はどのような状況でも変わらないか）：たとえば，その部下はその課題をいつもうまくこなしているか？　もし

課題の成功がいつものことであれば内的に，例外的なことであれば外的に帰属されやすいであろう。

②弁別性（その人のその行動はその対象に限って起こるのか）：たとえば，その部下はそれ以外の課題もうまくこなしているか？　他のさまざまな課題でも成功していれば内的に，その課題だけの成功であれば外的に帰属されやすいであろう。

③一致性（その人のその対象に対する行動は他の人々と一致しているか）：たとえば，その課題を他の部下もうまくこなしているか？　課題の成功がその部下だけであれば内的に，他の部下も成功していれば外的に帰属されやすいであろう。

ただし，このように合理的な判断を行なうためには，正確で十分な情報が得られ，それを処理する十分な能力や時間が必要である。ところが，このような条件が満たされることは日常生活ではほとんどないので，人は認知的エネルギーを節約するために問題を単純化する方略をとろうとする。その方略は便利で効率的である場合もあるが，以下のような帰属の誤りや歪みも生じさせる。

①基本的な帰属のエラー：行動の原因を説明する際に，状況や環境の要因に比べ，行為者の内的要因を過大に評価するという人間の一般的傾向（Ross, 1977）。たとえば，部下がある課題でよい成績を収めた時，上司は合理的に判断する以上に，その結果を部下の能力や努力に帰属させやすい。

②行為者—観察者バイアス：行為者は自分自身の行為を状況要因に帰属する傾向があるのに対して，観察者はその同じ行為を行為者の内的要因に帰属する傾向がある（Jones & Nisbett, 1971; Ross, 1977）。基本的な帰属のエラーの生じやすさが行為者と観察者では異なるということである。たとえば，ある課題での成功や失敗を本人は課題の困難さなどに帰属し，第三者は本人の能力や努力などに帰属させやすい。

③自己奉仕的バイアス：成功は自分に帰属し，失敗は状況に帰属するという本人にとって都合のよい帰属傾向である。たとえば，2人で協力して行なった仕事がうまくいった場合は自分の貢献だと考え，失敗した場合は相手に責任を負わせやすい。

2　人事評価の制度

　人事評価は組織における従業員の効果性の評価であるが，何のために，どの側面を，どのように，誰が評価するか，などによってその方法はさまざまである。つまり，使用目的，評価要素，評価方法，評定者，被評定者，手続きなどの点でさまざまな制度が存在する。ここでは，アメリカと日本の企業における制度の実態を主にロビンス（Robbins, 2005），遠藤（1999）に基づいて紹介する。

　1）使用目的　　前述のように人事評価は，主にヒューマン・リソース・フロー（昇進，レイオフ，教育訓練など），報酬システム（給与など）の決定のために用いられる。そして，その目的に応じて評価要素が異なるべきであるとされている。日本企業では，人事評価が教育訓練や上下のコミュニケーションの促進よりも，給与や昇進決定のために用いられることが多い。

　2）評価要素　　評価の対象として，個人の業務成果，行動，パーソナリティ特性，態度などが用いられる。業務成果とは，たとえばセールスマンの担当地域での全体的販売量，販売額，新規契約数などである。グループで作業している場合には，個々人の業績は特定しにくいので，その場合はセールスマンの一日当りの交渉数・電話件数，病欠日数などのように行動が評価の要素として用いられる。また，実際の業績とは直接的な関係が弱いものの，広く企業で用いられているのが，個人のパーソナリティ特性や態度である。潜在能力，協調的な性格，積極的な態度などがその例である。

　アメリカ企業では，評価要素として近年目標達成度が著しく増加し性格や潜在能力が著しく減少した。これに対し，日本企業では実績にとどまらず潜在能力や情意（態度，性格）など主観的評価になりやすい要素が用いられている点に特徴がある。

　3）評価方法　　特定の基準（絶対基準）に基づいて評価する絶対評価と複数の人を比較する相対評価に大きく分けられる。さらに，絶対評価には，記述法，重要事象法，図式評価尺度，行動的評価尺度などがあり，相対評価にはグループ順位評価，個人順位評価，ペア評価などがある。

38　2章　人事評価制度

	極めて優れている	優れている	普通	普通よりやや劣る	劣る
正確性					
迅速性					
積極性					
責任感					
協調性					

図2-2　図式的評定の例

　①記述法：従業員の長所，短所，過去の業績，潜在能力，改善の提案などについて文章で記述する。

　②重要事象法：従業員の特に効果的あるいは非効果的な行動エピソードを具体的なものに限定して記述する。

　③図式評価尺度：業績の評価項目リストに従って評価し，評価点を合計する（図2-2）。評価尺度は通常5段階。古くから人気のある方法である。

　④行動的評価尺度：評定者は連続的尺度に沿って項目ごとに従業員を評価するが，一般的な描写や特性ではなく，与えられた職務に関する実際の行動例のどれに該当するかにより得点が与えられる（3章4-3参照）。

　⑤複数比較（相対評価）：個人の業績を他人と比較する方法で，グループ順位評価（従業員を特定の順位グループに分類する），個人順位評価（従業員を最高から最低までランクづけする），ペア評価（すべての従業員を他のすべての従業員とそれぞれ比べ，各対でどちらが優れて，どちらが劣るかを順位づけ，その後全体のランキングを行なう）などの方法がある。

　日本企業では，図式評価尺度法が支配的で，Aを何％，Bを何％というように評価の分布制限も行なわれるので実質的には相対評価になることが多い。

　4）**評定者**　直属上司，同僚，自己評価，直属部下，包括的アプローチなどがある。アメリカ企業でも組織の下位および中間レベルの従業員の業績評価はほとんどが直属上司によって行なわれている。包括的アプローチとして近年注目されているが，360度フィードバックである（3章4-3参照）。これは，従業員が日常接触するすべての方面の人からフィードバックを取り入れる制度であ

る。

5）被評定者　　アメリカでは，労働組合員に適用される人事査定制度が存在しないことが多いばかりではなく，制度が存在しても実質的には適用されない，すなわち，労働組合員は査定されないことが多い。日本では，労働組合員に制度が適用され，したがって，労働組合員が査定される。また，日本ではブルーカラー，ホワイトカラー双方を含む正社員のすべてに人事考課が適用されており，いわゆる先進国のなかで生産労働者＝ブルーカラーにも人事考課が適用されているのは日本だけである（熊沢，1993）。

6）フィードバック　　アメリカでは，査定結果のすべてが被査定者に知らされるし，査定結果を記した書面に被査定者の署名が求められるが，日本では，査定結果は被査定者にほとんど知らされない。

7）苦情処理　　アメリカでは，査定制度は雇用差別禁止法制の対象にされており，査定制度が差別的であると裁判所に認定されると，差別意図の有無にかかわらず，差別者は懲罰的な高額の損害賠償を支払わなければならない。したがって，被差別者の救済は充実している。これに対し，日本では査定制度が雇用差別の道具に意図的に使用されることがある。また，救済制度の建て前も運用も不十分なため，被差別者の救済は不十分である。

3.　教 育 訓 練

１　学 習 理 論

1）学習とは　　教育訓練の目的は，組織にとって好ましい方向に，従業員の知識，技術，行動などを変化させることである。したがって，それらの変化がどのようなメカニズムで生じるかを知ることが大切である。心理学ではこの問題は学習理論によって扱われてきた。ここでは，教育訓練との関係で重要だと思われる学習の原理を説明する。

　心理学では，学習は単に知識を頭に詰め込むことではなく，経験によって比較的永続的な行動の変化がもたらされることを意味する，とても幅広い概念である。ただし，行動の変化といっても，遺伝の制約をもつ成熟とは異なり，「経

40 2章 人事評価制度

験による」変化である。また，一時的な疲れや酔い，そして動機づけによる変化とは異なり，「比較的永続的な」変化である。

2）学習の2つのメカニズム　学習の生じるメカニズムはいくつかあるが，教育訓練との関係では，直接的な経験による学習，観察による学習の2つが重要である。

①直接的な経験による学習：人は，自分が行なった行動のもたらす結果のよし悪しによってその行動を身につける。つまり，よい結果をもたらした行動は繰り返されるようになり，罰をもたらした行動は起こりにくくなる。よい結果とは，その人にとって報酬と考えるものが与えられたということである。このような報酬を与えることによって行動を起こしやすくすることを強化という。報酬の中身は人によって異なり，それには金銭や昇進だけでなく，賞賛や承認などさまざまなものが含まれる。また，報酬は外から与えられる場合（外的強化）だけでなく，ある基準に基づいて自分自身に評価を下すこと（自己強化）もある。つまり，自分自身に行動目標を課し，その行動目標が達成されると満足感が得られるので，行動が強化される。

②観察による学習：学習が直接的経験を通してしか成立しないとすればとても不効率である。しかし，人間は自分自身が直接経験しなくても，他者の行動を観察することによって自分の行動を変化させる。これが観察による学習である。この学習は，あるモデルを選び，そのモデルの行動の重要な特徴に注目し（注意過程），ある時にみた行動をイメージや言語に変換して保持し（保持過程），イメージなどを行動に変換する（運動再生過程），という過程を経る（Bandura, 1977）。

モデルは，実際の人物だけではなく，テレビや映画などのメディアを通しても呈示される。また，書物などで言語的あるいは映像的に表現された行動も観察学習の対象になる。ただし，このように広範囲な対象者や行動の中で注目されやすいのは魅力的なモデルであり，有効性のある行動である。

また，人は他者の観察によって習得したことすべてを実行するわけではない。遂行されるかどうかを決めるのは，観察によって習得した行動がよい結果をもたらしたかどうか（外的強化），モデルにとってよい結果をもたらしたかどうか（代理強化），自分自身で評価的な反応をもたらしたかどうか（自己強化）であ

る（Bandura, 1977）。

3）学習を促進する要因　　学習は2つの基本的なメカニズムによって行なわれるが，学習の効率はさまざまな条件によって左右される。以下重要な要因をあげる。

①動機づけ：効果的な学習を行なうためには，学ぼうとする意欲が大切である。ただし，学習状況に応じて動機の最適水準があり，たとえば複雑な問題に取り組む場合に一番よい解決方法を見つけ出すのは，不安や今すぐ解決しなければならないという切迫感から解放され，リラックスしている時である。

動機づけを高める一般的な方法については1章を参照してもらうことにするが，ここでは目標の効果について述べる。目標設定理論（Locke & Latham, 1990）によれば，困難で明確な目標は人を動機づける。その際目標設定に学習者の参加させること，最終目標に至るまでの過程を区切り，その区切りごとに小さな目標を設定してやることが重要である。

②強化とフィードバック：学習を促進するには，学習の初期段階では，1）学習者が欲している，あるいは価値を置いている報酬を選び，2）望ましい行動や結果が出現した直後に，3）できるだけ多く与え，4）いったん十分学習された後は，その行動が2回発生したら一度，次は3回発生したら一度というように報酬を与える頻度を逓減させるのが望ましい（古川，1988）。

成功や失敗も一種の報酬や罰と考えられるが，このような行動の結果を知らせることをフィードバックと呼ぶ。そして，このフィードバックも強化の役割を果たす。したがって，フィードバックの適切さ，詳しさ，タイミング，正確さは，学習する速さと正確さを決定する上で重要な要素である。

③練習の方法：技能や学習の向上をめざした反復行為である練習には，その繰り返し方によって，途中に休憩などの時間を設けない集中練習と，適当な時間間隔を休憩の形でとって進めていく分散練習がある。一般に分散練習は集中練習より効果があるとされる。ただし，運動技能の練習には分散練習が適しているが，言語学習とかその他複雑な学習には必ずしも分散学習が適しているとはいいがたい（Bass & Vaughan, 1968）。

④転移：転移とは，前に学習したことがその後の学習に影響を及ぼすことをいう。ある状況での学習が新しい状況での学習ないし作業効率を高める場合が

42 　2章　人事評価制度

プラスの転移，抑制する場合がマイナスの転移である。訓練で生じた学習が実際の職場での学習に正の転移を生じさせるように，訓練の教材を作るとともに，組織の風土を整備する必要がある。

2　教育訓練の制度

　教育訓練は，職務に関連する知識・技能・態度を学習させることによって従業員の価値または有効性を増進させる活動である。従業員の有効性を高めるためにどのような知識，技能，態度が必要かは，職務，従業員，組織によって異なる。そこで，教育訓練のニーズの分析を行なった上で教育訓練の制度を設計する必要がある。

　企業の教育訓練の制度は，1）誰を対象に（対象者），2）何を（内容），3）どのような方法（方法）で教えるか，という点から分類できる。また，それらを組み合わせ，全体として統合されたものは教育訓練体系と呼ばれる（図2-3）。

　1）対象者　　従業員個人を対象とする「階層別教育訓練」，「職能別教育訓練」，職場集団や組織自体を対象とする「組織開発」などがある。「階層別教育訓練」は，新人教育，中堅社員，管理者（監督者を含む）・経営者など役職階層に基づいて行なわれ，「職能別教育訓練」は，生産・販売・技術・管理など職務特性に応じて行なわれ，「組織開発」は，集団・組織を対象に全社的品質管

等級	階層別教育	職能別教育		キャリアプラン研修		自己啓発	
9		部門別研修	OJT	外部セミナー参加	ライフプラン40	ライフプラン50	語学研修	通信教育
8	部長研修
7	
6	課長研修
5	
4	監督職研修
3	中堅職研修
2	新入社員研修
1	

図2-3　教育訓練体系の例

理，感受性訓練，職場小集団活動（QCサークルなど）が行なわれる。

2）内容　大きく知識，技能，態度に分けられる。知識は，商品，技術，組織，職場，仕事に関する事実的な情報を含み，技能は知識を活用して仕事に生かす知的技能，運動技能，対人的技能などを含み，態度は同僚と協力したり，仕事に積極的に取り組もうとする姿勢や価値観を含んでいる。

　また，習得される技能は企業のいかんを問わずどこでも通用する「一般的技能」と，特定の企業でだけ役立つ「企業特殊的技能」に分けられる。日本的経営の特徴である労働市場の内部化という戦略は「企業特殊的技能」と適合的であり，このような技能に依存し，またこれをうまく利用してきたと考えられる。

3）方法　企業の教育訓練の方法は，大きくOJT（On-the-Job Training：職場内教育）とOff-JT（Off-the-Job Training：職場外訓練），自己啓発の3つに分けられる。

　①OJT：日常の職務の遂行を通じて，上司や先輩が部下もしくは後輩に対して1対1で行なう教育訓練である。「企業特殊的技能」は，長期的なOJTによって習得するしかないとされる。「企業特殊的技能」に大きく依存する日本企業にとって，OJTは教育訓練の方法として重要な位置を占めている。ジョブローテーション（計画的な職務の異動）は日本企業の特徴である（Lincoln & McBride, 1987）が，これもOJTとしての側面をもっている。また，目標管理制度（MBO: Management By Objectives）は，人事評価の手法としても用いられているが，本来は目標設定，目標に向けての活動，業績評価という過程を通じて組織の目標と個人の目標の統合，意欲の向上，能力開発を行なうことをねらいとしている。つまり，目標設定の効果を利用したOJT技法といえよう。

　②Off-JT：従業員を一定期間通常の仕事から引き離して行なう教育訓練で，教室や会場に集めて行なうことが多いので集合教育ともいわれる。「一般的技能」や体系的知識の教育訓練に適する。講義，事例研究，シミュレーション（インバスケットゲーム，ビジネスゲーム）などの技法がある。

　③自己啓発：職場外で行なわれるものであるが，従業員個々人の自発性に基づく教育訓練である。企業側の対応は，従業員の自己啓発努力を支援する環境整備が中心となる。

4. 職務システム

1 職務特性理論と社会－技術システム論

職務システムの設計に関しては，科学的管理法の考え方（第1章参照）が現在も影響力をもっているが，職務設計の社会心理学的アプローチにおいて現在有力な理論は，職務特性理論と社会－技術システム論である。

1）職務特性理論　ハックマンとオーダム（Hackman & Oldham, 1975）は，どのような職務が従業員の満足感や動機づけや仕事上の成果を高めるかを検討し，職務特性理論を提出した。そこでは，5つの基本的職務特性の存在が従業員の中に3つの「臨界的心理状態」をつくり出し，その結果さまざまな心理的および仕事上の成果（たとえば，高い満足感・出勤率・業績，低い転職率）が生じるとされる（図2-4）。5つの職務特性は以下のとおりである。

①技能の多様性：職務が，仕事の遂行において，いくつかの異なる技能や才能を用いてさまざまな活動を行なうことを求める程度

②課業の一貫性：職務が，仕事の全体および仕事として認められる部分を成し遂げること，つまり最初から最後まで仕事をして目にみえる成果を得ること。

③課業の有意味性：職務が当該組織内外を問わず，他人の生活や仕事に重大な影響をもたらす程度。

④自律性：仕事のスケジュールやその実施に使われる手続きの決定において，個人に多くの自由，独立性，裁量を与える程度。

⑤フィードバック：職務に必要とされる活動の実施が，遂行の有効性についての直接的で明確な情報を個人にもたらす程度。

ハックマンらによれば，ある職務がどの程度動機づけをもたらす力（Motivating Potential Score: MPS）があるかは，これら5つの特性から次の定式によって計算される。

MPS ＝ ｛(技能の多様性＋課業の一貫性＋課業の有意味性) ÷3｝×自律性×フィードバック。

ただし，MPSの高い職務がすべての個人に同じような効果をもたらすわけで

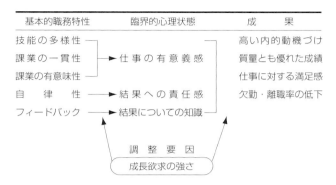

図2-4 職務特性とその成果 (Hackman & Oldham, 1975より)

はなく,達成や成長に対する欲求の強い人の方が,弱い人よりも有効である。つまり,成長欲求の強さが職務特性と結果の間の関係を調整する要因として働くという。彼らは,さらにこの理論に基づいて職務診断調査 (Job Diagnostic Survey: JDS) という測定ツールを開発しており,職務特性などの測定にもっともよく用いられている。

ハックマンらの職務特性理論は,その後妥当性を検証するための研究が数多く行なわれたが,それらの結果を集約すると,職務特性が心理的成果を向上させるという点では理論の有効性が確認されているが,成長欲求の調整効果については必ずしも一貫した結果はみられていない (Fried & Ferris, 1987; 田尾, 1999)

2) 社会-技術システム論 有効な職務システムを設計する上で現在重要な位置にあるのが,イギリスのタビストック人間関係研究所の研究員らによって主張された社会-技術システム論である。この理論は,生産組織が技術システムと社会システムから成り,両システムの相互作用によって全体の効率が決定されると主張し,有効な生産組織をつくるためには両システムを同時に最適化しなければならないと考える。その古典的研究であるトリストら (Trist & Bamforth, 1951) の調査では,イギリスの炭鉱に新しく導入された長壁法と呼ばれる採炭方法が労働者の組織や行動にどのような影響をもたらしたかが検討された。それまでの手作業による採炭法(短壁法)では,2人1組を基本的単位とする小集団が採炭の全過程を請け負い,自分たち自身で作業分担の決定や監

46   2章　人事評価制度

督を行なっており，そこにはいわば責任ある自律性がみられた。これに対して，長壁法は，40〜50人の集団が1単位となって機械を使って広範囲の切羽で一度に大量の採炭を行なう方法で，それにともなって作業は完全に分業化され，労働者は固定化され単純化された作業を繰り返すことになった。この方式の導入は，そのもくろみとは逆に，生産性を低く抑えるという規範を労働者の中に生じさせるとともに，相互の孤立，責任や負担のなすりつけあい，それを原因とする欠勤などを生じさせた。トリストらは，その原因が大量生産技術を工場とは異なる環境の炭鉱にそのまま導入したこと，それによって既存の社会的統合を崩壊させたことにあると考え，特に仕事の完結性，作業ペースの自由，そして責任をともなう自律性をもった小集団の意義を強調した。

2　職務システムの制度

　職務システムに関する重要な制度として，ここでは職務分析と職務設計を取り上げる。

　1）職務分析　　職場では，1人の従業員がいくつかの仕事を担当することが多い。たとえば，工場では，材料を運ぶ，機械に取りつける，加工する，などの仕事を一群として受け持つ。このような仕事の最小単位を課業（task）と呼び，1つ以上の課業がある個人に割り当てられている場合その課業の全体を職位（position）という。つまり，従業員の数だけ，職位が存在する。そして，職位の主な内容において同じであるものをひとまとめにしたのが職務（job）である。

　職務分析とは，職務に含まれる課業と作業者に求められる知識・技能・能力・責任など，職務を規定する情報を収集し記述する手続き（中島ら，1999）である。職務分析のためのデータは，観察，面接，質問紙，職務担当者の日誌などの方法によって収集され，普通その結果に基づいて職務記述書が作成される。また，職務分析の結果は，組織内における各職務の相対的重要性を決める職務評価に利用されたり，職務遂行に必要な基準の明確化に基づいて採用・配置，人事評価，そして次に述べる職務設計にも利用される。

　このように，職務分析は人的資源管理のさまざまな活動を構成する要素であるが（Ivancevich, 1998），それにもかかわらず日本企業ではほとんどが普及し

なかった。その背景としては，1) 技術革新による急速な職務変革，2) 分析に必要なコストや努力，3) 職務給のツールとしてではなく，職能資格制度のために利用されたこと，がある（足木，1988）。そして，個人の職務規定が公式的に存在していても，従業員がルールにとわられず集団内でお互いに自発的，弾力的に補完行動をとるという日本の組織や職務システムの特徴（石田，1985）が背景にあるといえよう。

2) 職務設計　　職務設計は，職務の内容と方法を細かく決めることである。職務設計にはさまざまなアプローチがあり，それに応じて多様な制度がある。それらは，歴史的にみて大きく2つに分けることができる。まず，今世紀始めに生まれた古典的アプローチにおいて基本的な職務設計の考え方は，職務技能の解体ないしは職務単純化である（Wall, 1995）。その理論的背景は科学的管理法にあるが，同時に大工場の出現と大量生産の発生などの産業技術の変化がある。このアプローチの典型は，流れ作業であり，職務は単純化され，短いサイクルの単純な操作の繰り返しになり，課業の遂行方法についての裁量は最低限しかなく，仕事のペースの自律性はない。このアプローチは，職務の単純化によってエラーを減らし，未熟練労働力の採用や訓練期間の短縮化などによってコストの削減をねらったものであったが，従業員の側には作業の単調感，不満感，ストレスなどの問題が生じることが多くの調査によって明らかになった。

そこで，このような問題の改善をめざした職務設計の新しいアプローチが生まれた。そこでは，職務の内容において，課業の多様性や自律性を高めたり，その他関連のある特性を含ませる試みがなされた。このアプローチは職務再設計とも呼ばれる。その背景になっている主要な理論は，ハーズバーグの動機づけ−衛生理論や前述の職務特性理論，社会−技術システム論などである。このアプローチにおいて，最初に提案されたのは課業の多様性を高めることで，職務拡大と呼ばれている。流れ作業でも一人が担当する工程数を増やして大きなまとまりに変えることが考えられる。また，時間的な軸の中での多様性の拡大は，ジョブローテーションという制度で試みられている。次に，責任や自律性を高める試みが現れ，これは職務充実と呼ばれている。そして，それらを職務レベルではなく集団レベルで改善しようとする試みが社会−技術システム論を基礎として行なわれ，自律的作業集団や自己管理的チームという制度になった。

48　2章　人事評価制度

5.　報酬システム

1　分配的公正と手続き的公正の理論

　報酬システムに関する社会心理学理論としては，期待理論，衡平理論，強化理論など（第1章および本章3節参照）が一般にあげられる。ここでは，衡平理論以降の分配的公正の理論の展開をたどることにする。

　社会心理学では，報酬分配がどのような基準や規範で行なわれた時に公正と感じられるかという分配的公正の研究が衡平理論以降もさかんに行なわれてきた。そこで見いだされたことは，分配的公正の基準には，貢献度に応じた分配を行なう衡平（equity）分配だけでなく，誰にも同じように分配する平等（equality）分配や必要な人に多くを分配する必要度（need）分配などがある（Deutsch, 1975）ということである。さらに，分配に関わる個人や分配の行なわれる状況に応じて公正な分配規範は異なる（山岸, 1990）。したがって，同じ企業で同じ処遇を受けている従業員間でも公正感が異なることが考えられる。一般に人的資源管理は経営者から複数の従業員に報酬が分配される状況と考えられるが，従業員は経営者との2者間の分配状況として処遇を捉えることもある。このように分配的公正は2者以上が第三者から報酬を受け取る場合だけでなく，2者間で分配が行なわれる場合（交換）にも適用される（Adams, 1965）。そして，二者間の分配では平等分配が選択されやすく（井手, 1986），これは相補性の規範（Adams, 1965）とも呼ばれる。そこでは，従業員は組織への貢献度と釣り合うだけの報酬を受け取るべきだと考える（Gergen, 1969）。

　分配的公正の研究に次いで盛んになったのが手続き的公正論である（Thibaut & Walker, 1978; Leventhal et al., 1980; Lind & Tyler, 1988）。それによると，分配結果だけでなく，決定の手続きが公正感に独自の影響を与える。手続き的公正の要因には決定コントロールと過程コントロールがある。決定コントロールとは被分配者が分配結果を決定できる程度，過程コントロールとは分配の決定の過程で意見を主張したり情報を提出したりできる程度を意味し，これらのコントロールが高まれば公正感も強まる。過程コントロールが公正感を高めるのは，

1つには意見の主張や情報の提出を通じて決定のコントロールを高められるからである（道具的過程コントロール）が，決定に影響するかどうかとは無関係に意見の主張が公正感を高める場合（表現的コントロール）もある（Lind & Tyler, 1988）。またレーヴェンソール（Leventhal et al., 1980）は，手続き的公正の規則として，一貫性（手続きがどの場合も，どの相手にも一貫していること），判断の不偏向（偏見に基づく考えに影響されないこと），正確さ（判断の根拠となる情報が正確であること），訂正可能性（決定を変更・修正できる機会が用意されていること），代表性（その手続きによって影響を受ける人々の考え方がその過程に反映されていること），倫理性（手続きが基本的な道徳や常識に反していないこと）の6つをあげている（第1章5-6参照）。これらの要因は，業績評価，採用，管理などさまざまな組織場面における（不）公正な経験の事例を分類した研究（Greenberg, 1986; Bies & Moag, 1986; Sheppard & Lewicki, 1987）において確認されているが，同時に新たな要因も見いだされており，手続き的公正の要因を包括的に整理・統合する枠組みはまだできていない。

2　報酬システムの制度

　組織がそのメンバーから貢献を引き出すためには，それに応じた誘因を提供しなければならない。その中心的役割を果たすのが報酬システムである。

　報酬システムには色々な種類のものがあり，用いられる制度も組織に応じて異なる。これら多様なシステムの違いは，報酬の内容，水準，構造，個人差，過程の5つの次元で整理することができる（Gerhart & Milkovich, 1992; Gerhart, 1995などに基づく）。

　1）内容　　組織が報酬として何を従業員に提供するか，ということである。報酬には，仕事の活動自体に本来的に含まれる内的報酬（自由裁量，意思決定への参加，自己成長の機会など）と，他から与えられる外的報酬がある。また，外的報酬には非金銭的報酬（上司からの賞賛，好ましい仕事環境など）と金銭的報酬があり，後者はさらに現金（直接的報酬：給料，賃金など）と給付（間接的報酬：健康保険，有給休暇など）に分類される。

　報酬システムはこのうち外的報酬特に金銭的報酬にかかわるので，以下の4つの次元は主に金銭的な報酬に関するものとして考えられる。これに対して，

50   2章　人事評価制度

人的資源管理システムの報酬システム以外の分野である職務システム，従業員の影響，ヒューマン・リソース・フローの各制度は内的報酬に影響力をもつ。ヒューマン・リソース・フロー，特に昇進・昇格は間接的に金銭的報酬に影響することに注意する必要がある（3章参照）。

　2）水準　　組織が従業員に提供する金銭的報酬の総量，つまりどのくらい報酬を与えるかということである。報酬の水準は，有効求人倍率などの動きに代表される企業外労働市場の需給関係の変化，消費者物価の動向，企業の業績ないし支払い能力，および労使間の力関係（交渉力の相対的強弱）によって決まる（白井，1992）。

　3）構造　　1つの組織の中での金銭的報酬の差異，つまり報酬がどの程度ばらついているかということである。組織の中に階層がどのくらいあるか，また階層間にはどのくらい差があるか，といったことが問題になる。そこで，報酬システムは，階層の数や階層間の差などの少ない平等主義的構造からその反対の階層主義的構造までの範囲に位置づけることができる。日本企業はアメリカ企業に比べ，CEO（最高経営責任者）と一般従業員の給与の差が小さい。このような点から日本企業は平等主義的報酬構造をもつと考えられる（石田，1984）。

　4）個人差　　金銭的報酬の個人差の基準，つまり報酬の差は何によって決まるかということである。主要なものは，職務，業績，年功，技能などである。

　①職務：職種や仕事の内容に基づいて報酬を決定する。欧米において経営者団体または企業と産業別労働組合の間で結ばれる労働協約では，職種名を列挙した技能ランクか（主としてヨーロッパ），仕事の1つ1つか（主としてアメリカ）に，時間給，週給，または月給の額が明記されている（熊沢，1997）。アメリカの多く企業では，各職務が組織にとってどの程度価値があるかを知るために職務評価が行なわれている。その基礎となるのは職務分析によって得られた職務記述である。職務評価によってランクづけられた職務ごとに同一の賃率を設定する場合と，一定の給与の幅（レンジ）を設け個人差をつける場合とがある。

　②業績：仕事の成果に基づいて報酬を決定する。刺激給や能率給とも呼ばれる。個人の業績を基準にする場合と集団や組織全体の業績を基準にする場合が

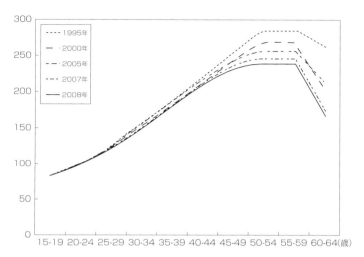

図2-5 年齢と賃金の関係 (標準労働者の賃金カーブ)
資料出所:平成21年版労働経済白書
(注) 標準労働者とは同一企業への継続勤務者のこと。図中の数値は、産業・学歴計の男子労働者の20〜24歳を100とする比率。

ある。前者の代表的な例が,生産高1単位あたりの賃率に生産高を掛け合わせて賃金を決める出来高給制度(工場労働者に見られる)や,売上高や利益に一定の比率を掛け合せて報酬を決める歩合給制(セールスマンに見られる)である。後者つまり集団や組織の業績を基準にする報酬制度の代表的な例が,組織の利潤に応じてその一部が有資格の従業員に分配されるプロフィット・シェアリング制度,集団が一定の業績を上げるとその程度に応じて全員に報酬が分配されるゲイン・シェアリング制度などである。

③年功:年齢や組織における在職期間に基づいて報酬を決定する。前述のとおり日本企業の特徴である年功制は能力主義的制度に移行しつつある。多くの企業で職能資格制度が導入される一方,年齢給や勤続給などの制度をもつ企業は少ない。しかし,男性の標準労働者(同一企業への継続勤務者)の場合40代前半までは年齢に応じて給与が上昇する(図2-5)という点で大きな変化はなく,制度の運用レベルになるとまだ年功基準は有効である。また,アメリカでも公務員組織や労働組合の力の強い企業ではこの基準は重視されている。

52 2章 人事評価制度

④技能：本人の能力に基づいて報酬を決定する。一般に，もっとも低いレベルから最高のレベルまでの能力に応じた給与等級が設定され，新しいメンバーは初級から始めて，能力向上とともに進級する。日本企業の職能資格制度も職務能力を評価してそれを給与や昇進に結びつけようとするものである。

以上のように報酬の個人差はさまざまな基準によって決定されるが，1つの組織において1つの基準だけが用いられることは少ない。異なる従業員集団に異なる基準が用いられることもあるし，同じ個人に複数の基準が用いられることもある。アメリカの企業では，職務評価をベースとする給与が一般的で，その上にさらに年功や業績などの要素で個人差を設けることがある。日本企業でも，給与は基準の異なる複数の要素で構成されることが多く，これは賃金体系と呼ばれている。近年の賃金体系の変化は，標準労働者の40代後半以降の賃金カーブの頭打ち（図2-5）に見られる。年功要素の比重が特にこの年代で低下しており，その一方で職務（役職），業績・成果要素の重視はこの年代の賃金格差を広げている。

5）**過程**　報酬システムをどのように設計し実施していくか，ということである。従業員を報酬システムの設計や運用の各段階に参加させたり，システムの内容や趣旨を伝達したり，情報を公開することなどであるが，これらの過程はシステム自体と同様に重要である（Beer et al., 1984）。

トピックス　ワーク/ノンワーク（work/nonwork）の理論

われわれの生活は仕事だけでなく，家庭や趣味や地域社会での活動などさまざまな領域から成っている。もし，仕事上の経験が他の生活領域に影響をもたらしたり，逆に他の生活領域での経験が仕事に影響するとすれば，企業は従業員の福利という点からだけでなく，生産性の向上という点からも従業員の仕事以外の生活や仕事との関係に関心をもつ必要がある。

仕事とそれ以外の生活領域の関係は，ワーク/ノンワークというテーマで研究が行なわれており，両者の関係を説明するモデルとして主に以下の5つがあげられる（Zedeck & Mosier, 1990）。

1）流出（spillover）モデル：一方の領域での経験（たとえば，仕事の環境）は，他方の領域（たとえば，家族関係）での態度や行動に影響する。この場合，

夫の昇進によって夫婦関係がよくなるといった正の流出もあれば，単身赴任によって家族関係に不安や不満が高まるといった負の流出も考えられる。

2）補償（compensation）モデル：一方の領域で不足しているものを他の領域で補う。たとえば，仕事で自分の能力が発揮できず不満を抱えている人が趣味に楽しみを見いだす，という場合である。

3）分離（segmentation）モデル：2つの領域ははっきり区別されているので，一方から他方への影響は生じない。仕事上の経験や行動は他の領域には関係がない，ということになる。

4）手段（instrumental）モデル：一方の領域に関与することによって他の領域で自分の目標を達成するための資源が得られる。たとえば，仕事で収入を得て，それを家庭生活の糧にする，ということである。得られる資源は物質的なものだけではなく，上司からの感情的サポートのように心理・社会的なものも含まれる。

5）葛藤（conflict）モデル：人のもっている時間やエネルギーは限られているから，一方の領域で満足や成功をおさめることは他の領域で何らかの犠牲をともなうことになる。

ワークとノンワークの関係についての1970年代頃までの研究の多くは，両領域の満足感の高さの関係を調べることによって流出モデルと補償・分離モデルを比較している。その結果は概ね流出モデルを支持しているものの，それ以外の関係も存在しうることから，ただ1つのモデルですべてを説明することは生産的でないという指摘もなされている（Staines, 1980; Burke & Greenglass, 1987; O'Driscoll, 1996）。

そこで，最近では両者の関係パターンの違いにどのような社会的・心理的要因が関与しているかに関心が移っている（Burke & Greenglass, 1987; O'Driscoll, 1996）。たとえば，生活の中で仕事を重視する人の場合，仕事と家庭の葛藤や仕事から家庭への流出が生じるのに対し，仕事を重視しない人の場合仕事の手段化や家庭による仕事上の不足の補償が生じる（Evans & Bartolome, 1986; Burke & Greenglass, 1987）。日本の労働者を対象とする調査でも，仕事を重視する人では流出が生じ，家庭や趣味を重視する人の場合分離モデルが成り立つことが報告されている（小野，1993）。また，同じ調査で男

54 2章 人事評価制度

性は流出傾向，女性は分離傾向が強いという結果も得られているが，この結果も仕事を重視する傾向が女性より男性の方が強い（小野，1993; 三隅，1987）という点から理解できるであろう。

③ 人事測定の方法

1. 職業適性と個人差の把握 ·❖·❖·❖·❖·❖·❖·❖·❖·❖·❖·❖·❖·❖

1 職業適性とは

1）適性の概念　職業を選択する場合，自分には何が適しているのだろうか
と考える。自分に向いた職業に就くことができれば，仕事で成功することがで
きるし，やる気を持ってとりくむこともできよう。

適性（aptitude）とは「課題や仕事を適切かつ効果的になしとげられる潜在
面，顕現面での能力や特性」のことである（正田，1981）。

人間の社会的な活動には，研究，スポーツ，芸術などさまざまな場面がある。
それぞれに向いている人もいれば不向きの人もいるであろうし，ある特定の活
動を遂行することには個人差が存在すると仮定できよう。

適性という概念を定義した初期の研究者にウォーレン（Warren, 1935）がいる。
彼は「適性とは，たとえば言葉を話し，音楽を作り出すことができる能力と
いった特定の知識や技能，あるいは諸反応の組み合せを，訓練によって獲得で
きる個人の能力の兆候とみなされるような，1つの状態，または諸特徴の組み
合わせである」と考えた。

さらにビンガム（Bingham, 1939）は，「将来を予見しうる可能性としての現
在の能力が適性であるが，さらに特定の活動に対する適合性という視点も重要
である」と考えた。仕事に対する興味や，技術を習得する際の満足感などであ
る（中西，1961）。

スーパー（Super, 1957）は適性を構成する要件を整理して，職業に対する適
合性（fitness）をまとめた。ここでは，将来何ができるかという知的特性を適

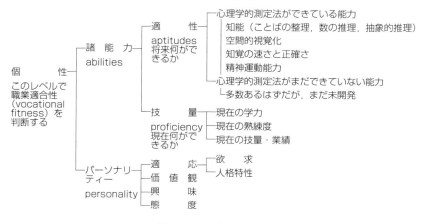

図3-1　スーパーの適合性
（日本職業指導協会主催職業セミナー報告書「職業適合性の研究」1969より）（中西, 1961）

性というように狭義に位置づけている（図3-1）。

　ここで職業適性を考える視点を整理してみよう。

　①特定の職業や職務を具体的に適性の対象としていること。たとえば，パイロットの適性，看護師の適性，教員の適性，営業マンの適性のように，適性を把握するためには，特定の職業，職務が明確であることを必要とする。さらに，この特定の職業，職務はどのような要件を必要としているのかを把握することが大切となる。たとえば身体的条件，運動機能の程度，知識の程度，理解力・判断力など知的な特性，性格の傾向などである。これらに対応する個人の特性を考えなければならない。

　②将来を予測する現在の状態であること。ある仕事に適するか否かは，実際に何年も仕事に就いて，その結果判断するのがもっともたしかである。しかし，適していた場合はよいが適していなかった場合には，本人のみならず周囲へもマイナスの影響を生じてしまうリスクが大きくなる。現在どの程度できるかというアチーブメント（achievement）に対して，適性とは，将来ある職務を遂行するのに必要な要件を習得する現在の可能性を示している。

　③固定的なものでなく開発できるものとして考える。現在すぐにできる能力要件にどどまらず，教育訓練や学習などにより習得できる要件をも含んでいる。

努力することによってある能力が開花したならば，結果として潜在能力があったということとなる。当人の意欲という要件も必要となる。適性の有無をどの時点で判断するかは，育成との関連を考えると大切な課題である。

2）適応との関連　仕事に適しているか否かは，適応という観点からも論じることができる。職業の選択あるいは職業への適応として，おもに進路指導論で取り上げられていることが多い。ここでは，3つの分類を紹介しよう（大沢，1989）。

第1は職務適応である。職務遂行上の能率や成果がある水準以上にあるか否かを，その個人の職務への適合性の基準にする考え方である。訓練によって向上する習熟の早さも含まれる。職務対個人の関係を示している。

第2は職場適応である。これは，個人が職務を遂行する場合の社会的場面を問題にしている。企業組織あるいは職場集団という社会的環境に対する適応性である。人間関係などが課題となる。

第3は自己適応である。これは，当人の意欲，内的な適応と満足，そして自己実現という個人の主体的適合性の側面である。

次に適性を判断する場合，どのような水準で適していると考えるのであろうか。いくつかの基準を示しておこう（岡村，1994）。

①ある仕事が必要とする基本条件を備えている場合。仕事の質や量などの成果は考慮されていない。

②仕事に就いたとき，その人の成就する仕事の質や量が，同僚の平均よりも優れている場合。

③仕事について，誤り，仕損じ，事故などが同僚の平均よりも少ない場合。正確な仕事，安全な仕事が期待されている際には特に大切である。

④仕事の進歩，習熟が速い，あるいは昇進などが速い場合。これは，時間経過とともに向上するようすを示している。

⑤仕事や職業に不平，不満を著しく感じたり，勤労意欲が失われてしまうなどの，不適応現象を示さない場合。

⑥本人の特性だけでなく，経歴，家族状況，住居，通勤条件なども仕事を行なうのに適しているかどうかを判断する条件に含む場合。しかしこのことは，機会の公正との関連が強いので，慎重な判断を必要とする。

仕事に必要な要件は，仕事の内容の変化やそのやり方の変化などによって，時代とともに変わっていくものである。したがって，また適性の要件も変化していくと考えられる。

2　職業適性検査

1）一般職業適性検査　職業適性検査は，運動機能，知的能力，性格傾向，興味などを把握するように構成されている。まず代表的な「労働省編一般職業適性検査」を紹介しておこう。

これは労働省によって日本で標準化された検査である。アメリカ労働省によって作成されたGATB（General Aptitude Test Battery）に基づいて，1952年

表3-1　労働省編一般職業適性検査の構成（大村ら，1985）

	検査種目	検査時間		検査種目	検査時間
紙筆検査	1. 円打点 2. 記号記入 3. 形態照合 4. 名詞比較 5. 図柄照合 6. 平面図判断 7. 計算 8. 語意	40秒 40秒 1分30秒 3分 1分30秒 1分30秒 2分 1分30秒	紙筆検査	9. 立体図判断 10. 文章完成 11. 算数応用	1分30秒 3分 3分
			器具検査	器1. さし込み 器2. さし替え 器3. 組み合わせ 器4. 分解	15秒（3回） 30秒（3回） 1分30秒 1分

図3-2　検査種目と性能との関係（労働省編一般職業適性検査）（大村ら，1985）

に完成し，1969年，1983年に改訂が行なわれている。15種の下位検査から構成されていて，11種は紙筆検査，4種は器具検査である（表3-1）。これらの検査によって，9種の性能をとらえることができる（図3-2）。これらの結果から，どのような職業領域がより適切かを予見しようとするものである。

現在，日本で採用選抜時に用いられている適性検査は，おもに知能検査と性格検査とで構成されている紙筆検査が多い。

2）**職業興味検査**　職業興味検査も職業を選択する際に，進路指導の資料として用いられている。

ホランド（Holland, 1973）が構成した職業興味検査が広く活用されている。初版は1953年であるが，1978年版を基本として日本でもVPI職業興味検査が標準化されている（日本労働研究機構，2003）。

ホランドは「個人の行動は，その人のパーソナリティとその人をとりまく環境との交互作用によって決められる」あるいは「人間は，自分のもっている技能や能力が生かさ

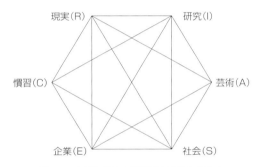

図3-3　ホランドの六角形RIASECシステム
（Holland, 1985, p.29；井上，2000）

表3-2　VPIの興味領域尺度

R（現実的）尺度	機械や物を対象とする具体的で実際的な仕事や活動に対する好みや関心の強さを示す。
I（研究的）尺度	研究や調査などのような研究的，探索的な仕事や活動に対する好みや関心の強さを示す。
S（社会的）尺度	人に接したり，奉仕したりする仕事や活動に対する好みや関心の強さを示す。
C（慣習的）尺度	定まった方式や規則に従って行動するような仕事や活動に対する好みや関心の強さを示す。
E（企業的）尺度	企画や組織運営，経営などのような仕事や活動に対する好みや関心の強さを示す。
A（芸術的）尺度	音楽，美術，文芸など芸術的領域での仕事や活動に対する好みや関心の強さを示す。

（「VPI職業興味検査結果の見方」より）

60 3章 人事測定の方法

れ，価値観や態度をあらわすことができ，自分の納得できる役割や問題をひき
受けさせてくれるような環境を求める」と考えた。そしてパーソナリティと職
業環境の双方に6つの型があることを提唱した（図3-3）。まず現実型（Realistic），
研究型（Investigative），芸術型（Artistic），社会型（Social），企業型
（Enterprising），慣習型（Conventional）と分類して，相互の関連から六角型モ
デルとしてあらわしている。なお，VPIで解説されている興味領域尺度を紹介
しておこう（表3-2）。

2. 職業適性検査の構成と種類 ·ŀ·ŀ·ŀ·ŀ·ŀ·ŀ·ŀ·ŀ·ŀ·ŀ·ŀ·ŀ·ŀ·ŀ·ŀ·ŀ·

1 知能検査の応用

1）知能検査の歴史　フランスの心理学者ビネー（Binet, A.）は医師のシモ
ン（Simon, T.）とともに，パリの教育局からの依頼によって，1905年「ビ
ネー・シモン式知能検査」を作成した。この検査は児童の知的発達の段階を把
握しようとするもので，個別式検査である（Binet, 1911）。

アメリカのスタンフォード大学のターマン（Terman, 1916）は，ビネー式の
知能検査をさらに発展させた。「スタンフォード大学改訂版ビネー・シモン式知
能検査」が完成されたのは1916年のことである。ターマンはドイツの心理学者
シュテルン（Stern, W.）のアイディアをもとにして，知能指数（Intelligence
Quotient: IQ）で結果を表示した。

IQを算出する公式は次のものである。

$$知 能 指 数 = \frac{精 神 年 齢}{生 活 年 齢} \times 100$$

さらに，アメリカではヤーキズ（Yerkes, R. M.）を中心とした心理学者たちが，
アメリカ陸軍の要請によって，志願兵を選択するための集団式知能検査を作成
した。1917年，アメリカが第1次世界大戦に参戦した時に，170万人の志願兵に
知能検査が実施されたといわれている。アメリカ陸軍は，知能検査の結果から
適材適所の人材配置をしようと考えていた。英語の読み書きのできる者に実施
する α式検査と，英語が理解できない者に実施する β式検査とが開発された。

この陸軍式知能検査の実施は成功し，集団式という方法の便利さもあって，産業界や教育界で広く行なわれるようになった。

　なお，アメリカ陸軍では，第2次世界大戦の時にも「陸軍一般分類検査（AGCT）」という知能検査を実施している。

　ビネー式の知能検査は，1個の知能指数しか表示しない。そこで，知能をより多くの側面から把握しようと研究したのがアメリカのウェクスラー（Wechsler, D.）である。ウェクスラーは1939年に成人を対象とした個別式の「ウェクスラー・ベルビュー知能検査（Wechsler-Bellevue Intelligence Scale）」を作成した。さらにこれを改訂し，1955年「ウェクスラー成人知能検査（Wechsler Adult Intelligence Scale）」を構成した。この知能検査は6種類の下位検査からなる言語性検査と，5種類の下位検査からなる動作性検査とで問題が作成されている（表3-3）。どのような形式の問題が得手か不得手かを診断的に把握することができる。この検査では，偏差値を応用して得点をあらわしている（現在使用されている偏差値の算出方法は，特論1を参照）。

表3-3　WAISの言語性検査と動作性検査（大村ら，1985）

言　語　性　検　査			動　作　性　検　査		
下 位 検 査	小問数	最高得点	下 位 検 査	小問数	最高得点
1　一 般 的 知 識	28	28	7　符 合 問 題	90	90
2　一 般 的 理 解	14	28	8　絵 画 完 成	22	22
3　算 数 問 題	18	27	9　積 木 問 題	10	48
4　類 似 問 題	16	32	10　絵 画 配 列	8	36
5　数 唱 問 題	14	17	11　組 合 せ 問 題	4	44
6　単 語 問 題	35	70			

$$\text{ウェクスラーの知能偏差値} = \frac{\text{個人の得点} - \text{平均点}}{\dfrac{1}{15}\text{標準偏差}} + 100$$

　2）知能の構造　　人間の知能とは何かについては，数多くの考えがある。知識を獲得し保持する能力，抽象的思考を行なう能力，学習する能力，環境に適応する能力など，強調する点の違いによってさまざまである。ウェクスラーは

62   3章　人事測定の方法

P因子の問題

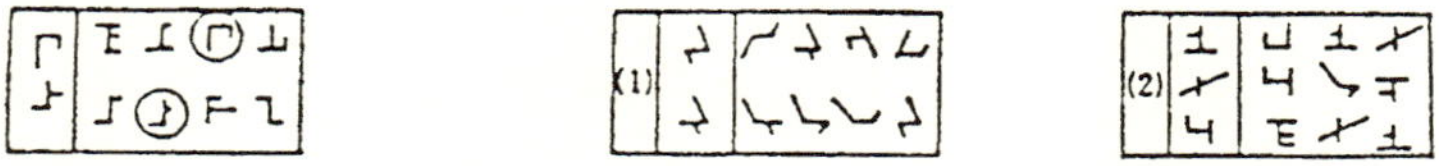

S因子の問題

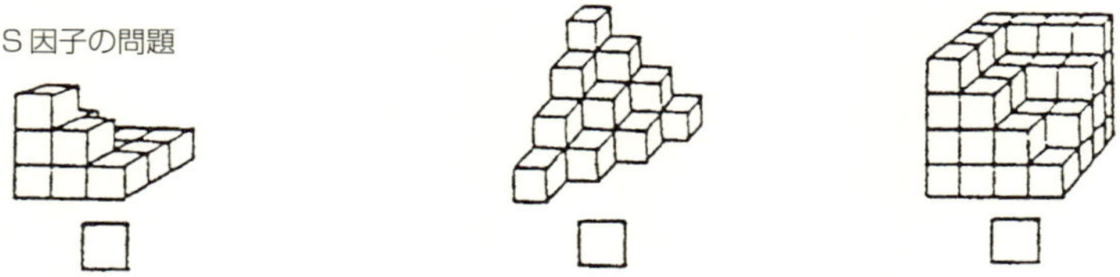

N因子の問題
(1)　36−8+7×9÷3=（イ）52　（ロ）47　（ハ）39　（ニ）99　（ホ）49
(2)　17×4−3−2×8=（イ）39　（ロ）52　（ハ）49　（ニ）504　（ホ）47
(3)　29+9÷3+6×7=（イ）58　（ロ）74　（ハ）71　（ニ）64　（ホ）77

V因子の問題
　次の4つの文章のうち，表現が他の3つと異なっているのはどれですか。
　　1．わたしに風の音が冬の来たのを教えてくれた。
　　2．風の音がわたしに冬の来たのを教えてくれた。
　　3．わたしに冬の来たのを風の音が教えてくれた。
　　4．冬がわたしに，風の音を教えてくれた。

M因子の問題
　下図の点線のところをなぞりなさい。（2分後にはそれを右図に再生させます。）

I因子の問題　　　2　4　6　8　□
　　　　　　　　3　3.9　5.07　6,591　□

D因子の問題
　犯罪行為は，作為と不作為とに区別できる。作為犯とは，してはいけないことを積極的におこなう場合で，不作為犯とは，しなければならない義務をおこなわない場合である。
　次のうち，作為犯に該当しないものはどれですか。
　（1）　自殺しようとしている人に手を貸してやる。
　（2）　瀕死の重病人を安楽死させる。
　（3）　母親が赤ちゃんを飢え死にさせる。
　（4）　ピストルで他人を射殺する。

W因子の問題
　G・E・N・E・R・A・T・I・O・N・Sという語にある文字を使って多くの語を作りなさい。なお，ここにあげられている語以外のものを入れてはいけません。
　例：ART

図3-4　サーストンの一次的心的能力に関する問題見本（大村ら，1985）

「知能とは個人が目的に合うように行動し，合理的に思考し，環境を効果的に処理する総合的，または全体的能力である」と考えた（Wechsler, 1958）。これは思考と行動と環境との相互作用までをも含む概念といえよう。

またここでは，知能の構造について代表的な説を整理しよう。

イギリスのスピアマン（Spearman, 1904, 1927）は，知的活動のすべてに共通している一般的知能因子（G因子）と，ある特定の知的活動とだけに関連する特殊因子（S因子）があると考えた（2因子説といわれる）。たとえば，G因子が高い場合は，国語でも数学でも社会でも高い成績を示すことになる。また特に国語のみに関係する因子は国語のS因子と考える。

この2因子説に対してアメリカのソーンダイク（Thorndike, 1921）は多因子説を主張した。一般的なG因子の存在を否定して，特殊因子の集合体を考えたのである。

さらに，アメリカのサーストン（Thurstone, 1947）は多くの知能検査の問題を統計分析（因子分析）を用いて整理し，8つの基本的精神能力を見いだした（図3-4）。P因子（知覚的弁別），S因子（空間の理解），N因子（数の取り扱い），V因子（言語），M因子（記憶），I因子（帰納推理），D因子（演繹推理），W因子（ことばの流暢さ）がそれである。

2因子説も多因子説も知能検査の問題を因子分析という統計的な方法で研究したものである。しかし，これらの違いは因子分析を行なう場合の数学的な手法の違いによってもたらされたものである。

アメリカのギルフォード（Guilford, 1959a, 1959b）

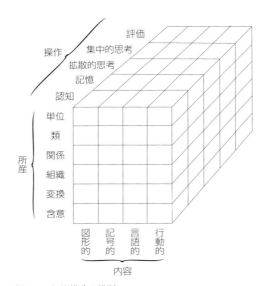

図3-5　知能構造の模型（Guilford, 1959a; 肥田野，1967）

は3次元の立体モデルで知能の構造を説明した（図3-5）。操作，内容，所産の3次元である。さらに各々が5×4×6と分類されているので，全部で120の因子となる。理論的には整然としているが，存在が確かめられた因子は約80くらいであるといわれている。

ギルフォードは操作の5分類を記憶と思考に分け，思考を認知，生産，評価と分け，生産を収束的思考と拡散的思考とに分類した（図3-6）。収束的思考とは，たった1つの正答を求めるようなものであり，拡散的思考とは多くの今までにないような答を考えていくものであり，創造性と関係が深いといえよう。

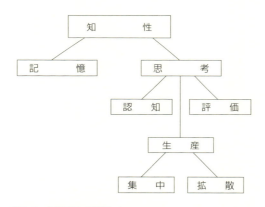

図3-6　知的能力の構造（Guilford, 1959a; 肥田野, 1967より）

最近では認知心理学の立場から知的能力について研究が進展している。スターンバーグ（Sternberg, 1985）は，知的能力は被検者のおかれている状況・文脈を考慮すべきとしている。また「社会的有能さ」を強調している。他にもガードナー（Gardner, 1983）の興味深い研究などもあげることができる。

2　性格検査の応用

1）性格検査の種類　　性格検査を大別すると質問紙法，投影法，作業検査法とがある。

質問紙法とは，性格についての多数の質問を印刷した用紙を準備し，その項目に対して回答を求める方法である。「はい」「いいえ」で答える2件法や，「は

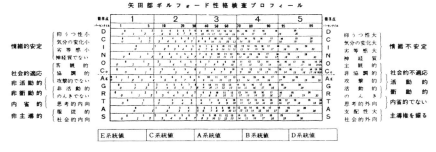

図3-7 Y-G性格検査プロフィール（大村ら，1985）

い」「？」「いいえ」の3件法などの回答形式がある。この質問紙法は実施および採点が比較的容易なので，多人数を対象とする時によく用いられる。統計的に詳しく分析することもできる。ただし，回答者が自分をよくみせようとしたり，嘘をついたりする可能性もある。

代表的な検査には「矢田部・ギルフォード性格検査（Y-Gテスト）」（図3-7）「MMPI日本版」「16PF人格検査」「EPPS性格検査」などがある。

質問紙法による性格検査は，1917年にウッドワース（Woodworth, 1917）によって作成された「個人資料用紙（Personal Data Sheet）」がはじめであるとされる（大村・松原，1989）。この検査は，軍務に耐えられないような神経症的傾向を把握するために用いられた。このような研究が発達し，精神医学的な観点から構成された検査が，ミネソタ大学のハサウェイとマッキンリー（Hathaway & Mckinley, 1943）によって1943年に作成された「Minnesota Multiphasic Personality Inventory（MMPI）」である（日本MMPI研究会，1969）。一方，因子分析という統計的な方法によって作成された検査には，ギルフォードの検査をもとにした「矢田部・ギルフォード性格検査」（辻岡，1979），アイゼンク（Eysenck, H. J.）のものをもとにした「日本版MPI」（MPI研究会，1969），キャッテル（Cattell, 1986）のものをもとにした「16PF人格検査」などがある。

投影法は，比較的曖昧な絵や図形，文章などの刺激に対する自由な反応に基づいて性格を把握する方法である。どのようにでも解釈できる曖昧な刺激に対して，その人独自の意味づけを行なうことによってその人らしさが映しだされ

ることになる。

ロールシャッハ検査は、スイスの精神医学者ロールシャッハ（Rorschach, 1921）によって公刊された。10枚のインクのしみ（インクブロット）を順に提示して、各々がどのように見えるかによって性格を診断するものである（図3-8）。おもに臨床場面で用いることが多い。

図3-8　インクのしみを利用した投影法 (外島，1990)

文章完成法テスト（Sentence Completion Test: SCT）は1928年頃に作られ、その後、多くのアメリカの心理学者によって発展させられてきた。この検査では、文章のはじめの部分だけが与えられて、それに続けてまとまりのある文章とする。たとえば次のようなものである。

例文1．調子のよいとき＿＿＿＿＿＿＿＿＿＿＿＿＿＿＿＿＿＿＿。
例文2．私の一番欲しいものは＿＿＿＿＿＿＿＿＿＿＿＿＿＿＿＿。

日本では佐野勝男、槇田仁によって昭和36年頃より研究され、産業場面でも活用された（佐野・槇田，1960）。

主題統覚検査（Thematic Apperception Test: TAT）は1935年にモーガンとマレー（Morgan, C. D., & Murray, H. A.）によって公表された。図版は成人用で12枚あり、各々の登場人物について物語をつくる（図3-9-a，図3-9-b）。その内容から、どんな欲求（need）を持っているのか、その欲求に対してどんな環

2. 職業適性検査の構成と種類　67

A：マレー・モーガンのTAT図版

B：花沢成一のTAT図版

図3-9-a　主題統覚検査（成人用）(外島, 1990)

図3-9-b　主題統覚検査（子ども用）(外島, 1990)

境的な圧力（press）があるのかなどを把握するものである（戸川，1953）。

P－Fスタディ（Picture-Frustration Study）は1945年にローゼンツワイク（Rosenzweig, S.）によって発表された。24種の日常生活における欲求不満場面を示した漫画風の絵に対する反応の特徴から，攻撃の方向などの観点によって分類する（住田ら，1964）（図3-10）。

作業検査法の代表的なものに「内田・クレペリン検査」がある。ドイツの精

68　3章　人事測定の方法

図3-10　P-Fスタディで用いられている絵の見本（成人用と子ども用）（外島, 1990）

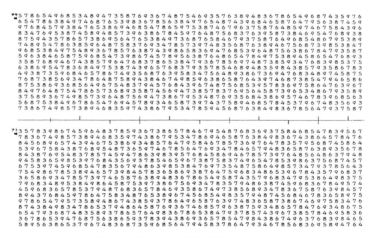

図3-11　内田・クレペリン検査（大村ら, 1985）

神医学者クレペリン（Kraepelin, E.）の研究をベースに，内田勇三郎が性格検査として発展させたものである。1920年代の中頃から形式を定着させ，1933年から使われ，1946年にはじめて手引きが作られた（内田, 1964）。

　この検査は隣りあう1ケタの数字を加算していく作業を行ない，最終的な作

業曲線の型から性格を判断していくというものである（図3-11）。

2）性格の把握　ある個人の行動の仕方を特徴づけていて，ある程度持続的で一貫した行動様式を性格という。特に人の行動特徴のうちで生理的基盤に基づいていると考えられる傾向を気質という。性格あるいはパーソナリティは，環境からのさまざまな影響を受けることによって形作られていくのである（図3-12）。

図3-12　人格の構造

たとえばオルポート（Allport, 1937）は「パーソナリティとは，その環境に対する彼独特の適応を規定する心理・生理的体系の個体内における力学的体制である」と定義している。

さて，性格をとらえる立場には代表的なものに類型論と特性論とがある。

クレッチマー（Kretschmer, 1955）は精神医学の観点から，体型と気質とに関連のあることを見いだした。肥満型は躁うつ気質，細長型は分裂気質，筋骨型は粘着気質と3分類したのである。精神分析の研究者であるユング（Jung, 1921）は，心的エネルギーが外界に向いているタイプを外向型，自分自身の内界に向いているタイプを内向型として性格を論じた。これらは類型論の代表的な説である。

一方，特性論とは性格を細かい要素に分けて理解しようとする立場である。質問紙法の説明で紹介した，ギルフォード，アイゼンク，キャッテルなどは特性論の立場の研究者である。各々の研究者によって特性の数は異なっている。

最近では性格特性は5つにまとめることができるとする研究が盛んである。5因子説（Five Factor Model）という。その5特性とは，

①外向性（Extroversion）
②協調性（Agreeableness）
③勤勉性（Conscientiousness）

④情緒的安定性（Neuroticism）

⑤知性（OpennessあるいはIntellect）

と考えられている。

　日本でも辻（1998），村上・村上（1999）など5因子説によるいくつかの性格検査が作成されている。

3. 心理検査の標準化 ❖❖❖❖❖❖❖❖❖❖❖❖❖❖❖❖❖❖❖❖❖❖

1 心理検査の信頼性と妥当性

　心理検査の結果を信用して活用するためには，標準化された検査を用いることが大切である。次の要件を備えていることが望ましい（岡村，1994）。

①一定の材料（問題・課題・作業）があらかじめ選定されていること。

②その問題や作業のやり方が一定していること。

③やらせ方の教示（インストラクション）が明白にされていること。

④結果の処理法（採点法）が明白にされていること。

⑤採点の結果が尺度（スケール）や基準（ノルム）によって客観的に表示されうること。この標準化の過程では，信頼性（reliability）と妥当性（validity）とがおもに検討される。

　1）信頼性　　信頼性とはテストの測定結果の安定性のことである。同じ人が同じテストを時間を隔てて受けても，結果は同じとなることが望ましい。2回テストを実施して，どの程度一致するかを確かめるのが再検査信頼性（test retest reliability）である。また，1つの尺度を構成している各項目が均一であるかどうかを確かめるのが内的一貫性（internal consistency）である。バラバラな意味の項目を合計しても尺度にはならないわけである。

　2）妥当性　　妥当性とはテストが測定しようとするものを正確にとらえているかということである。内容的妥当性（content validity），基準関連妥当性（criterion-related validity），構成概念妥当性（construst validity）の3つの視点がある。

　内容的妥当性とは，テスト課題がそのテストによって測ろうとしている領域

を適切に代表しているかということである。たとえば日本史のテストに数学の問題が出題されては困るのである。

基準関連妥当性には，併存的妥当性（concurrent validity）と予測的妥当性（predictive validity）が大切となる。併存的妥当性とは，たとえば管理職適性テストを現在の管理職に実施して，テスト得点と管理職の業務成果との関連をみるものである。予測的妥当性とは，たとえば入社時点でのテスト得点と，入社5年後の業務成果との関連をみるものである。これらは，テスト得点と他の基準変数とどの程度関連するかをとらえようとしていることになる。

構成概念妥当性とは，テストが測ろうとしている心理的な特性をどの程度把握しているかということである。「知能」や「性格」は抽象的で理論的に考えた構成概念である。たとえば新たに作成された知能テストと称する検査が，本当に「知能」と考えられるものを測定しているのかが検討される。

これらの信頼性や妥当性が十分に研究されて作成された標準検査を用いると，テストを受けた人たちの個人差をよく判別できることになる。なお，実務に用いるためには実用性も必要である。

2　適性テストと人事評価との関連

日本で実施されている適性テストである総合検査SPIの結果と人事評価との妥当性についてみてみよう（二村，1998）。

能力適性テストと人事評価との相関は，B社では言語能力では.31，非言語能力では.42，これらを総合した基礎能力総合では.41となっている。一方，A社とD社ではほとんど関連がみられない（表3-4）。

さらに，管理者適性検査NMATの概念的理解能力，論理的理解能力の2尺度の総合指標による分析データを示す。これは33の研究データから一般的な関連の傾向を解析した結果である。補正後の相関係数では，一般管理.42，営業.29，技術研究.32となっている（表3-5）。

また，性格適性テストとの関連を示してみると，各社ごとに相対的に関連が示唆される傾向はあるが，各社共通に人事評価と相関がみられる特性は特定できない（表3-6）。

次に管理能力と適性テストとの関連を研究した代表例を紹介しよう。

72   3章　人事測定の方法

表3-4　能力適性テストと入社後の人事評価との相関（企業別）（二村，1998）

		スーパーストア A社 51名	ソフトウェア B社 44名	商　社 C社 278名	電　機 D社 131名
平均値（標準偏差）	基礎能力総合	48.2 (7.7)	51.9 (8.8)	57.5 (7.8)	59.5 (8.0)
	言語能力	48.7 (9.1)	50.9 (9.3)	54.6 (8.0)	57.4 (8.1)
	非言語能力	48.2 (7.0)	52.7 (8.2)	59.0 (8.0)	60.0 (8.2)
	入社後の人事評価	3.9 (0.9)	2.7 (1.0)	3.2 (1.0)	4.0 (1.0)
相関係数	基礎能力総合	.05	.41	.29	-.05
	言語能力	.01	.31	.24	-.08
	非言語能力	.11	.42	.24	-.01

・対象者はいずれも入社5～10年後のいわゆる総合職
・入社後の人事評価はいずれも「幹部としての将来性」に関する1-6点の評定
・能力適性テストは基礎能力テストGAT（人事測定研究所）

表3-5　能力適性テストと人事評価との相関（二村，1998）

	対象総人数	相関関数の数	補正前の相関係数	補正後の相関係数
一般管理	195	13	.35	.42
営業	459	8	.22	.29
技術研究	225	12	.27	.32

（高橋潔・西田直史（1994）「知的能力検査に関する妥当性一般化，メタ分析による結果」産業・組織心理学研究，第8巻第1号より再構成）

　アメリカのスタンダード石油会社において，1955年から1961年にかけてEIMPプロジェクト（Early Identification of Management Potential Research Project）と呼ばれる研究が行なわれた（佐野ら，1987）。この研究は，①将来有能なマネジメントになりうる素質のある人を早い時期に選別することは可能か，②早くから発見することのできるテスト・バッテリーは何か，③早いうちから有能なマネジメントになりうる可能性のある者を見つけ出して効果的に育成・活用していこう，という目的であった。

　管理者の成功度は，職階上の地位，給与歴（給与額や昇給率），マネジメントとしての業績の3つの変数を合成した尺度を用いた。これは多くの成功に関連する要因を因子分析することによって見いだされたものである。

3. 心理検査の標準化　73

表3-6　性格適性テストと人事評価との相関（企業別職種別）(二村，1998)

性格特性尺度		機械A社（営業）46名	電機B社（設計）43名	スーパーストアC社（店舗）38名	ソフトウェアD社（SE）38名
行動的側面	社会的内向性	-.13	-.17	-.01	.21
	内省性	.17	-.07	.13	.21
	身体活動性	-.05	.21	-.08	-.31
	持続性	-.08	-.08	.14	-.02
	慎重性	.12	-.10	.23	-.15
意欲的側面	達成意欲	.07	.08	.08	.23
	活動意欲	-.03	.21	-.09	.03
情緒的側面	敏感性	.00	-.11	-.02	.01
	自責性	-.06	-.26	.07	.14
	気分性	-.28	-.01	.02	.05
	独自性	.25	-.05	-.07	.28
	自信性	.20	.05	-.05	.13
	高揚性	.03	.24	.01	-.60
性格類型	内向・外向	-.01	.09	-.06	-.28
	直観・感覚	-.27	-.14	-.12	-.23
	感情・思考	.28	.05	.00	.21
	知覚・判断	.15	-.14	.25	-.15

・人事評価は「経営幹部の将来性評価」の評定による
・性格適性テストは総合検査SPIの一部（人事測定研究所）

個々人の特性を測定するテストには次のものが用いられた。

①言語を用いた知能テスト（Miller Analogies Test）。

②図形や数式を用いる非言語知能テスト（Non Verbal Reasoning Test）。

③ギルフォードとチンメルマンによる気質検査（Temperament Survey）。これは矢田部・ギルフォード性格検査の原本となった検査である。

④個人背景質問紙（Individual Background Survey）。質問紙によって，本人および配偶者の家族的背景，教育，経済事情，余暇活動，健康歴，社会関係などを調べる。

⑤マネジメント判断テスト（Management Judgement Test）。日頃マネジメントが，判断や意思決定やアクションを求められるような問題状況を設定し，その状況で被調査者はどのような意思決定を行なうかを解答させるテスト。

⑥自己行動評価（Self Performance Report）。職場における自分の行動を自己評価させる。

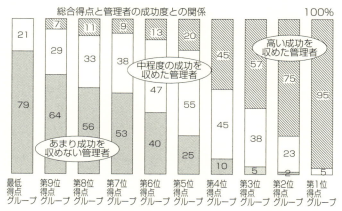

図3-13 総合的テスト得点と管理者の成功度との関係（スタンダード石油会社）(佐野ら, 1987)

　これらのテストの総合得点と管理者としての成功度との関係を調べた。有効データは443名であった。

　成功度の基準尺度に従って上位1/3，中位1/3，下位1/3と分類した。次に，テストの総合得点の順位に従って1/10ずつ10のグループに分けた。すると，最高得点グループでは95％が高い成功を収めた管理者となり，最低得点グループでは79％があまり成功を収めない管理者となった（図3-13）。

　この研究は現在すでに管理者となっている者を対象としたものであるが，将来を予測する指標としても研究することによって，応用可能となるものである。

3　選抜の理論

　採用という場面を例にあげて，選抜について，適性テストと入社後の業績との関連をまとめてみることにする。

　採用時に行なう適性テストの成績は，採用後の従業員の業績を予測しようとするものなので，予測変数（predictor）という。採用された従業員が実際にどの程度業績をあげたか，たとえば人事評価や売上実績などを基準変数（criterion）という，すなわち，適性テストの成績（予測変数）がよいほど実際によい仕事（基準変数）をするという関連を確かめたいのである。これには3つの要因がある（大沢，1989）。

1）基準に対する妥当性　適性テストの成績と入社後の業績とにまったく関連（相関）がないならば，適性テストの結果で合否を決める意味がない。適性テストと業績とに高い相関がある場合に有効となる（図3-14-a，図3-14-b）。しかし，この場合でも選抜決定上の誤りが生ずる。第1は，積極的な誤りと呼ばれるものである。よい仕事をするであろうと予測をして採用したが，実際は成果が出ない人たちである。第2は，消極的な誤りである。採用しなかった人たちの中で，よい仕事をするであろうという可能性の部分である。積極的な誤りは実際に把握することができるが，消極的な誤りはとらえることができない。この2つの誤りを最小とする合否分岐点（cut off point）を決定することが理論上は重要となる。しかし，採用担当者は積極的な誤りをおかすことを避けることを意識しがちである（図3-15）。

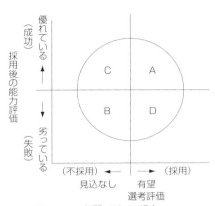

図3-14-a　相関がゼロの場合（大沢，1989）

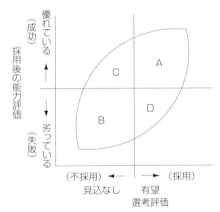

図3-14-b　高い相関のみられる場合（大沢，1989）

2）選抜比率　これは応募者に対する採用した人数の比率である。受ける立場から考えると競争率となる。選抜比率が厳しいほど，採用した人の中でよい業績をあげる従業員の割合が増える。逆に応募者から多くの人を採用すると積極的な誤りに該当する従業員も多くなってしまう（図3-16-a，図3-16-b）。

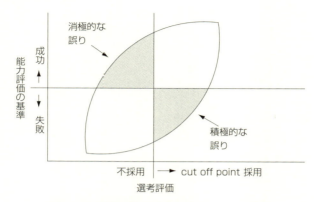

図3-15　選抜意思決定の二つの誤り（大沢，1989）

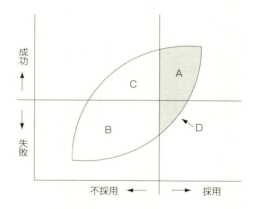

図3-16-a　選抜比率のきびしい場合（大沢，1989より）

3）職務上の成功・失敗の分岐点　社員として優れているという評価の基準をどこに設定するかである。非常に高い評価水準をおくのか，よほどの失敗がないかぎりよしとするのかの違いである。困難な仕事を成しとげる非常に優れた社員を選択する場合には，基準関連妥当性の高いテストを活用し，選抜比率を厳しくすることによって可能となる。

なお，応募者の中に占めるよい仕事をするであろう評価基準に合格する人の割合を基礎比率という（A＋C/A＋B＋D＋C）。この基礎比率が高いほど，す

なわち有能な人が多く受験する割合が大きいほど，適性テストによって選抜された人の中でよい仕事をする社員の割合は大きくなる。

これまで説明した予測変数（たとえば適性テストの得点）と基準変数（たとえば人事評価の点数）との関連を直接研究するだけでなく，他の要因との関連をとらえようとするものに，媒介変数（moderator）の導入がある。媒介変数とは予測変数と基準変数とのあいだに介在して，2変数の関係に影響を与えている要因である。

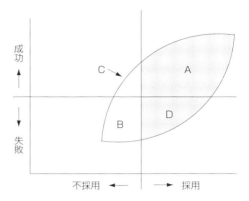

図3-16-b　選抜比率のゆるやかな場合（大沢，1989）

ヴルーム（Vroom, V. H.）は，ある運送会社の第一線監督者を対象に，非言語的推理能力検査の得点と監督者としての行動評価との関係を分析した。この際に，監督者の仕事に対する動機づけの程度を媒介変数として位置づけた。すると，動機づけの高い監督者グループでは，推理能力検査の得点と仕事上の能力評価とのあいだに統計的に有意な相関がみられた。一方，動機づけの高くないグループでは相関はみられなかった（大沢，1989）（表3-7）。

ダンネット（Dunnette, 1966）は予測変数と最終成果との間に多くの要因を介在させて予測の精度を高める選抜モデルを提示している。

たとえば，ある適性テストを用いるとしても，受験する個人によってはそのテストが適切かどうかに差異があるので別のテストの方がよい場合が考えられ

表3-7　推理能力検査の妥当性が「モチベーション」というモデレータ
ー変数によって明らかになった例（大沢，1989）

モチベーションによるグループ分類	(N)	総合評価との相関
モチベーションの高いグループ	(31)	.47
モチベーションの中間のグループ	(28)	.06
モチベーションの低いグループ	(32)	−.07

78   3章　人事測定の方法

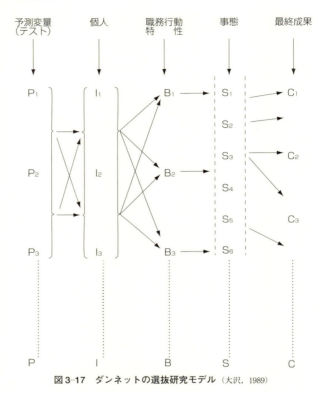

図3-17　ダンネットの選抜研究モデル（大沢，1989）

る。また，同じテストでも個人の経歴などの差によって結果の解釈に違いが生じることもある。

　次に，職務行動の特徴にも差異が考えられる。動機づけの違いや，地味でねばり強い，活動的だが気分屋などいろいろなタイプがあろう。さらに，仕事をする状況の差異である。上司との関係，経験の少ない新しい仕事，担当地域の市場の特性など多くの要件がある。これらが影響しあって，最終的な業務の成果につながるわけである（図3-17）。

4. 行動の評価

1 面 接

面接は採用場面で必ずといっていいほど行なわれる方法である。

面接の目的は、応募者と直接面談することによって、応募者の特徴を把握して、自社の期待する人材要件に合致するかを評価することである。したがって、面接を実施するに際しては、事前に自社が必要とする人材の評価すべき項目を整理しておく必要がある。入社後行なうであろう職務遂行に必要な知識・技術だけでなく、職場での他者との交流の仕方、問題解決を行なう考え方や行動の傾向などである。また、応募者の人生における仕事の位置づけや価値観なども理解する必要がある。

また入社後すぐに職務に役立てることのできる知識・技術・スキルとともに、将来成長していく可能性をも把握することが大切となる。従来から重視されている「熱意・意欲」は、仕事に積極的にとりくみ、主体的に学んでいく態度を評価していると考えられる、成長に必要な要件なのである。

1）面接の方法 面接を行なうに際しては、評価すべき項目を整理しておくとともに、応募者の個性があらわれやすいような雰囲気をつくることが大切である。代表的な方法を紹介しておこう。

①標準面接法：自社が必要とする人材の評価基準を評定項目として準備し、質問内容も計画して、的確に応募者の特性を把握しようとする方法である。構造化面接（structured interview）ともいう。

②自由面接法：面接者と応募者とで、その時々の話題の流れにそって、自由に交流する形式である。

実際は、標準面接法と自由面接法とが機能的に組み合わされて実施されることが多い。

③チーム面接法：応募者に対して複数の面接者が応対する場合である。たとえば、1人の応募者に対して3人の面接者が面接する形式である。面接者の1人が質問している時に、他の1人が応募者を観察するなど役割分担することで、応

表3-8 集団討論検査評定票 (安藤, 1986)

項目評定	1. 社 会 性	2. 指 導 性	3. 論 理 性
	仲間とよく調和し、集団の一員としてふさわしい行動がとれるか	仲間から重視され、集団活動を発展させうるか	目的にかなった思考を発展させることできるか
着眼点	○自分の感情をよく統制し、他人の立場や考え方にも耳をかそうとする態度が見られるか ○自己主張、他人の攻撃、感情的言動等が自己本位で他人に優越しようとする傾向が強く見られないか ○発言もせず、集団に加わろうとする努力も見られず集団から遊離していないか	○集団を課題解決の方向にもっていこうとする能力、すなわち、他人の意見を調整し、混乱した場面をときほぐし、集団を方向づけるのに新しい方途を与える能力がみられるか ○言動が派手で、意見は出すが説得力を欠くために他の受験者に取り上げられなかったり、また議論を混乱させ集団本来の課題の解決に役立たないような行動が見られないか ○他人の意見を多くし、あたかも指導者のように振舞うが、自分自身はっきりした意見をもたない（他人の意見を単に繰り返すことによって話の量を多くし）というようなことはないか	○論点になっている事柄について適切な意見を述べ議論がもつれたり、的はずれになった場合、論点を明確にし、すぐれた知識を提供することができるか ○一見孤立した意見のようにみえるが、客観的に判断して、すぐれていると確認できる意見であるか（さらにいろいろな事がらにのみこてだわったり安易な意見に終始していないか） ○討論の初期には活発な意見を出しながら討論が進んで理論が高次の段階になると発言できなくなるというようなことはないか

評定

段階評点 評語	秀 +2 かなり 社会的	優 +1 比較的 社会的	良 0 普通	可 -1 あまり 社会的 でない	不可 -2 社会的 でない	秀 +2 かなり 指導的	優 +1 比較的 指導的	良 0 普通	可 -1 あまり 指導的 でない	不可 -2 指導的 でない	秀 +2 かなり 論理的	優 +1 比較的 論理的	良 0 普通	可 -1 あまり 論理的 でない	不可 -2 論理的 でない
標識	+2	+1	0	-1	-2	+2	+1	0	-1	-2	+2	+1	0	-1	-2
A	記録					記録					記録				
B	+2	+1	0	-1	-2	+2	+1	0	-1	-2	+2	+1	0	-1	-2
	記録					記録					記録				
C	+2	+1	0	-1	-2	+2	+1	0	-1	-2	+2	+1	0	-1	-2
	記録					記録					記録				

募者の特徴をよく把握することができる。また，複数で評価するので客観的な判断となる。もっとも，応募者は緊張しやすい場面となってしまう。

④グループ面接法：応募者5〜8人が1つのグループとなって提示された課題を討議する形式が代表的である。応募者が議論するプロセスを観察することによって，考え方，主張，傾聴などの行動特性を把握する方法である（表3-8）。

⑤圧迫面接法：面接者が意図的に応募者をストレス状態に追い込む方法である。非常に緊張が高まったストレス場面での対処の仕方を観察するものである。自分を失うことなく，主張すべきことは主張し，冷静かつ柔軟に対応することが望ましいのであろう。しかしこの方法は，かなりのストレス状況に直面する職務に限って行なうべきであり，安易に実施すべきではない。たとえ実施したとしても，応募者にはフォローを行なう必要がある。本当に実施する意味のある圧迫面接なのか，単なる「セクハラ面接」的な人権の侵害なのか区別がつかないようでは，面接者ならびに企業の品格・道義が問われることとなろう。

面接場面は，面接者が応募者を評価・選抜するだけでなく，応募者が面接者やその企業を評価し選択する場でもある。面接者の態度は属している企業の風土を反映している。応募者が将来，顧客や取引先になることもある。また，抱いた印象が伝達されて，その企業の社会的評価に影響を与えることにもなろう。

2）面接者の留意事項　適正な面接を実施するためには，面接者自身が効果的な面接スキルを向上する必要がある。ゲイトウッドとフィールド（Gatewood & Field, 1994）がまとめた留意点を紹介する（二村，2000）。

①面接者が話しすぎて必要な情報が得られない。

②質問が場当たり的で，受験者すべてに共通の情報が少ししか得られない。

③職務遂行と関連のない質問をしやすい。

④受験者の緊張を取り除けず，本音の情報がひき出せない。

⑤自信過剰におちいり，軽率な判断になりやすい。

⑥ステレオタイプで判断しやすい（人物理解の枠組みが固定的で少ない）。

⑦表情，容姿，態度など言語外の情報に左右されやすい。

⑧多くの応募者を一度に評価することにより，寛大化傾向，中心化傾向，厳格化傾向などがあらわれやすい。

⑨1つの優れた，または劣った点で全体を評価してしまいやすい（ハロー効

82　3章　人事測定の方法

果）。

　⑩前の応募者の質に影響を受けやすい（対比効果）。

　⑪面接の最初の1分で評価をしてしまいやすい（第一印象の影響）。

　⑫自分と似た点をもった受験者を高く評価しやすい（自己類似好感効果）。

　採用選考では，自社が必要とする人材を，書類選考，小論文，一般常識，専門知識，適性検査などとともに面接によって総合的に判断することとなる。

　必要な人材は，長期経営計画に基づいて，単年度の要員計画に従って，資質と採用人数が決められる。

2　アセスメント・センター方式

　管理職の選抜や育成に用いられている方法に，アセスメント・センター方式（assessment center method）がある。この方法は，米国で1950年代の後半から産業界で実施されるようになった。これはAT＆T社での研究と活用が広く導入されるきっかけとなった。日本においては1970年代に紹介され，管理職の選抜のみならず，管理能力の早期発見と育成，キャリア管理などの目的で実施された（たとえば，外島ら，1993; Goffin et al., 1996; 外島，1997）。

　アセスメント・センター方式の要点は次のように整理することができる。

　①管理職またはその候補者が

　②管理職の職務状況をシミュレートした複数の演習課題を体験し

　③その演習課題の中で表出された行動や記述を

　④専門的な訓練を受けた複数のアセッサーが

　⑤あらかじめ規定された複数のディメンションに基づいて個別に評価し

　⑥それぞれの評価結果をアセッサー間の討議を通じて総合することによって

　⑦対象者の管理能力，管理職としての適性をアセスメントする。

　このような人材の評価方法である。アセスメント・センター方式で用いられる評価項目，すなわちディメンションの例を示しておく（表3-9）。

　演習課題とは，管理職が日常の仕事で行なうことをモデル化したものである。

　①20〜30件ほどの書類やメモを1時間ぐらいの間に，意思決定し処置を記入していくインバスケット演習。

　②6名程度のグループを編成して，それぞれ異なった部下の情報（架空のモ

4. 行 動 の 評 価　83

表3-9　ディメンションの例

個人特性	対面影響力	対面インパクト・親和性・威信性
	バイタリティ	活動性・持続性
	ストレス耐性	耐忍性・克服力・回復力
	執着性	糊着性・持続性
	自主独立性	自律性・自主性・主体性
対人スキル	リーダーシップ	指導・協調・補佐
	説得力	折衝力・交渉力
	感受性	共感性
コミュニケーション能力	要点把握力	傾聴力・読解力
	口頭表現力	対話力
	口頭発表力	プレゼンテーション能力
業務処理スキル	計画・組織力	企画・段取り・体系化・システム化
	統制力	修正・調整・統制
	権限委譲・部下育成	人材活用・職階意識
意思決定スキル	問題分析力	課題形成力・原因究明力
	創造力	想像力・創意工夫
	判断力	合理性・多面性・納得性・熟考力
	決断力	果断性・挑戦

（日本能率協会マネジメントセンター「人材教育」1994年11月号　30頁）

デル）をもち，そのうち1人だけを昇進させるという前提で，6名が討議して決定するグループ演習。

　③部下の指導・育成を目的とした1対1のロールプレイによる面接演習。

　④資料を分析して，これからの業務方針を提案するプレゼンテーション演習。

　これらの演習を，対象者が実際にどのように行なっていったかをアセッサーが行動観察をする。20前後の評価項目（ディメンション）に基づいて，対象者1人ひとりについて，3名のアセッサーが評定し，合議の上得点を決定する。さらに，観察された行動の長所・短所を文章コメントにして整理して，対象者に提供して能力開発の資料とする。これらの課題によるアセスメントは数日間の集合研修として実施されることが多い（図3-18）。

　日本では，従来は管理職の登用は年功制の要素が強かったので，アセスメントの結果は育成のために活用されることが多かった。最近では，能力主義の傾向となり，このアセスメントの結果を選抜の資料とする企業が増えている。担当している事業の業績，人事評価をする上司の発言力などの要因以外に，客観

84 3章 人事測定の方法

	第1日	第2日	第3日
8:45		(2) インバスケット討議 ・グループ案作成 ・全体発表と解説	(2) 発表実習 ・スピーチ ・解説 ・VTR/FB ・相互フィードバック
10:00 午　前	開講 Ⅰオリエンテーション 　1. マネジメントとは 　2. 管理者の能力要件		
午　後	Ⅱ第1回グループ討議 　討議　　　観察 　VTR/FB　評価・検討 　相互フィードバック Ⅲ第2回グループ討議 　討議　　　観察 　VTR/FB　評価　検討 　相互フィードバック	Ⅴ第3回グループ討議 　討議　　　観察 　VTR/FB　評価・検討 　相互フィードバック Ⅵ分析・発表演習｜Ⅶ面接 (1) 個人作業｜演習 ｜実習	(3) 面接実習 ・VTR/FB ・解説 Ⅷ自己啓発計画 ・まとめ 閉講　16:00
夜　間 21:30	Ⅳインバスケット練習 (1) 個人処理	つづき	

図3-18 アセスメントセンター方式　実施日程例

（日本能率協会マネジメントセンター「人材教育」1994年11月号　p.30）

的に人材をアセスメントする資料を人事部が得られるからである。

　各企業に必要な，また各業務に必要な評価要件，将来の職務に必要なスキルの要件を選定することが，自社独自の管理職を選抜する際には大切な課題となろう。

3　コンピテンシーの把握

　職務を遂行する行動に関連する要因には，知識，スキル，知能，性格特性，興味，動機づけ，キャリア意識など多くの側面が考えられる。

　特に，高業績を生み出すことのできる職務遂行の行動をコンピテンシー（competency）として強調している。このコンピテンシーとは，

　①高業績，よい成果を生み出す職務遂行行動

　②実際に観察することのできる行動

　③実証的に把握することのできる行動である。すなわち高業績を生み出して

4. 行動の評価　85

いる人の行動と，成果を生み出すことのできていない人の行動と，その差異を明確にして，重要な行動要件をとらえるのである（Boyatzis, 1982）。

　このような職務行動をコンピテンシーという概念で論じた初期の研究者は，動機づけの研究で高名なマクレランド（McClelland, D. C.）である。1973年に発表された「知能よりもコンピテンスを測定する」と題した論文が出発点となった。彼は，それまで多くの研究がなされてきた知識テスト，知能テスト，学業成績などが，業務遂行を予測するには不十分であると指摘した。具体的な職場状況での行動を把握することによって，人事評価がより妥当なものになるのである（Spencer & Spencer, 1993）。

　また，職場での具体的な行動を評価する方法には行動評定尺度（behavioral-

非常に良い	7	柔らかいもの（パン，ケーキなど）と肉類・野菜・冷凍食品はそれぞれカウンターの両端にまとめ，缶詰類・箱詰品などはカウンターの中央にまとめながら点検しレジを打っていく。そうして順序よくテキパキと商品にキズをつけないように仕事をしていく。
かなり良い	6	イチゴ，バナナ，クッキー，ケーキ，パンなど商品の種類別に点検していく。
少し良い	5	カートから一度に複数の商品をとってレジを打つ。
普通（良くも悪くもない）	4	客が代金を支払おうとしているときには，もう次の客の応対に入っている。
少し悪い	3	レジを打って商品をカウンターの上に置くとき，濡れたものをそのままカウンターの上に置く。
かなり悪い	2	買物篭や空き箱をカウンターの両隅に積む。
非常に悪い	1	パン，ケーキ，卵のような柔らかい，また壊れやすいものを乱暴に扱ったり，カウンターに生鮮食品があるときにそのカウンターを白熱電球で照らす。濡れたものや重いものをほかの商品の上に積む。

図3-19　スーパーのレジ係の1つの評価次元（Behaviorally Anchored Rating Scales）
（French, 1978, p.316；林，1993）

ly anchored rating scales) がある。職場での効果的な行動を対象としている点で、コンピテンシーと同様の流れに沿ったものといえよう (図3-19)。

日本においては最近、コンピテンシーを人事評価に導入しようと試みる企業が多い。従来の職能資格に基づく人事考課では、情意考課（規律性、責任性、協調性、積極性）や能力考課の習得能力（知識、技術）、習熟能力（判断力、企画力、折衝力、管理力）などの考課要素が用いられていた。コンピテンシーのように具体的な職務行動を評価することは、評価のバイアスも少なく有効な方法といえよう。

さて、職場での具体的な行動傾向を把握する方法に、多面観察評価手法

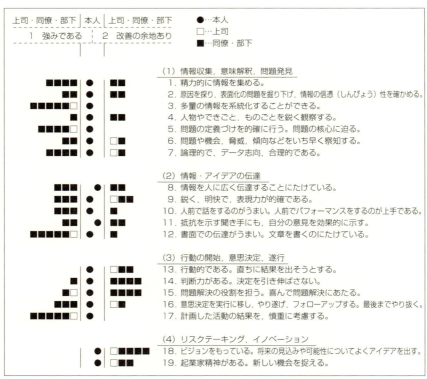

(資料提供：日本能率協会マネジメントセンター)

図3-20　360度フィードバック（スキルスコープ）の報告書例（部分）(今城・藤村, 2000)

（multi-source assessment）がある。これは職務遂行に必要とされる多くの行動項目について，本人自身が自分の行動の程度を評定し，さらに，本人の行動について，上司や同僚や部下が評定を行なうものである。本人をとりまく周囲からフィードバックをもらうこととなるので，360度フィードバック（360-degree feedback）とも呼ばれている（Edwards & Ewen, 1996）。

　日頃自分自身はどの行動を効果的に実行できていて，どの行動は不十分な効果となっているのかを知ることができる。職場の他メンバーからの期待はどのようになっているのかを把握することによって，自己認知と他者認知のギャップに気づくことが可能となる。このようなデータを十分に理解して，自分が主体的に他者に対して働きかけ，行動することによって，効果的な問題解決を実践することが可能となる（外島，1999）。スキルスコープと名づけられている360度フィードバックの報告書を例示しておこう（図3-20）。

　多面観察評価手法による結果は，本人に提示されて，能力開発に活用されることが多い。ただし，結果のデータを本人が十分に納得して受けいれることができるように，工夫が必要である。人事評価に導入する試みもなされているが，評定する人の基準の差や，バイアスなど考慮する点が多く，上司による人事評価を補完する資料として活用することが考えられている。

　360度フィードバックに用いる行動項目をコンピテンシーとして作成することによって，成果を生み出す行動を明示することとなり，業績と結びつく社員の能力開発となるのである。

トピックス　印象形成の実験研究

　1）アッシュ（Asch, 1946）は人に対する印象がどのように形成されるのかを研究するために10の実験を行なった。

　最初の実験では，被験者を2群に分けて，架空のある人物に対してどのような印象をもつかを調べた。A群では「知的な，器用な，勤勉な，暖かい，決断力のある，実際的な，注意深い」といった特徴が示された。B群では「暖かい」を「冷たい」に変え，他は同じ言葉が示された。そして被験者に架空人物の印象を回答してもらった。A群とB群とでは，かなり異なったイメージとなることが明らかとなった（表3-10）。

88   3章　人事測定の方法

アッシュは，刺激となる言葉の組み合わせを変えたり，提示の順序を変えたりして，一連の研究を行なった。

2）ケリー（Kelley, 1950）はアッシュの研究をふまえて，次のような実験を行なった。

対象はマサチューセッツ工科大学（M. I. T.）の3年生で，心理学の授業3クラス（23人，16人，16人）合計55人，全員男性である。

学生たちには「講義担当者は出張で，本日は来ない。今日に新しい講師を紹介する。講義の終わりに，その先生に対する印象をききたい」という主旨を説明する。次

表3-10　適合する性質の選択（％）
(Asch, 1946；今川，1988)

| | 実験　1 | |
	暖かい n＝90	冷たい n＝76
寛大な	91	8
賢い	65	25
幸福な	90	34
良い性格の	94	17
ユーモアのある	77	13
社交的な	91	38
人気のある	84	28
信頼できる	94	99
重要な	88	99
人情のある	86	31
容姿の良い	77	69
固執的な	100	97
まじめな	100	99
控え目な	77	89
愛他的な	69	18
想像力に富む	51	19
強い	98	95
正直な	98	94

に，先生の紹介文を配布する。この紹介文は2種類用意されていて，「やや冷たく」と記されたものと「とても暖かく」と記されたものとがある。どちらかがランダムに配布される。紹介文は「○○講師はM. I. T. の経済社会科学部の卒業生です。他の大学で心理学を3学期間教えた経験があります。本学科で教えるのは今学期がはじめてです。彼は26歳で，軍隊経験があり，既婚者です。彼を知る人は彼のことを，やや冷たく，勤勉で，批判力があり，実際的で，決断力のある人，と思っています」となっている。

学生が紹介文を読んだ後，講師が教室に入り，20分間の討論を指導する。この間，実験者は学生がどの程度討論に参加するかを観察した。終了後，学生は印象を回答する。

その結果，「暖かい」と紹介された学生と，「冷たい」と紹介された学生とでは，同じ人物（講師）に対して異なった印象が形成されていた（表3-11）。

また，討論への参加は「暖かい」群は56％，「冷たい」群は32％となり，「暖

表3-11 「暖かさ」条件と「冷たさ」条件における，刺激人物
への評定の比較 (Kelley, 1950；今川，1988)

項目番号	評定項目対	平均評定		有意水準
		暖かい	冷たい	
1	能力を知っている―知らない	3.5	4.6	
2	他人を配慮する―自己中心的	6.3	9.6	1%
3	ざっくばらんな―形式的な	6.3	9.6	1%
4	謙遜な―尊大な	9.4	10.6	
5	社交的な―非社交的な	5.6	10.4	1%
6	自己主張の強い―自己不確実な	8.4	9.1	
7	知的な―知的でない	4.8	5.7	
8	人気のある―人気のない	4.0	7.4	1%
9	性格のよい―かんしゃく持ちの	9.4	12.0	5%
10	寛容な―寛容でない	8.2	9.6	
11	ユーモアのある―ユーモアのない	8.3	11.0	1%
12	重要な―重要でない	6.5	8.6	
13	人情のある―無慈悲な	8.6	11.0	5%
14	服従的な―支配的な	13.2	14.5	
15	役に立つ―役に立たない	4.2	5.8	

かい」という印象は，講師に対する好意だけでなく，相互作用も多くなること
が見いだされた。

　これらの研究によって，初期印象形成が重要な働きをすること，印象形成に
対して中心的な影響を与える言葉があること，言葉の提示の順序によって印象
が変わることなどが示された。

　つまりは，面接時の自己PRには，それなりの工夫が必要であろうというこ
とである。

職場の人間関係と意思決定

1. 集　　団

　組織は基本的に複数の人々から構成され，組織活動の多くはチームでの共同作業として行なわれる。人々が集まって集団を形成した時，そこでの活動には，単独の個人活動とは異なる特徴がみられることになる。本章は，こうした集団内での関係のあり方や，意思決定や問題解決などが集団で行なわれる際の特徴を扱う。そこで，この節ではまず，集団のダイナミックスを論じたり理解したりする際の，基本的な概念を紹介する。

1　集　団　と　は

　集団とは何だろうか。交差点を行き交う人々のように，複数の人々が同じ場所にいるだけでは集団とはいえない。単に複数の人々が同時に同じ場所に集まっただけの集合とは異なり，集団は一般に以下のような特徴をもつとされる。①共通の目標や経験，価値規範などがある，②メンバー間に何らかの相互作用関係がある，③地位や役割などの集団構造がある，④メンバー自身がその集団への所属意識をもっている，などである。

　集団を集合と区別する条件は，研究者によって異なっている。たとえば，集団の要件として，対面的相互作用が可能な大きさとメンバー間の物理的距離が含められる場合がある。しかしインターネット等のメディアの発達にともない，相互作用に対面性は必須ではなくなり，遠く離れて顔すら知らない人々のあいだでも集団メンバーとしての自覚をともなう活動が共有されるようになっている。また，電車に乗りあわせた人々が，事故に際して互いに役割を分担して助け合ったり，事故の原因が除かれたら再びもとのように見知らぬ人々のそぶり

をしたり，というように，集合が集団としての特性を帯びたり，失ったりすることもある。集団と集合は相互に可逆的であり，両者の境界は曖昧である。

2 集団の特性

1）集団規範 集団が機能するためには，メンバーの結束を保ち，集団の目的達成へと向かわせなければならない。この時に重要な役割を果たしているのが，集団規範である。集団規範は，メンバーに行動の準拠枠（集団における標準的な行動の仕方）を提供すると同時に，それを遵守すべき理想として提示する。つまり，標準的行動についての情報が提供される一方で，これに外れた行動をとるものには，他のメンバーから従うよう圧力がかけられることになる。この圧力のことを斉一性への圧力という。

規範形成の1つの意味は，判断の手がかりが他にない状況下で，他者を行動の準拠枠として用いることにある（Sherif, 1935; 図4-1）。フェスティンガー（Festinger, 1954）は，われわれは自分の意見や能力を確認したいという欲求をもっており，確認のための物理的基準がない時には，他者の意見や能力をそ

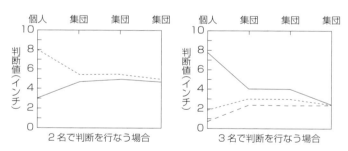

図4-1 集団規範形成過程の実験の結果（Sherif, 1935; 狩野，1985）
光点の自動運動（暗闇で光の点を凝視していると，実際には固定されている光点が，主観的にはゆらゆら移動しているように知覚される現象）を利用した実験。被験者は，暗室の中で，光点の主観的移動距離をまず1人で判断する。次に2〜3人の集団で暗室に入り，同様に移動距離を判断し，今度はそれを声に出して実験者に報告する。集団場面での報告を繰り返すうちに，被験者の判断値が互いに近づいてくることが示された。これは，最初はバラバラであった主観的判断の基準が，メンバー間で共有されたためと考えられる。

の基準とする，と述べている。実際，確実な情報をもっていない時には，他者の動向を判断材料として行動することは有効な方略といえるだろう。このように，他のメンバーの行動を手がかり情報として用いた結果，メンバーが受ける影響のことを，情報的影響と呼ぶ。

集団規範のもう1つの意味は，集団メンバーの結束を強め，秩序を維持するということである。日常生活においても，従うべき規範から逸脱する人には何らかの圧力がかけられることが多い。たとえば，決まったノルマが達成できなくて肩身の狭い思いをする，という場合などがそうだが，これとは逆に作業水準が高すぎても圧力がかかることになる。カッチとフレンチ（Coch & French, 1948）は，ある縫製工場における事例について次のような報告をしている。その工場では，フォーマルに定められた1日の作業目標とは別に，「もう少し低めの基準」が工員たちの間でインフォーマルに了解されていた。1人の工員が，この暗黙の基準を超えて目標に近い作業をこなすようになると，仲間たちからそれに対する非難が起こり，その工員の作業量はもとの低い基準に戻ってしまった。そして，仲間たちが別の仕事に移ってからは，その工員の作業量は再び増え，目標をはるかに上回るようになったという。この事例は，たとえ集団の成果に寄与することであっても，規範からの逸脱が他のメンバーから許容されにくいことを示している。集団からの拒否を恐れ，集団から許容されようとした結果，メンバーが受けるこのような影響のことを規範的影響と呼ぶ。

ジャクソン（Jackson, 1960）は，規範からのずれに対する集団の許容や拒否をリターン・ポテンシャルモデル（図4-2）によって記述している。このモデルでは，メンバーから最大限の受容（是認）は，その集団の理想と合致する行動をとった場合に最大になり，そこから逸脱するにつれて徐々に低くなるとしている。逸脱が顕著になりすぎると，メンバーの反応は無関心から拒否（否認）へと変わる。最大の受容が得られるポイントを最大リターン点，メンバーから是認される行動の範囲を許容範囲という。最大リターン点と許容範囲を組み合わせることで，さまざまな集団規範の様相を記述できる。

ところで，先の縫製工場の事例は，規範からのずれがメンバーの拒否を招くことを示していたが，同時に，組織におけるインフォーマルグループの重要性を示しているともいえるだろう。インフォーマルグループとは，いわゆる仲間

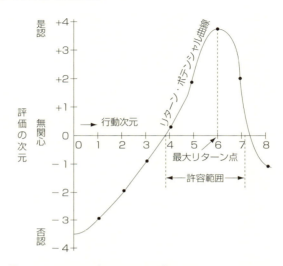

図4-2　リターン・ポテンシャルモデル（Jackson, 1960; 狩野, 1985）
横軸は行動をあらわし，縦軸はそれに対する他のメンバーからの是認または否認の程度をあらわす。もっとも是認度が高い点を最大リターン点と呼び，その集団でもっとも望ましいとされる行動（理想）を示す。曲線が横軸より上に出ている範囲は，その集団の規範で許容される行動の範囲を示す。

集団のことであり，①自然発生的に形成され，メンバー相互の好意的感情に基づいて成立している，②集団の目標や規則，役割分担などが不明確である，③暗黙のうちに共有された規範や目標をもつ，などの特徴をもつ。インフォーマルグループは，メンバー間に共通の利害が存在する利害集団と，友情や社会関係への欲求のみを基盤とする友好集団とにさらに分類される。これに対してフォーマルグループは，組織構造の中に公式的に位置づけられた集団であり，①達成すべき集団目的のために形成されている，②各メンバーの職務や役割，集団の構造が明確に決められている，といった特徴をもつ。組織はフォーマルグループによって構成されるが，組織活動においてインフォーマルグループの存在を無視することはできない。先の事例は，工員たちのインフォーマルグループでの規範が，フォーマルグループの生産性を妨げたケースといえるだろう。どのような組織にもインフォーマルグループは存在し，そこでの人間関係

は良くも悪くもフォーマルグループである組織の活動に影響を与えるのである。

2）凝集性　集団メンバーが規範を守り，集団に所属しつづけようとするのは，その集団に何らかの魅力があるためである。メンバーをその集団にとどまらせようとする力の総体のことを，集団の凝集性という。凝集性は，メンバー間のまとまりのよさ，メンバーの集団に対する魅力などに反映される。凝集性の高さは，①各メンバーがどれだけ魅力的か，②メンバー同士の価値観が似ているかどうか，③メンバー間の相互作用が活発になされているか，④集団の目標が魅力的か，⑤集団のサイズは適当か，などに左右される。

凝集性の高い集団では，メンバーは集団に所属することに価値を見いだしており，集団での作業に対する満足感は高くなる。一方，集団から受容されたいという気持ちから，集団の秩序や結束を壊すことを恐れる傾向がある。このため，意見の対立を避けようとしたり，他のメンバーへの批判的態度を抑制したりするようになり，時には非効率な結果を招くこともある。先のカッチとフレンチの事例や，後述する集団思考などがそれにあたる。

2. 集団での課題遂行

組織においては，チームを組んで課題にとりくむことが多い。集団で力を合わせてとりくむことは，分担してそれぞれ単独に課題を行なうことと比べて，どのような違いがあるのだろうか。

1　社会的促進と社会的抑制

作業中にそばに他者がいることは，励みになる場合もあれば，緊張してよけいな失敗のもとになることもある。周りに他者が存在することで，単独の場合よりも課題遂行が高まることを，社会的促進という。一方，「あがる」といわれるように，他者の存在のせいでかえって課題の遂行が低くなる場合もあり，これは社会的抑制と呼ばれる。

一般に，単純な課題やよく習熟した課題では社会的促進が生じやすく，複雑な課題や不慣れな課題では社会的抑制が生じやすい。ザイアンス（Zajonc, 1965）は，他者が存在することで動因水準（覚醒水準）が高まることによってこうし

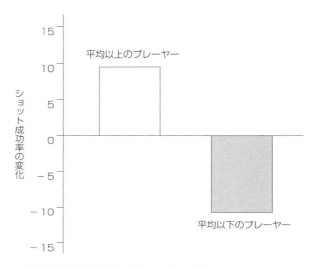

図4-3 社会的促進と社会的抑制に関する実験の結果 (Michaels et al., 1982; Plous, 1993)
大学のビリヤード場で、予めプレーヤーの能力を平均以上・平均以下に分類しておき、見物人がいる時といない時でのショット成功率（％）の変化を比較した。能力のあるプレーヤーは見物されていると成功率が上昇したのに対し、平均以下のプレーヤーでは、逆に成功率が低下した。

た現象が起きると考えた（動因説）。動因が高まった状態では、当人にとって身についた反応（優勢反応）が起こりやすくなるため、習熟した課題では正反応が、不慣れな課題では誤反応が多くなるのだという（図4-3）。

他にも、他者から評価されているという意識（評価懸念）や、有能そうに見せたいという自己呈示動機が動因水準の上昇に関係しているという説明もある。こうした関連要因のうち、どれがどの程度強く働くかは、各々の課題状況によって異なると考えられる。

2 社会的手抜き

集団で1つの課題を行なう時には、「自分1人くらい手を抜いても」という考えから、個人で作業をする時よりも作業量が低下することがある。リンゲルマンは、綱引き課題において、人数が1人から2人、3人と増えても、綱を引く力は2倍、3倍とはならず、1人あたりの力は小さくなることを見いだした

(Ingham et al., 1974)。

　ここで，集団のパフォーマンスが個人のパフォーマンスの総和を下回ってしまった第1の理由としては，活動の調整がうまくいかなかったことが考えられる（調整損失）。たとえば綱引き課題では，力を入れるタイミングや綱を引く方向が一致していないと，集団の力は個人の力の単純な総和より小さくなってしまうだろう。しかし，集団サイズが大きくなるほど個人の努力量が低下するという傾向は，調整損失だけが原因とはいえない。第2の重要な理由として，集団場面で動機づけが低下すること（動機損失）があげられる。その証拠に，他者と一緒に綱を引いていると思い込ませた（実際は1人で引いている）状態で努力量を測定すると，やはり引く力が弱くなっていたことが確認されている（Ingham et al., 1974）。同様の結果は，発声・拍手といった別の種類の課題でも再現されている（Latané et al., 1979; 図4-4）。このような，集団場面での「骨惜しみ」ともいえる現象は，社会的手抜きと呼ばれている。

　手抜きをする者，つまり，自分は貢献せず，集団の成果にただ乗りしようとする者を，フリーライダーという。フリーライダー発生の背景には，課題状況

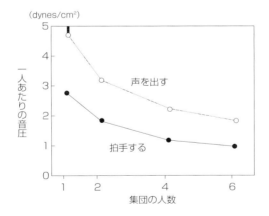

図4-4　社会的手抜きの実験の結果（Latané et al., 1979; 池上，1998）
被験者は，防音室内で，実験者の合図によって5秒間できるだけ大きな拍手をする，または大きな声を出すよう指示された。1人あたりの音圧は，集団の人数が増えるにつれて減少している。

の構造的特性がある。すなわち，貢献しても他者から評価されない，自分の貢献の効果が実感しにくい，といった課題状況の特性が，手抜きを生んでいるのである。

フリーライダーの発生を防ぐ方法としては，①課題を分割して個人に割り振ってしまう，②個人の貢献度が評価されるようにする，③個人の貢献が成果に反映されるようにする，④メンバーにとっての課題の価値を高める，⑤貢献することにかかるコストを小さくする，などがあげられる（Stroebe et al., 1996）。

3 集団での問題解決

「三人寄れば文殊の智恵」ということわざがある。凡人でも3人寄って相談すれば，何かしら知恵が浮かぶものだ，という意味である。この言葉が意味するように，われわれの間には，集団での相互作用からは，1人ではとても思いつかないような卓越したアイデアが生まれうる，という信念が根強い。一方で，前項でみたように，集団での課題遂行には調整損失と動機損失という2つのプロセスの損失があった。果たして，集団が個人を凌ぐアイデアをもって苦境を乗り越える，というようなことは現実には起こりうるのだろうか。

1) 単純な問題解決　ショウ（Shaw, 1932）は，よく知られた『宣教師の河渡り』の課題を用いて，個人と集団ではどちらが正解に到達しやすいかを調べた。この課題は，3人の宣教師を，2人乗りのボートを使って危険な目に遭うことなく対岸に渡すにはどうすればいいか，という方法を考えさせる問題である。この実験では，単独で問題を解く場合と4人で解く場合を比較した結果から，集団の方が個人よりも正答率が高いことが示された。ここでは，集団では誤答に対するチェック機能が働きやすいので，正答が導かれやすいのだと論じられている。しかし，ショウの結果では，集団は答を出すために個人よりも長い時間をかけていた。また，当然のことながら，同じ問題を解くのに集団は個人よりも多人数の力を費やしている。その後の研究では，こうした条件の違いを考慮してもなお，集団が個人より優れているといえるのか，という疑問も出されるようになった（Taylor & Faust, 1952）。

一方，亀田（1997）は，集団に期待されがちな「文殊の知恵」の可能性を

まったく排除しても，現実の集団が達成している程度の問題解決は可能であると指摘している。亀田は，集団の少なくとも1人が問題を解決できれば，集団はその答を採用して正答に到達できるが，だれも問題解決能力がなければ，問題は解けずに終わるというモデルを立てた。もしも集団での相互作用が「文殊の知恵」を生む可能性があるなら，全員に能力がなくても正答の可能性が開けるので，集団の正答率はこのモデルの予測値よりも高くなるはずである。しかし，多くの実験での集団の正答率は，それより低くとどまっていた。このことは，個人レベルで存在しなかった知恵が，集団での話し合いの中で新たに生まれることはまれであり，集団の成績は，もっとも優れた個人の成績には多くの場合及ばないことを示している。このように，これまでの研究の結果は，問題解決場面における「文殊の知恵」の可能性には否定的といえるだろう。

2）創造的問題解決　　しかし組織においては，これらの実験のように，あらかじめ解くべき問題が与えられていることは少ない。むしろ問題の発見と定式化が重要であり，単純な問題解決能力よりも，独創的な発想が求められることも多いだろう。

オズボーン（Osborn, 1957）は，創造的な問題解決課題において，独創的なアイデアを広く集めるための方法として，ブレーン・ストーミングという技法を提唱した。ブレーン・ストーミングは，構造化されていない問題を，集団で自由にアイデアを出しあって解決しようとするものである。討論は，①できるだけ多くアイデアを出すこと，②自由な発想をすること，③批判しあわないこと，④アイデアを交換しあい，展開させること，というルールのもとに行なわれる。独創的な意見を許容する雰囲気や，他のメンバーの奇抜な意見による刺激などが，質の高いアイデアを多く生みだすとされ，広く用いられている。

しかし，その効果のほどは無条件に確認されているわけではない。たとえば，個人と集団に同じように「アイデアは数が多いほどよい，奇抜な方がよい」という教示を与えてアイデアを考えさせるとする。これまでに行なわれた研究によれば，集団でのブレーン・ストーミングによって算出されるアイデアの数は，個人のアイデアを，重複を除外して人数分集計した場合（名義集団）と比べて多いとはいえず，この技法の有効性は必ずしも支持されていない（図4-5）。

ブレーン・ストーミングの有効性を阻む要因としては，本章でもすでに述べ

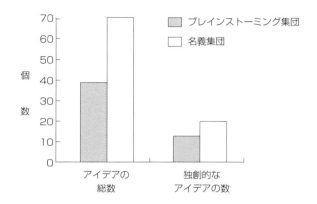

図4-5 ブレーン・ストーミングに関する実験の結果（Taylor et al., 1958; 池上，1998 を一部改変）
被験者は，自国に観光客を誘致するための案を考える。5人からなるブレインストーミング集団と名義集団を比較した結果，名義集団の方が，アイデアの総数も独創的なアイデアの数も勝っていた。

た評価懸念（4-2-1）やフリーライダー問題（4-2-2）の他に，アイデアを考え保持することと，他者の発言を聞いて処理することを，同時に進行させねばならないという課題上の問題も大きい。ブレーン・ストーミングの改良版ともいえる名義集団（nominal group）法では，この問題を回避するため，討議に入る前に各メンバーが独立にアイデアを考えるようになっている。思いついたアイデアを，意見や批判を禁止した状態ですべて発表してから，アイデアの統合や発展作業に入るのである。アイデアを再構成する時も，各案の互いの長所をとり入れながら統合を図り，最終的に1つの案にまとめられない場合は，各案の望ましさを順位づけて投票で決めるなど，討議過程でメンバーが独立性を維持するための工夫が施されている。

　全体としてまとめると，これまでの研究結果からは，メンバー間の協調は必ずしも効果的とはいえない。しかし，こうした「2人以上の合意を必要とするシステム」は，最高の効率こそ犠牲にしても，エラーに対する耐性を高める装置として作用するとも考えられる（亀田，2010）。組織というシステムにとって，少々の効率低下よりも，致命的エラーを犯すことの方が深刻であろうことを考えれば，組織に集団活動を導入する意義は十分にあるといえるだろう。事

実，多くの企業において，ブレーン・ストーミングやQCサークル（職場内小集団で，品質向上を目的に主体的に行なわれる品質管理などの活動）などの技法がとり入れられている。

3. 組織における意思決定 ❖❖❖❖❖❖❖❖❖❖❖❖❖❖❖❖❖❖❖❖❖❖

組織においては，だれを採用するか，どんな顧客サービスを導入するか，プロジェクトを続行するか手を引くか，等々，組織の置かれた現状に対する判断とそれに基づく決定が日常的になされている。この節では，組織における判断と意思決定について，認知的な制約による問題と，集団で行なわれる意思決定の特徴を中心に述べる。

1　意思決定の古典的理論

ある複数の選択肢から1つ，またはいくつかの選択肢を選びとることを，意思決定という。よい意思決定とは何か，という問題は，古くから研究者の関心を集めてきた。この問に答えるべく，あるべき意思決定の姿を体系化した古典的理論に，効用理論がある。効用とは，ある選択肢を選んだ結果に対する主観的な望ましさのことである。効用理論では，合理的決定とは，効用を最大化する選択肢を選ぶことだとされる。

もっとも，ほとんどの意思決定は不確実な事象を対象としており，その選択肢がもたらす結果は確定しない。そのような場合は，起こりうる結果の効用と，その結果が生じる確率とを考慮して，選択肢の効用の期待値（期待効用）を計算することになる。このように，リスク下の意思決定で効用の期待値を考える理論は，期待効用理論と呼ばれる。中でも，確率として主観的確率を用いたものを主観的期待効用理論という。効用理論にはこの他にもいくつかのヴァリエーションがあるが，共通しているのは，広い意味での効用の最大化が仮定されている点である。

102　4章　職場の人間関係と意思決定

2　合理性への制約

　しかし，組織もひとも，実際にはいつも合理的な選択をしているとは限らない。合理的決定がなされない理由の1つは，意思決定主体である人間の認知的能力に限界があることである。たとえば，新規採用の社員としてだれを採用するか，というような状況で，候補者の能力，今後の組織動向，そこで要求される適性，などをすべて考慮して，効用を最大化する候補者を決定することは事実上不可能だろう。サイモン（Simon, 1956）は，可能な全選択肢からもっともよいものを選ぶという効用最大化方略は，実際にはあまり使用されていないことを指摘している。むしろ，人間の意思決定では，最大化方略よりも，あらかじめ設定した水準を超えるような選択肢がみつかればそれを採択する，という満足化原理の方がよく使われているというのである。採用試験の例でいえば，可能なすべての候補者からあらゆる面で最適の人材を選ぶのではなく，資格や経験などの条件をあらかじめ設定しておき，条件を満たす人材がみつかった時点で応募を締め切る，というような決定方略がこれにあたる。確かに，もっと多くの候補者を面接すればより適した人材が見つかったかもしれない，という可能性は残る。しかし，満足化原理に基づく決定は，低いコストで一定の水準を満たす結果を得ることができる。

3　「非合理」な意思決定

　他にも，実際の人間の意思決定行動には，古典的な効用理論の予測から逸脱する現象が多くみられる。ここではその中から，フレーミング効果とサンク・コストへの固執の問題を紹介しよう。

　1）フレーミング効果　　まず，トヴァスキーとカーネマン（Tversky & Kahneman, 1981）による，次のような問題を考えてみよう。

　　アメリカで，600人の命を奪うと予想される，アジアの新しい疫病が発生したとする。疫病を押さえるため，2種類の対策が提案された。それぞれの対策の結果については正確な科学的推定が以下のようになされている。あなたならどちらの対策を採用するか。

＜ポジティブ・フレーム条件＞

対策Ａ：もしこの対策を採用すれば200人が助かる。

対策Ｂ：もしこの対策を採用すれば，3分の1の確率で600人が助かるが，3分の2の確率でだれも助からない。

　では次に，同じ状況で，選択肢を次のように書き換えたとすると，今度はどちらを採用するだろうか。

＜ネガティブ・フレーム条件＞

対策Ｃ：もしこの対策を採用すれば400人が死亡する。

対策Ｄ：もしこの対策を採用すれば3分の1の確率でだれも死なないが，3分の2の確率で600人が死亡する。

　トヴァスキーとカーネマンによると，ポジティブ・フレーム条件では72％の被験者が対策Ａを採択し，ネガティブ・フレーム条件では，78％の被験者が対策Ｄを選んだという。

　さてここで，対策ＡとＣ，対策ＢとＤは，実は同じであることを確認しておこう。疫病に晒されているのが600人であることから，「400人が死亡する」と「200人が助かる」，「だれも死なない」と「600人が助かる」，というのは，それぞれ同じ結果を意味している。この研究は，構造的にまったく同一な問題であるにもかかわらず，それをどのように表現するかによって異なる反応が得られることを示した。つまり，「助かる」という利得部分が強調されたポジティブ・フレーム条件ではリスク回避的傾向が，「死亡する」という損失部分が強調されるネガティブ・フレーム条件ではリスク志向的傾向がみられたのである（フレーミング効果）。

　このように，同じ問題に直面していても，それをどのようなフレームからとらえるかによって，主観的に好ましい決定は異なってくる。組織における交渉のような場面では，相手がどのようなフレームで問題をとらえているのかを知ることが重要になる。たとえば価格交渉においては，売り手はポジティブ・フレーム，買い手はネガティブ・フレームで取引を評価することになるだろう。また，評価基準をどこに置くのかによっても評価は変動する。たとえば，提示

案からのどんな譲歩もマイナスだと考えている時には，現状より少しでも改善できればプラスだと考えている時よりも，交渉における譲歩可能性は低くなるだろう（第7章の4「組織における葛藤（その2）：葛藤解決の方略」を参照）。

　2）サンク・コストへの固執　　「乗りかかった船」という言い回しがある。いったん物事にかかわってしまうと，もう途中からはひき返せない，というような意味で使う。この表現が示すように，われわれは最初に決めた事項に固執し，非合理な深入りをしてしまうことが少なくない。まずは，次に示す千円札のオークションの問題を考えてみてほしい。

　　　1枚の千円札がオークションにかけられる。最高値をつけた人がその千円札を手に入れることができる。ふつうの競売と違うのは，2番手の値をつけた人は，自分のつけた値だけお金を払わないといけないというところだけである。さて，あなたはこのオークションに乗るだろうか？

　ここでは金額を円で示したが，この問題は「ドル・オークション」としてよく知られている（Shubik, 1971）。試してみると，たいていの人はこの競売に参加する。何しろ，うまくすれば50円や100円で千円札を落札できるかもしれないのだ。しかし，競り値が600円，800円，とつりあがってくると，だんだん落札の魅力は減ってくる。多くの人が降り，高値をつけている上位2人だけが残ることになる。このとき，問題が明らかになる。この2人はもはや降りられない。なぜなら，2番手で終わってしまったら，自分がつけた競り値を払わないといけないからである。相手が降りさえすれば，わずかでも利益が出るかもしれないという望みのもとに，競り値は950円になり，1000円になり，驚いたことに1050円，1100円，とつりあがっていく。何のへんてつもない千円札を，1100円も払って手に入れることは明らかに非合理だ。だが，「もうやめられない」。

　これは決して極端な例ではない。もちろん，組織も個人も，意思決定の誤りが判明すれば，速やかに軌道修正する必要があるのはいうまでもない。しかし実際には，問題点が明らかになってもなお，過去の決定に固執し，場合によっては追加投資をして損害を大きくしてしまうことが少なくない。反復される意

思決定においてみられるこうした現象は，コミットメントのエスカレーション（escalation of commitment）と呼ばれている。エスカレーションの特徴は，これまでの決定で投入されたコストが，その後の意思決定を拘束する点にある。このような，すでに投入され，もう取り戻すことのできないコストのことをサンク・コスト（sunk cost）という。戦争や価格競争などのいわゆる「泥沼の争い」の多くはサンク・コストへの固執の結果であるし，いったん入った企業や学校を変わることに躊躇する，などの現象も同様である。

このような固執は，自分の行なった決定の誤りを認めたくないという自己正当化の傾向から生まれると考えられる。ストウ（Staw, 1976）は，実験に参加した学生に自分が企業の役員であると想定させ，研究開発費の配分を決めさせるという実験を行なった。その結果，最初の投資が成功した場合よりも失敗した場合の方が，2回目の追加投資額が大きいというエスカレーションが観察された。しかも追加投資額は，最初の投資を他者が決定した場合よりも，自分が決定した場合に大きかった。この結果は，過去の自分の決定が間違いではなかったと思いたい，という自己正当化の心理がエスカレーションを強めることを示唆している。

エスカレーションを回避するための方略としては，①あらかじめ投資の限度額を設定しておく，②再検討の機会を多く設ける，③第三者の視点から状況を再検討する，④対象について十分な知識をもつ，などがあげられる（Staw & Ross, 1987）。

エスカレーションは個人的な決定でもみられる現象であるが，組織などの集団場面において顕著にあらわれやすい。また，現実のエスカレーションは多様な要因に影響されていることもあり，自己正当化以外にも解釈の余地が残されている（章末トピックス参照）。

4　判断とヒューリスティック

満足化原理のところで述べたように，実際の意思決定場面では，必ずしも効用最大化原理が用いられるとは限らず，より認知的な資源を節約する決定方略が用いられることが多い。認知的負荷を軽減する方略は，意思決定の基盤となる判断過程においてもよく用いられている。このような便宜的判断方略のこと

を，ヒューリスティックという。ヒューリスティックに従った判断は，簡便で有効なことが多いが，常に「正解」が得られるとは限らず，判断にバイアス（歪み）をもたらす危険性もある。組織において適切な決定を下すには，こうしたヒューリスティックに自覚的であることが必要であろう。よく知られたヒューリスティックには以下のようなものがある。

1）利用可能性ヒューリスティック（availability heuristic）　　自分が利用できる情報を頼りに判断を下す方略のことをいう。確かに，記憶に残っていて思い浮かべやすい事象というのは，これまで多く経験してきた事象であることが多いだろうし，そのような情報を判断に役立てることは無意味ではない。しかし，人間の「思い浮かべやすさ」は事象の生起頻度以外にも影響を受けている。その結果，判断の際に最近の情報や探索しやすい情報が過度に重視されることになりやすい。

たとえば，「kで始まる単語とkが3番目に来る単語では，どちらがたくさんあるか」というような質問に対しては，実際には後者の方が多いのに，多くの人が前者の方が多いと回答することが知られている（Tversky & Kahneman, 1973）。これは，「kで始まる単語」の方が，「3番目にkが来る単語」よりも探索しやすいので，そちらの方がたくさんあると判断するのだと考えられる。

また，リヒテンシュタインら（Lichtenstein et al., 1978）は，アメリカにおける種々の要因による年間死亡者数を推定させる研究を行なっている。その結果，心臓病や胃がんによる死亡者数は実際よりも低く，竜巻や洪水などによる死亡者数は実際より高く見積もられる傾向がみられた。これは，まれにしか起こらなくても，大きく報道される事象（洪水・竜巻）は記憶に残りやすく，頻繁でも話題性の低い事象（心臓病・胃がん）よりも，手がかりとして用いられやすいせいだと考えられる。

2）代表性ヒューリスティック（representativeness heuristic）　　代表性とは，その対象が母集団をどのくらいよく代表しているか（母集団の典型例とどの程度よく似ているか），という概念を指す。この，典型例との類似性を手がかりとした判断方略を代表性ヒューリスティックという。たとえば，ある学生が薬学系か人文科学系かを判断する時に，「その学生はいつも白衣を着ている」という情報が与えられれば，薬学系の学生だと判断しがちだろう。それは，白衣姿が，

人文科学系の学生の典型例よりは，薬学系の学生のそれに似ているからである。しかし，薬学系の学生数より人文科学系の学生数の方がはるかに多いことを考えれば，いくら薬学系の学生に白衣を着ている人が多いといっても，「白衣を着ている薬学系の学生」が全体に占める割合は極めて小さいはずである。代表性ヒューリスティックは，このようにベースレート情報を無視した判断を導きやすいことが知られている。

　また，代表性ヒューリスティックが誤った判断を導く例としては，次のような問題もよく知られている。

　　リンダは31歳で，独身である。大学では哲学を専攻，差別問題や反核運動にもかかわった。現在のリンダについて，次のどちらがありそうだと思うか。
　　①リンダは銀行の窓口係をしている。
　　②リンダは銀行の窓口係をしながら，フェミニズム運動にかかわっている。

　このような問題では，多くの人が②と答える（Tversky & Kahneman, 1982）。しかし，「窓口係かつフェミニスト」である確率は，単に「窓口係」である確率よりも小さいはずである。にもかかわらず②の方を「ありそうだ」と感じるのは，リンダに関する情報が，銀行窓口係の典型よりは，フェミニズム運動家の典型に近いからである。この例のように，「AかつB」である確率を「A」である確率よりも高く見積もってしまう現象のことは，連言錯誤と呼ばれている。

　さらに，代表性ヒューリスティックは，ランダムな出来事に対する判断を誤らせる原因ともなる。たとえばコインを6回投げた時，「表表表裏裏裏」と「表裏裏表裏表」では，多くの人は後者の方を出やすいと感じる。それは，後者の方が，「表と裏が規則性なくでたらめに出る」というランダム系列の典型例に近いからである。また，やはりコインを6回投げて，6回続けて表が出たとしよう。多くの人は，こうした状況では次は裏が出やすいと考える。コインの表裏が出る確率は常に五分五分であり，それ以前に何が出たかということには影響されない。しかし，「7回目もまた表」という結果は「表と裏が半分ずつ出る」というランダム系列の典型例からかけ離れているため，起こりにくいと感じてしまうのである。このような錯誤はギャンブラーの錯誤と呼ばれている。

108 　4章　職場の人間関係と意思決定

　同じような錯誤傾向は，賭け事での「ツキが回ってきた」，スポーツでの「波
に乗る」といった言い回しにも反映されている。力が伯仲している五分五分の
勝負なら，5回連続で勝つのも，3回勝った後で2回負けるのも，確率的には同
じである。しかし，われわれはランダム系列の典型例を「勝ち負けが半分ずつ，
バラバラに起こる」ものと考えているので，5連勝を偶然の産物とは受けとる
ことができず，「ついている」「調子がいい」と感じるのである。

　3）アンカリングと調整ヒューリスティック（anchoring and adjustment heuristic）
複数の情報を順に処理して判断する場合に，最初の情報からまず初期値を設定
して，それ以降の情報を用いて初期値を修正する，というやり方で判断を下す
ことがある。このような方略をアンカリング（係留）と調整ヒューリスティッ
クと呼ぶ。この方略を用いる結果，判断が最初に提示された情報に過度に影響
されてしまうことがある。ちょうど，綱で陸に係留された船が，綱の長さの範
囲でしか動けなくなるように，判断が最初の値につなぎとめられたまま，十分
に調整されなくなってしまうのである。

　トヴァスキーとカーネマン（Tversky & Kahneman, 1974）は，「国際連合加盟
国のうち，アフリカの国家が占める割合は?」というような問を出す時に，まず
「10％より大きいか小さいか」とたずねてから実際の割合を数値で回答させる
のと，「65％より大きいか小さいか」とたずねてから同様に回答させるのでは，
前者の問い方の方が回答値が小さくなることを示した。これは，最初に提示さ
れた「10％」「65％」という意味のない値に，後続する判断が影響を受けてい
ることを示している。

　回答者が専門的な知識や訓練を身につけている場合でも，アンカリングの影
響は生じることがわかっている。ノースクラフトとニール（Northcraft &
Neale, 1987）は，不動産仲介業者の査定価格が，パンフレットに記載されてい
る偽りの表示価格と連動して変化することを示し，プロの査定プロセスにもア
ンカリングの効果が生じることを明らかにしている。また，イングリッチら
（Englich & Mussweiler, 2001; Englich et al., 2006）は，裁判官や検事を対象とし
て研究を行ない，彼らの量刑判断にもアンカリングの効果が生じることを明ら
かにしている。根拠なくなされた求刑やジャーナリストからの質問，自分でサ
イコロを振って決めただけの値，などをアンカーとして用いても，量刑判断は

アンカーの影響を受けていた。この影響は専門家としての経験にかかわらず生じ、特にアンカーが大きな値である場合の、量刑判断が重くなる方向の影響が強かった。

組織場面でも、最初の提案が交渉の結果を左右したり、当初の設定目標によって営業成績が影響されたりすることが珍しくないが、その背景にはこうしたアンカリングの効果があると考えられる。

4）高速・倹約ヒューリスティック（fast and frugal heuristic）　トヴァスキーとカーネマンはヒューリスティックが判断の歪みをもたらすことを強調したが、その後、ギーゲレンツァーら（Gigerenzer et al., 1999）は、ヒューリスティックによる判断が、簡便でありながらも計算に基づく「正解」に比較的近い答を与えるとして、その適応的意義を強調した。彼らが提唱するヒューリスティックはいくつかあるが、その1つである再認ヒューリスティックは、「名前を聞いたことがあるか」ということを手がかりとした簡便な判断方略である。

たとえば「ハンブルクとケルンではどちらの人口が多いか」といった問題において、都市名を聞いたことがあるかどうかを手掛かりとするだけで、かなりの正解率をあげることができることが示されている。再認ヒューリスティックを含む高速・倹約ヒューリスティックは、特定の領域での使用に特化して獲得された認知機能であると考えられており、シンプルなヒューリスティックの使用によって認知資源を節約した素早い判断が可能になると考えられている。

5　集団での意思決定

組織における意思決定では、決定が個人でなされることはまれで、むしろ集団での討議を経て結論が下されることが多い。第2節では、集団を形成することが課題遂行に与える影響について述べたが、この項では、集団での意思決定の特徴についてみてみることにしよう。

1）集団分極化　集団討議は、個人の意見を「公平に」集約する場だと考えられがちである。しかしこれまでの研究は、集団討議による意見の集約は、「多数派に味方する」傾向があることを示している。つまり、個人レベルで優勢だった意見は、集団での決定結果に、実際よりも極端に反映されるというのである。このように、集団討議を経た意見が、個人の初期意見の平均よりも極端

110 　4章　職場の人間関係と意思決定

な方向に偏ることを，集団分極化（group polarization）という。特に，初期意見よりもリスク志向的な決定がなされる場合をリスキー・シフト（表4-1），リスク回避的な決定がなされる場合をコーシャス・シフト（表4-2）と呼ぶ（Moscovici & Zavalloni, 1969; Stoner, 1961; Wallack et al., 1962）。

　集団分極化が生じる理由については，次のような4つの説明がなされている。第1は，情報的影響による説明である。他者が自分と同方向の意見をもっていることがわかると，ひとは自分の意見の妥当性を確認し，意見を強める傾向がある。多数派は討議過程において自分と同じ意見を聞く機会も，自分の意見を支持する新たな根拠に出会う機会も多い。結果として多数派の意見はより極端になり，集団の決定結果に強く反映されるというのである。

　第2は，規範的影響による説明である。集団で話し合うことは，集団内でどのような意見や態度が望ましいとされているのかをはっきりさせることにもなる。「勇敢でチャレンジ精神に富む」ことに価値をおく集団では，討議過程でリスク志向的な意見を表明することは，他のメンバーからの承認や称賛を得るのに効果的であろう。（逆に「慎重で分別がある」ことを重視する集団では，リス

表4-1　リスキー・シフトに関する実験の結果 (Wallach et al., 1962; 池上, 1998)

		討議前の個別回答	討議による集団決定	討議直後の個別回答
実験群	男性	55.8	47.9	47.1
	女性	54.7	46.8	47.8

被験者は「ある心臓病患者が，成功すれば完治するが，失敗すれば命を失うかもしれない手術を受けるかどうか決めなければならない。あなたなら成功確率が何％であれば手術を受けるか」といった質問に答える。まず個別に回答し，その後6人集団で討議してひとつの答に決定する。表中の数値は各条件での回答の平均値を示す（数値が小さいほどリスク志向的）。集団決定の結果は討議前の個人決定よりもリスク志向的になっている。

表4-2　コーシャス・シフトに関する実験の結果 (McCauley et al., 1973; 池上, 1998)

	安全な選択肢へ変化	変化せず	危険な選択肢へ変化
集団討議条件	16	1	5
単独決定条件	6	13	3

競馬場で馬券を購入した人に，お金を渡してもう1枚任意の馬券を購入するよう依頼する。購入する馬券を単独で決定する条件と，3人で討議して決定する条件がある。表中の数値はそれぞれの方向に変化した人数。討議での決定は，単独決定よりもリスク回避的な方向に変化する率が高い。

3. 組織における意思決定　111

ク回避的意見の表明が効果的であろう）。メンバーが互いに他者よりもいっそう集団規範に沿った意見を表明しあうことで，結果的に集団決定が極端になるという説明である。これら2つの説明には，その後の実験によってそれぞれを支持する結果が得られており，それぞれが特定の条件のもとで集団分極化をもた

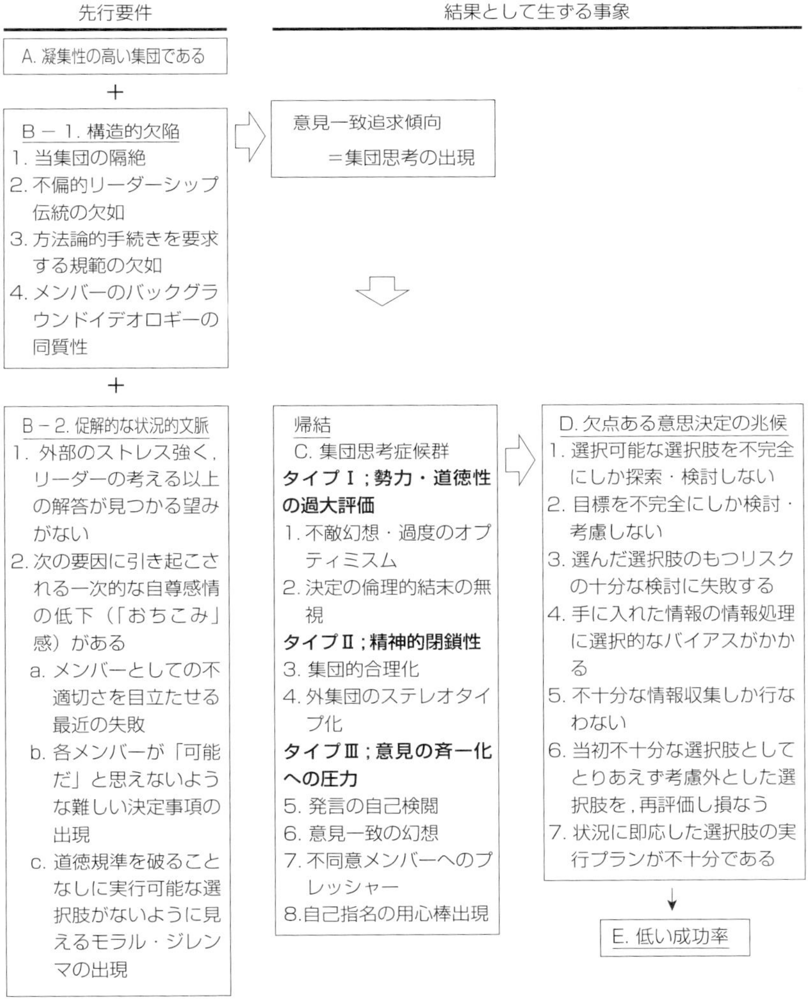

先行要件	結果として生ずる事象

A. 凝集性の高い集団である

＋

B－1. 構造的欠陥
1. 当集団の隔絶
2. 不偏的リーダーシップ伝統の欠如
3. 方法論的手続きを要求する規範の欠如
4. メンバーのバックグラウンドイデオロギーの同質性

⇨ 意見一致追求傾向
＝集団思考の出現

⇩

＋

B－2. 促解的な状況的文脈
1. 外部のストレス強く，リーダーの考える以上の解答が見つかる望みがない
2. 次の要因に引き起こされる一次的な自尊感情の低下（「おちこみ」感）がある
　a. メンバーとしての不適切さを目立たせる最近の失敗
　b. 各メンバーが「可能だ」と思えないような難しい決定事項の出現
　c. 道徳規準を破ることなしに実行可能な選択肢がないように見えるモラル・ジレンマの出現

帰結
　C. 集団思考症候群
タイプⅠ；勢力・道徳性の過大評価
1. 不敵幻想・過度のオプティミズム
2. 決定の倫理的結末の無視
タイプⅡ；精神的閉鎖性
3. 集団的合理化
4. 外集団のステレオタイプ化
タイプⅢ；意見の斉一化への圧力
5. 発言の自己検閲
6. 意見一致の幻想
7. 不同意メンバーへのプレッシャー
8. 自己指名の用心棒出現

⇨ D. 欠点ある意思決定の兆候
1. 選択可能な選択肢を不完全にしか探索・検討しない
2. 目標を不完全にしか検討・考慮しない
3. 選んだ選択肢のもつリスクの十分な検討に失敗する
4. 手に入れた情報の情報処理に選択的なバイアスがかかる
5. 不十分な情報収集しか行なわない
6. 当初不十分な選択肢としてとりあえず考慮外とした選択肢を，再評価し損なう
7. 状況に即応した選択肢の実行プランが不十分である

↓

E. 低い成功率

図4-6　集団浅慮の生起メカニズム（Janis, 1972; 池田，1993）

らす可能性が考えられている。

第3の説明として，集団で話し合うことで自分を集団メンバーとして強く意識するようになり，集団の代表的意見に同調することによって自分たちの集団を他と異なる独自の存在として際立たせようとするために分極化が生じる，というものがある（Abrams et al., 1990）。

最後に第4の説明として，討議過程で多数派主導の意見集約手続きが用いられることが，多数派意見を強く反映した決定結果を導く，という意見の集約手続きによる説明がある（亀田，1997）。この説明は，討議による個人意見の変化を仮定していない点で他の説明と異なっている。

2）集団浅慮（groupthink）　「3人寄れば文殊の知恵」については，すでに第1節で否定的に論じた。意思決定の場合もこの点は同様で，歴史的にみても，優秀な個人の集まりが愚かな決定を下してしまった事例は多い。

このような，集団の合議による愚かで浅薄な決定は，集団浅慮（または集団思考：groupthink）と呼ばれる。ジャニス（Janis, 1972）は，実際の政治組織における決定を数多く分析し，集団浅慮の生起メカニズムを検討した（図4-6）。集団浅慮は，高い凝集性，外部との隔絶，高いストレス，強い指示的リーダー，などの条件がそろった場合に生じやすいとされている。凝集性や強いリーダーシップは集団討議の利点である相互批判機能を衰えさせ，ストレスは情報処理能力を低下させる。また外部との隔絶は決定に利用可能な情報を制限する。こうしたことが意思決定の歪みにつながりやすいことは，本章でこれまで述べてきたとおりである。組織において集団浅慮を回避するには，討議に異質な意見を積極的にとりこみ，相互批判機能を衰えさせないよう配慮することが重要である。

集団浅慮の研究は，歴史的な少数の事例の分析に依存する面も多く，そこで得られた理論が必ずしも実験室実験で明確に再現されているわけではない。その点では批判もあるが，これらの事例研究から集団意思決定について多くのアイデアが得られてきたことは確かであろう（Esser, 1998）。集団浅慮の特徴に，決定に否定的な情報を無視し，決定結果の正しさに固執することがあげられるが，これは第2節で紹介したコミットメントのエスカレーションにもみられた特徴である。他者や集団外の社会に対する体面を保とうとすることが，自己正

当化や柔軟性の欠如を介して非合理な決定につながる，という点においても両者は共通している。

トピックス　プロスペクト理論

　2002年，心理学者がノーベル賞を受賞した。不確実状況下での判断に関する一連の研究により，ダニエル・カーネマンがノーベル経済学賞を受賞したのである。彼は，共同研究者であるエイモス・トヴァスキー（1996年没）と共に，不確実状況下でのひとの意思決定行動を説明する，プロスペクト理論（prospect theory: Kahneman & Tversky, 1979）を提唱した。

　プロスペクト理論では，基準（参照点）と比較した時の主観的な利得や損失は「価値」と呼ばれ，人間の価値のあり方は，図4-7に示すような左右非対称な価値関数で表現される。ここでの価値の大きさは参照点との比較によって表現され，金額のような絶対的水準によって一律に決まるわけではない。

　この価値関数は次のような特徴をもっている。まず，その傾きは，利得の側で損失の側よりも緩やかであり，ひとが利得よりも損失に対して敏感であることが示されている。単純な例をあげれば，現状（参照点）において，5万円もらった時の嬉しさ（正の方向の価値）は，5万円なくした時の悲しさ（負の方向の価値）よりも小さいということである。次に，価値関数の傾きは，参照点付近で他の部分より急になっており，ひとが結果の変化に，参照点付近でより敏感であることがわかる。つまり，10万円もらうことの嬉しさは，1万円もらう嬉しさの10倍より小さいということである。同じ1万円の変化であっても，それに対するひとの行動は常に同じではない。プロスペクト理論の価値関数は，このようなひとの現実の行動をかなりうまく説明している。

　本章（4-3-3）で紹介したフレーミング効果を，この理論から考えてみよう。フレーム条件間の違いは，参照点の違いとしてとらえられる。つまり，ポジティブ・フレーム条件の表現は，生存者0名（600人が死亡した状態）の点を，ネガティブ・フレーム条件の表現は，生存者600名（誰も死亡していない状態）の点をそれぞれ参照点としている。したがって，図4-8に示すように，同一の結果であってもそれに対する価値が異なり，前者ではリスク回避的，後者ではリスク志向的行動が生じたと考えられるのである。このことは，言い換えれば，

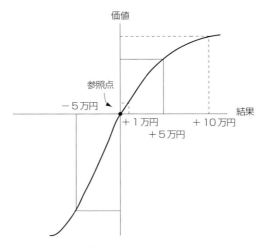

図 4-7　プロスペクト理論（Kahneman & Tversky, 1979 を一部改変）
横軸が結果，縦軸が結果に対する価値をあらわす。価値関数の傾きは，利得領域において損失領域より緩やかなので，5 万円もらうことによる正の価値のインパクトは，5 万円失うことによる負の価値のインパクトよりも小さい。また 10 万円もらうことによるインパクトは，1 万円もらうことによるインパクトの 10 倍よりも小さい。

ひとは確実な利益を不確実な利益よりも好み，確実な損失を不確実な損失よりも嫌う，ということでもある。

　このことを用いると，同じく本章で紹介したコミットメントのエスカレーションの問題も説明できる。プロジェクトの問題が明るみに出たとしても，そこで手を引けばそれまでの投資は無駄になってしまう（確実な損失）。追加投資をすれば，損害は大きくなる可能性もあるが，万一うまくいけば利益が出る可能性もあるのである（不確実な損失）。ここで重要なのは，この時，意思決定者の参照点がプロジェクトの開始時点に固定されていることである。ここで参照点を現状に移動させ，追加投資によって得られる利益の可能性を，現状を基準に評価することができれば，リスク回避的行動（追加投資の打ち切り）がとられるであろうと予測される。

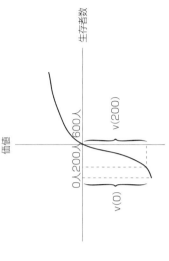

ポジティブ・フレーム条件

生存者0名の状態を参照点として、「確実に200人が助かる（生存者200人）」ことの価値v(200)と、「3分の1の確率で600人が助かる（生存者600人）、3分の2の確率で誰も助からない（生存者0人）」ことの価値 $\frac{1}{3} \times v(600) + \frac{2}{3} \times v(0)$ を比較する。v(0)は参照点の価値であるため、上図の通り0である。参照点から離れるにつれて傾きが緩やかになるため、v(600)はv(200)の3倍より小さく、$\frac{1}{3} v(600) + 0 < v(200)$ となり、「確実に200人が助かる」というリスク回避的選択肢が好まれる。

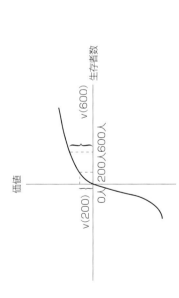

ネガティブ・フレーム条件

生存者600名の状態を参照点として、「確実に400人が死亡する（生存者200人）」ことの価値v(200)と、「3分の2の確率で600人が死亡しない（生存者600人）、3分の1の確率で600人が死亡する（生存者0人）」ことの価値 $\frac{1}{3} \times v(0) + \frac{2}{3} \times v(600)$ を比較する。v(600)は参照点の価値であるため、v(200)とv(0)の上図のように傾きが緩やかになるため、v(0) > v(200)となり、「3分の1の確率で誰も死亡しない」、3分の2の確率で600人が死亡する」というリスク志向的選択肢が好まれる。

図4-8 プロスペクト理論によるフレーミング効果の説明

職場のリーダーシップ

　学校や職場，地域や家庭と，あらゆる場所でリーダー役になる人がいて，それに従う人がいる。私たちのすべてがリーダーになれるわけではないが，リーダーとしての役割，すなわちリーダーシップ（leadership）にはどういう形であれ日常生活の中で私たちすべてがかかわるものである。

　リーダーシップとは，集団がその目標を達成しようとする際に，ある個人が他の集団成員や集団の活動に影響を与える過程のことである。本章では，これまでの心理学におけるリーダーシップ研究が5つのアプローチ（すなわち，特性アプローチ，行動アプローチ，状況適合的アプローチ，相互作用的アプローチ，認知的アプローチ）の視点を中心に展望される。

1. 特性アプローチ

　特性アプローチの基本的立場は，リーダーシップをとれる人はリーダーではない他の集団成員に比べて優れた資質を備えているということである。このアプローチによる研究は古く，すでに19世紀末から行なわれたとされている（池田，2017a）。ストグディル（Stogdill, 1948）は，それまで行なわれた特性アプローチに基づく研究を総括し，優秀なリーダーは知能，素養，責任感，参加性，地位の点で他の成員より優れているものの，相矛盾する研究結果が多く，リーダーの特性だけでは適切なリーダーシップを予測することは困難であると指摘した。その後世に出たいくつかの組織論および組織心理学の書籍に示されたリーダーシップの特性アプローチに関する記述は，スタッジルのこの結論を根拠に「資質とリーダーシップとの間に明確な関係は見いだされていない」となって，「特性アプローチによるリーダーシップ研究は衰退した」と記載されて

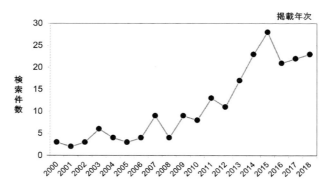

図 5-1 "trait" および "leadership" をタイトルにもつ Research articles
(Science Direct, 2018 年 10 月 20 日検索)

いた（たとえば，池田, 2014; 角山, 2011; 山口, 2011）。

だが，それほどリーダーの資質には一貫性がないのだろうか。ロードら（Lord et al., 1986）は，スタッジルの調査対象とした文献を再度精査した結果，優れたリーダーの資質にはある程度の一貫性があると結論づけた。すなわち，「知的であること」「支配性」「男性性（－女性性）」の特性が優れたリーダーに共通して見いだされた。ロードらの結果が真実ならば，優れたリーダーの資質にはそれなりの一貫性があり，知的で自分の思うように他者を動かしたいと思っていて男性的な性役割を好むといった共通特性があるといえる。

また「特性アプローチは衰退した」という見解も疑問である。ディンら（Dinh et al., 2014）によれば，2000年から2012年までの心理学ならびに経営学のトップジャーナル10誌に掲載された752編のリーダーシップに関する論文のうち，個人特性を扱った研究論文は149編で，全体の20％を占めていた。ちなみに，著者が学術データベースScience Directを使って，traitsおよびleadershipが論文タイトルに含まれる査読付き学術論文を2000年から2018年に限定して検索してみたところ，2006年までほとんど見るべき数の論文が出ていなかったのに，その後は「右肩上がり」で増えていることが見て取れた（図5-1）。こうしたデータに基づけば，21世紀以降の特性アプローチによるリーダーシップ研究は「衰退」したどころか，むしろ「メジャー」になりつつあるとさえいえる。

2. 行動アプローチ

行動アプローチでは，リーダーがどのような行動様式をとればすぐれたリーダーシップとみなされるかに焦点が当てられる。

1 リーダーシップ・スタイルと社会的風土

ホワイトとリッピット（White & Lippitt, 1960/1970）は，3つのリーダーシップ・スタイル（民主的リーダー・専制的リーダー・放任的リーダー）をリーダー役の大学院生が3つのリーダーシップ・スタイルを役割演技することで実験的に設定し，彼らのリーダーの下で（日本でいえば小学校4年生か5年生の）アメリカの子どもたちの集団の生産性やメンバーの行動，集団の雰囲気などを観察した。その結果明らかになったことは，以下のようにまとめられる：①民主的なリーダーの下では，作業は能率的で，集団の構成員は互いに助け合い集団の雰囲気も陽気であった。②専制的なリーダーの下では，作業量は多いが集団の雰囲気はとげとげしく，集団構成員が仕事をするのはリーダーの見ているときだけであった。③放任的リーダーの下では，集団構成員は皆仕事をせず能率も悪く仕事への意欲も低かった。この実験結果では，民主的リーダーがもっとも効果的であることを示している。

2 三隅によるPM理論

三隅二不二（三隅, 1986）は，P機能（performance function: 目標達成機能）とM機能（maintenance function: 集団維持機能）という2つのリーダーシップ機能の視点からリーダーシップ行動の類型化を試みる，PM理論を提唱した。P機能とは，集団の目標を達成するための計画を立案したり，成員に指示・命令を与えたりするリーダーの行動や機能をさす。M機能は，集団自体のまとまりを維持・強化しようとするもので，成員の立場を理解し，集団内に友好的な雰囲気を作り出したりする行動や機能をさす。さらにP機能とM機能の高・低によってリーダーシップ・スタイルは，4類型（PM型，P型，M型，pm型）に区分される（図5-2）。PM理論の4類型に関する膨大な研究結果によれば，部

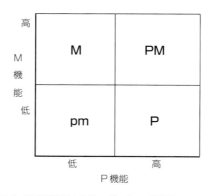

図5-2　PM理論によるリーダーシップ類型（三隅, 1986）

下の意欲や満足感はPM型＞M型＞P型＞pm型の順になり，集団の生産性はPM型＞P型＞M型＞pm型の順になった。いずれにしても，PM型が集団にもっとも効果的なリーダーシップであることがわかる。こうした結果を，三隅（1986）はP機能とM機能とが互いに補完して相乗効果を生むためだと説明している。

3　マネジリアル・グリッド

　ブレイクとムートン（Blake & Mouton, 1964）は，組織の管理者に必要とされる行動要件を「業績に対する関心」（職場や部署の生産性やパフォーマンスを向上させることに関心をもって行動する）と「人間に対する関心」（部下との人間関係の保持や改善に関心をもって行動する）の2次元からとらえた。各々の次元を9段階に分けて作られたグリッドがマネジリアル・グリッドと呼ばれる。リーダーの行動はこのグリッドのどこかに位置づけられる。このマトリックスでは，5つのリーダーシップが基本型としてあげられる。それらは，9・9型，9・1型，5・5型，1・9型，1・1型である（図5-3）。9・1型は，業績中心で人間関係には配慮しないリーダーである。1・9型は，業績向上よりも人間関係を良好にするよう働きかけるリーダーである。1・1型は，業績向上にも人間関係にも関心を向けないリーダーで，5・5型は，どちらにもある程度の関心を向けるリーダーである。そして9・9型は，業績向上と人間関係とに関心をもち

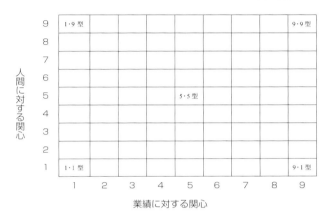

図5-3 マネジリアル・グリッド (Blake & Mouton, 1964)

両者を調和させるリーダーであり,この5つの中では,もっとも理想的なリーダーシップであるとされる。

3. 状況適合的アプローチ

　状況適合的アプローチは,コンティンジェンシー・アプローチとも呼ばれ,集団の置かれた状況が異なるとリーダーとして必要な役割が異なってくるという立場から,効果的なリーダーシップのあり方を明らかにしようとするものである。

1 フィードラーによるコンティンジェンシー・モデル

　フィードラー (Fiedler, 1967) は,集団の業績や生産性がリーダーシップ・スタイルとリーダーが集団を取り巻く状況をどの程度統制できるかという2つの要因によって決定されると考えた。ここでフィードラーは,リーダーシップ・スタイルをLPC得点という独自の尺度で把握しようとした。LPCとは,一緒に仕事をする上でもっとも苦手とする仲間 (least preferred co-workerの頭文字) のことである。LPC得点は,リーダーに今までの経験の中でLPCに該当する人を思い浮かべてもらい,その人物についていくつかの評定尺度(たとえば,

"楽しい－楽しくない""友好的－非友好的"など）で得られた値である。LPC得点が低いリーダーは，仕事に自分の感情をもちこまない傾向が強いとみなされ，「課題志向型」とみなされる。一方，LPC得点が高いリーダーは，メンバーの評価をする際に感情的側面を重視する傾向があるとみなされ，「人間関係志向型」とみなされる。

そしてこの2つのリーダーシップ・スタイルは，集団状況の違いによって有効かそうでないかが決まるとされる。そして，集団状況は「リーダーとメンバーの関係の良さ」「課題の構造化（仕事の目標や職務遂行手続きの明確さ）」「リーダーの地位・勢力（どれだけ権限をもっているか）」の3要因であらわされる。これらの要因が満たされていない場合にはリーダーが集団を統制する上で好ましくない状況にあると考えられ，満たされている場合にはリーダーはリーダーの集団統制に好ましい状況にあると考えられる。

従来の研究結果では，集団状況がリーダーにとって適度に好ましい時にはLPC得点と集団の業績は正の相関を示し，人間関係志向型のリーダーシップが有効であることが示された。それに対して，集団状況がリーダーにとって不利な時や有利な時には，LPC得点と集団の業績は負の相関を示し，課題志向型のリーダーシップが有効であることが示された（図5-4）。

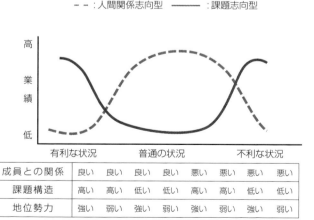

図5-4　フィードラーによる状況即応モデル (Fiedler, 1978)

2 ハーシーとブランチャードによるライフサイクル理論

　ハーシーとブランチャード（Hersey & Blanchard, 1977）は，集団成員にとって効果的なリーダーシップとは成員の仕事に対するレディネス（仕事に対する成熟度）に応じて変化すると仮定した。ここでの「レディネス」とは，仕事に必要な能力・知識・経験の修得などをさしている。たとえば，建設現場を考えてみよう。現場の棟梁は，もし作業員が経験のほとんどない若手ばかりであるならば，指示することは細部にわたり，わかり切っていると思われることでもいちいち作業過程を確認させなければなさない。もちろん，指示しても作業員ができなければ徹底して教えなければならない。しかし，ある現場で作業員はみんなベテランの職人ばかりだったならば，当然彼らは自分の仕事を知り尽くしているため，もはや棟梁は特に指示する必要もなく各自に仕事を任せておけばよい。せいぜい棟梁がすることといったら，作業員のやる気を損ねないように気を配るくらいであろう。

　ライフサイクル理論では，このような状況に応じたリーダーシップのありよ

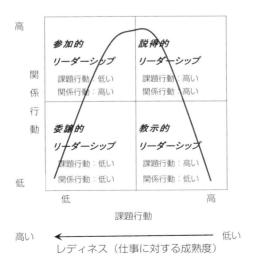

図5-5　ライフサイクル理論による効果的なリーダーシップ・スタイル（Hersey & Blanchard, 1977）

うについて理論化した。すなわち，この理論ではレディネスを4段階に区分し，それぞれの段階に効果的なリーダーシップが示される。ここでのリーダーシップは，関係行動（仕事を支援する行動）と課題行動（仕事を指示・教示する行動）の2次元によって表される（図5-5）。

まずレディネスがかなり低い場合，課題行動をさかんに行ない，関係行動が抑えられたリーダーシップ（「教示的リーダーシップ」）が効果的である。次に，レディネスがやや低い場合，課題行動を少し減らし，関係行動を徐々に増やしていくリーダーシップ（「説得的リーダーシップ」）が効果的である。さらに，レディネスがある程度高い場合，課題行動を抑えて関係行動をさかんに行なうリーダーシップ（「参加的リーダーシップ」）が効果的である。最後に，レディネスがかなり高い場合，課題行動・関係行動ともに抑えて成員の自主性を尊重したリーダーシップ（「委譲的リーダーシップ」）が効果的となる。

3 パス＝ゴール（通路＝目標）理論

この理論はハウス（House, 1971）によって提唱され，リーダーシップ機能（体制づくり，配慮）は集団成員の行なう課題の性質によってその有効性が異なるとする基本仮説によっている。すなわち，成員の行なう仕事が構造化されていない（課題が複雑で課題解決の方法も多様である）場合，成員はしばしばどのように仕事を進めてよいかわからなくなる。この場合，リーダーが積極的に仕事の方向づけを具体的に指示する「体制づくり」を行なう方が効果的である。一方，成員の行なう仕事が構造化されている（課題が単純で課題解決方法も自明である）場合，成員は単純な反復作業を強いられがちになる。この場合，リーダーが成員のストレスを緩和し仕事に対する満足感を高める「配慮」を行なう方が効果的である。

4. 相互作用的アプローチ ❖❖❖❖❖❖❖❖❖❖❖❖❖❖❖❖

1 LMX理論

「古典的」なリーダーシップ研究の特色のとして，リーダー自体あるいはリー

ダー行動のありようが中心となっていることがあげられる。しかし，淵上
（2002）がいうように，現実のリーダー行動はフォロワーがそれを受け入れな
い限り良い成果をあげられない。むしろリーダーシップを「リーダーとフォロ
ワーの認知と行動を含めた双方向的な交互影響関係」（淵上，2002）ととらえ，
リーダーとフォロワーの相互影響過程を中心にリーダーシップを考えることが
必要となる。LMX理論はこうした立場に基づき，グレーンとユール＝ビエン
（Graen & Uhl-Bien, 1995）を中心に提唱された。LMXとは Leader-Member
Exchange の頭文字からとっている。LMX理論では，リーダーとフォロワーは
交換関係（リーダーは昇給，昇格，賞賛といった報酬を与え，見返りにフォロ
ワーはリーダーの指示・命令を遂行する）にあるが，この関係はすべてに均等
には行なわれないと仮定される。むしろ，リーダーは関係性の質によって個々
に関係が形成される。「関係の質」は，表面的関係（仕事にかかわる儀礼的な会
話を行なうだけ）から緊密な関係（仕事以外の会話も含め互いに交流を図る）
にわたる。平たくいえば，リーダーは「子飼い」のフォロワーとそうではない
フォロワーを区別して接しており，その違いがフォロワーの組織行動に大きな
影響をもたらすのである。LMX理論に関する研究を調査した結果によれば，
リーダーとフォロワーの交換関係は，フォロワーの業績，管理に対する満足度，
職務満足感，組織コミットメント，役割葛藤，有能感と関連している（Graen
& Uhl-Bien, 1995; Gerstner & Day, 1997）。また，バールとアンサリ（Bhal &
Ansari, 1996）はリーダーとフォロワーの交換関係の質を測定する尺度を開発
している（表5-1）。

表5-1　リーダーとフォロワーの関係の質を測定する尺度

1．一緒に行っている仕事の責任を，リーダー（フォロワー）はどの程度とりますか。
2．一緒に行っている仕事の問題解決に，どの程度リーダー（フォロワー）は貢献していますか。
3．仕事を離れたら，リーダー（フォロワー）とどの程度コミュニケーションを交わしていますか。
4．個人的なことでリーダー（フォロワー）は，手助けしてくれますか。
5．一緒に行っている仕事について，リーダー（フォロワー）の努力はどの程度役に立ちますか。
6．一緒に行っている仕事について，リーダー（フォロワー）の貢献はどの程度効果的ですか。
7．個人的な問題について，リーダー（フォロワー）からどの程度助言が得られますか。
8．個人的なことで，リーダー（フォロワー）とどの程度話しますか。
9．個人的なことで，リーダー（フォロワー）から得られた助言はどの程度重要ですか。

（注：Bhal & Ansari（1996）を淵上（2002）が邦訳したもの）

5. 認知的アプローチ

　リーダーシップ研究も 1980 年代頃より社会心理学や認知心理学の影響を受けるようになり，その結果，リーダーそのものよりもリーダーを認知する側（すなわちフォロワーの立場）からの研究が行なわれるようになった。これを「リーダーシップの認知的アプローチ」と呼ぶならば，この立場ではリーダーが実際にどのような行動をとるかよりも，フォロワーが有能なリーダーとして認めるかどうかがリーダーシップにとって重要なこととなる。

1 暗黙のリーダー像

　「○○は優れたリーダーである」「▲▲氏は強力なリーダーシップを発揮した」などの褒め言葉は，客観的なデータからみて妥当な評価なのだろうか。そもそも，リーダー行動の測定はリーダーの真の行動を測定できているのだろうか。ロード（Lord, 1985）はこうした疑問に基づき，リーダー評価は客観的な行動で決まるのではなく，「△△という素晴らしい結果を残した人，○○という特徴を備えた人こそがリーダーである」というフォロワーのリーダー像に左右されると考えた。さらに，こうしたフォロワーのリーダー像には典型的な特徴（背が高く，顔立ちが良く，頭が切れ，ユーモアのセンスがあり，弁舌さわやかで，等々）があり，オファーマンら（Offerman et al., 1994）はこうした特徴を「リーダー・プロトタイプ像」と呼んだ。すなわち，リーダーが優れているかどうかは，彼らの行動が逐一評価されて判断されるのではなく，フォロワーの頭の中にある「典型的なリーダー像」に適合しているかいないかで判断されるに過ぎないのである。

2 リーダーシップの幻想

　前述されたように，認知的アプローチは「リーダーシップは，他者によってリーダーとして知覚されることである」（Lord, 1985）と要約できるが，1990年頃よりこの考え方をさらに推し進めたのがマインドル（Meindl, 1990）である。彼によれば，リーダーシップという概念そのものが組織に関連したさまざ

まな現象を意味づけるために使われる。たとえば，もし社会の中でわれわれには因果関係を了解できない出来事や現象があったとき，それらの因果関係を説明するのにしばしばリーダーシップを使ってもっともらしい説明をすることがあるという。ある種のマスメディアの報道にはよく見られることだが，客観的なデータを十分に精査もせずに，破産寸前の自治体や倒産寸前の企業が交代した知事や社長になってから経営的に立ち直った場合に，すぐに新しい知事や社長に成功の原因をもとめて必要以上に持ち上げたりする。このように，組織成員や部外者は組織の業績の向上や低下の原因を，他の要因（組織成員のモチベーションの向上，景気や市場動向の急激な変化，等）以上に組織のリーダーシップに求めることがよくある。マインドルはこのようなリーダーシップへの過剰な評価傾向をリーダーシップの幻想（romance of leadership）と呼んだ。この考え方からすれば，リーダーシップとは現実のリーダーのありようではなく，フォロワーの心の中で構成された「ファンタジー」に他ならない。

3　社会的共有物としてのカリスマ的リーダーシップ

　前述されたリーダーシップの幻想を提起したマインドル（1990）が槍玉にあげたのが，カリスマ的リーダーシップである。それまでカリスマ的リーダーシップは，フォロワーから崇拝され，卓越した能力と断固とした決断力をもち，確かな実行力を示すなどといったイメージでとらえられてきた。ハウス（House, 1977）によれば，カリスマ的リーダーシップの個人的特性として，①極端に高い水準の自己信頼，②他者からの優位性，③自分の信念の道徳的正義についての強い確信，④他者へ影響力を及ぼすことへの強い欲求，があげられる。次に，行動の特徴として，①役割モデリング（自分の価値観や信念を身をもって示すこと），②イメージ形成（並はずれた天賦の持ち主であることをフォロワーに認知させるよう努力する），③リーダーやフォロワーに課せられたビジョンや使命の重要性（厳しい目標を提示し，それが達成できると信頼させること），④目標達成に必要な情緒的状態を喚起する（「やるぞ」という気持ちを起させる演出を行なう），があげられる。

　マインドルは，ハウス（1977）の考え方を批判し，カリスマとはフォロワーがもっている心的世界の反映にすぎず，それは成功や勝利にまつわる多種多様

128 5章 職場のリーダーシップ

な原因を並はずれたリーダーシップに帰属することによってフォロワーが環境
を理解しコントロールしたつもりになっているからに他ならない，と論じた。
さらに，そうしたリーダーシップへの原因帰属が多くの人に共有されて，単に
個々の「心的世界」であったことが，社会的真実だと錯覚されるという展開に
なっていくのだろう。同様に，コンガーとカヌンゴ（Conger & Kanungo,
1987）は，リーダーのカリスマ性はフォロワーの認知によって作り上げられた
ものであり，その認知はリーダーの技術的専門知識の豊富さ・深さに由来して
いると述べている。

6. リーダーシップ論のトレンド

　これまで4つのアプローチの視点から述べられたリーダーシップ論以外に，最
近のリーダーシップ論の動向について紹介したい。

1 変革型リーダーシップ

　変革型（transformational）リーダーシップは，1980年代に入って組織改革を
行なうリーダーの研究から出てきた概念である。提唱者のバス（Bass, 1998）
は，従来の多くのリーダーシップ論で対象となったのは，交流型（transaction-
al）リーダーシップであると考えた。すなわち，経営意思の正確な把握と伝達，
自部署の目標管理と実行，活動についての振り返り・総括・報告を行なうのが
交流型リーダーシップである（山口, 2011）。これに対して，「メンバーに外的
環境への注意を促し，志向の新しい視点を与え，変化の必要性を実感させ，明
確な将来の目標とビジョンを提示して，自らリスク・テイクし，変革行動を実
践するリーダー行動」（山口, 1994）が変革型リーダーシップと呼ばれる。バス
とアボリオ（Bass & Avolio, 1993）によれば，変革型リーダーシップは「4つ
のI（アイ）」から構成される。すなわち，①理想化された影響力（Idealized
influence）：リーダーは賞賛され，信頼される。フォロワーはそうしたリーダー
に同一化しようとして彼らの行動を見習う[1]。②霊的な動機づけ（Inspirational

---

1) 理想化された影響力は，それ以前には「カリスマ性」と呼ばれていた。

motivation)：リーダーはフォロワーの仕事に対して意味やチャレンジを与えることで発憤させ，動機づけする。③知的な刺激（Intellectual stimulation）：リーダーは今までのやり方に疑問をもち，フォロワーの努力を革新的・創造的なものへと刺激する。④個別的配慮（Individualized consideration）：リーダーはフォロワーの個々の欲求に特別な配慮をする。

　変革型リーダーシップは，提唱されてから30年以上経過しているが，いまだにさまざまなマネジメント・コンサルティングで展開されている企業の管理職研修でのキーワードになっている。またディンら（Dinh et al., 2014）によれば，2000年から2012年までのリーダーシップ研究で，変革型リーダーシップ関連の研究は154編で全体の20％を占めていた。このことからも，学術研究においても変革型リーダーシップが根強い人気を保持しているといえるだろう。

2　代替的アプローチ

　リーダーシップの代替的アプローチというのは，組織に一定の条件がそろえばリーダーはもはや必要ではなくなるという考え方である。この考え方はカーとジャーマイア（Kerr & Jermier, 1978）が「リーダーシップに代わるもの」（substitutes for leadership）という概念を提示したことに端を発している。リーダーが必要でなくなるための「一定の条件」とは，①組織が一定時間経過し，②フォロワーの能力が高まり，豊富な経験を有するようになること，③フォロワーの内発的な意欲が高まること，④課題が構造化され，フォロワー自身が満足するようになること，⑤集団の凝集性が高まること（「まとまり」ができてくること），である。ただ，代替的アプローチの実証を試みた研究には一貫性が認められないという批判（Podsakoff et al., 1993）もある。

3　サーバント・リーダーシップ

　「サーバント（servant）」を英和辞典で引くと，「召使い」とか「奉公人」という訳語が見つかる。リーダーとはまったく逆の意味の語を融合させたサーバント・リーダーシップという言葉は，それだけでもユニークである。サーバント・リーダーシップに最初に着目したのは，グリーンリーフら（Greenleaf et al., 2002 金井監修・金井訳 2008）であった。グリーンリーフら（2002）によれ

130　5章　職場のリーダーシップ

ば，そもそもリーダーというのは，相手に奉仕し，その後に相手を導くもので，サーバント・リーダーシップは，リーダー自ら掲げる目標の下に，メンバーを下から支え奉仕することを意味する。したがって，サーバント・リーダーはメンバーを「フォロワー」として命令して引っ張っていくのではなく，彼らが目標を達成できるように支持し，支援するのである（池田, 2017b）。

4　倫理的リーダーシップ

　倫理的リーダーシップ（ethical leadership）について，現時点で一般的に受け入れられている定義は「個人的行為と対人関係を通じて規範的に適切な行為を示すとともに，双方向のコミュニケーション，強化や意思決定を通じて，そのような行為をフォロワーにも奨励すること」（Brown et al., 2005）である。倫理的リーダーシップには，モラル・パーソンの側面（すなわち，自制力がある，公正である，信頼できるといった人格的側面）と，モラル・マネジャーの側面（すなわち，配慮と関心をもってフォロワーに接する，重要な倫理的価値をフォロワーに伝える，リーダー自身が道徳的なモデルとなる）の2側面がある（Brown & Trevino, 2006）。

　倫理的リーダーシップを測定する尺度は，当初はブラウンら（Brown et al., 2005）による10項目から構成される尺度が主流だったが，その後多様な倫理的側面を盛り込んだ測定尺度が開発されている（e.g., Kalshoven et al., 2011）。

5　オーセンティック・リーダーシップ

　オーセンティック（authentic）の名詞形 authenticity は，自分の個人的経験を認めること，あるがままの自己に従って（自分が本当に信じていることを実現し，それに従って）行動することを意味している（Gardner et al., 2005）。ガードナー（Gradner et al., 2005）によれば，オーセンティック・リーダー[2] は，どのように自分が考え行動すべきか，他者から自分がどのように知覚されているかを深く理解し，自分自身と他者の価値または道徳的視座，知識，および強みについて自覚しており，高度な道徳的特性をもっているとされる。すなわち，

---

2)「正真のリーダー」（坂田, 2008）と呼ばれることもある。

オーセンティック・リーダーシップとは，ポジティヴな心理的資源と道徳的視座をもっていて，かつ自己知覚に優れ，他者との透明性の高いオープンな関係を築き，偏りのない情報処理の行なえるリーダーシップ（坂田，2008）と言い換えることができる。ニーダーとシュリースハイム（Neider & Schriesheim, 2011）は，オーセンティック・リーダーシップを4つの下位概念，すなわち，自己覚知（self-awareness），対人的透明度（relational transparency），偏りのない手順（balanced processing），内在化された道徳的視座（internalized moral perspective）で構成するものとみなし，測定尺度を開発した。

　ところで，そもそもリーダーになる人物はそれなりに人望があり，多くの人から「真っ当だ」とみなされていて，その行動も倫理的なはずである。それでも倫理的リーダーシップやオーセンティック・リーダーシップについて論じなければならなくなった背景には，2001年以降にアメリカで起こった大企業による不正な経営方略とその後の経営破綻（たとえば，2001年のエンロンや2002年のワールドコムによる粉飾決算問題，2008年のリーマン・ブラザーズによる度を超えた住宅資金の貸付）があったからだろう。これらは，経営幹部が積極的に不正な経営を指示したと考えられており，企業リーダーたちの「真っ当なありよう」が疑われ，再考するきっかけになったことはまちがいない。

トピックス　リーダーの発達

　どのような人がリーダーになるのだろうか。「リーダー」といわれる人々はさまざまな経緯，あるときは自然発生的に，あるときは自ら名乗り出て，またあるときは多くの人々による推挙によって生み出される。場合によっては，（日本が150年以上前にそうであったように）政治的リーダーの親のもとに生まれたため，幼少の頃からリーダーとして生きるべく育てられてリーダーとなっていくこともある。どういった経緯にしろ，多くのリーダーは最初から数多の人々が「リーダー」として認める資質をもって登場するとはかぎらない。むしろ，新参のリーダーは多くの戸惑いと葛藤を経験し，自分がまだ「リーダー」として十分な力量をもっていないことを実感するのが常である。結局のところ，新参のリーダーは当初は名実共に認めるリーダーとはいえず，次第にそれらしく成長していくことで周りの人々から「リーダー」として認識されていくのが自

然の成り行きであろう。

このように，「リーダーらしくなっていく」過程をリーダー発達（leader development）から考えることは大切だと思われる。マッコーリーら（McCauley et al., 2010, p.2）によればリーダー発達とは，「リーダーの役割やプロセスの中で効果的になっていく能力の発展」と定義されている。一般的には，リーダーシップ開発（leadership development）という用語が有名であるが，リーダー発達とは内容的にどう違うのだろうか。デイ（Day, 2000）によれば，リーダーの成長過程に関連する研究は，①リーダーとしての潜在的な対人関係能力向上を視野に入れたリーダーシップ開発，②自己の気づきや特定の課題遂行スキルなどに焦点を当て，リーダーの個々の発達に注目したリーダー発達の2つに区分される。リーダーシップ開発が，リーダーとして必要な潜在的な対人関係能力の構築を意味しているのに対し，リーダー発達は自己の気づきや特定の課題遂行スキルなど，人間的な資質の発達に焦点が当てられる（Day, 2000）。また，研究内容では，リーダーシップ開発に関する研究がどうすれば優れたリーダーを育てることができるか，そのためにはどのような教育や指導を行なえばよいかといった実践的な課題をもつのが一般的であるのに対して，リーダー発達の研究は主としてリーダーとしての諸側面の成長過程のメカニズムや機序に焦点が当てられる（田中, 2013）。

職場のストレス

1. ストレスとは何か

1　ストレス研究の始まり

　ストレスに関する研究の始まりは20世紀前半である。ストレスという言葉はもともと物体に外力が作用したときに生じる物体の歪みをさす工学用語であり，この言葉を人間の生体反応に援用したのが生理学者のセリエ（Selye, 1936）である。セリエは動物実験の結果から，生体は外界からの刺激（ストレッサー）に直面した時，自らの破綻を回避する目的で全身反応を起こすことを指摘した上で，その一連の生体メカニズムを汎適応症候群（General Adaptation Syndrome: GAS）と名づけた。同様に生理学者であるキャノン（Cannon, 1935）は，生体が寒冷，運動，出血，低酸素といった刺激に対して，適切な反応を示すことを通じて生体の内部環境を一定に保つ（ホメオスタシス：生体恒常性）ことができる点を強調した。

2　ラザルスの心理的ストレスモデル

　心理的ストレス過程に対してもっとも大きな影響を与え続けているのが，トランザクショナルモデルと呼ばれるラザルスらのストレスモデルである。ラザルス（Lazarus, 1966）は，ストレスを「個人の資源を超え，心身の健康を脅かすものとして評価された人間と環境とのある特定な関係」と定義し，ラザルスとフォークマン（Lazarus & Folkman, 1984）は，心理的ストレスの過程を，①外界の刺激であるストレッサーに対し，それを脅威的であると認知的に評価する

こと，②ストレッサーに対処すること，③その過程で生じるストレス反応という3つの成分で構成されるとみなし，心理的ストレス過程に，認知的評価（cognitive appraisal）とコーピング（coping）という概念を導入したモデルを提示した。認知的評価は一次的評価と二次的評価で構成され，一次的評価とは出来事について，それが自分にとってどのような意味があるかを評価するものであり，二次的評価とは，ストレスフルと認識された出来事がコントロール可能か否か，選択可能なコーピングは何かということに関する評価である。

2. 職場のストレスを説明するモデル ❖❖❖❖❖❖❖❖❖❖❖❖❖

　ラザルスらのモデルはストレス要因を限定するものではないことから，本節では職場のストレス要因が働く人々のストレス反応に与える影響を説明する代表的なモデルを紹介する。

1 仕事の要求度－コントロールモデル

　カラゼック（Karasek, 1979）は，働く人々のストレス反応につながる要因として，仕事の要求度と個人の裁量権に注目した仕事の要求度－コントロールモデル（job demand-control model: JD-C モデル）を提唱した。仕事の要求度とは，作業にかかわる種々のストレス要因であり，コントロールとは知識やスキルの利用や作業のやり方といった仕事の裁量権によって構成される概念である。

　JD-C モデルでは，仕事の要求度の高低，ならびにコントロールの高低によって仕事の特徴を4群に分類する（図6-1）。仕事の要求度が高くコントロールが低いという特徴を持つ仕事は「高ストレイン群」と位置づけられ，個人にもっとも高い負荷をかける仕事であり，心身の不調につながるリスクが高いとみなされる。一方，仕事の要求度ならびにコントロール双方が高い仕事は「活性化群」と位置づけられ，活性化し生産性も高い仕事とみなされる。仕事の要求度が低くコントロールも低い仕事は「不活性化群」と位置づけられ，ストレスは低いものの活性化しない仕事とみなされる。最後に仕事の要求度が低く，コントロールが高い仕事は「低ストレイン群」と位置づけられ，心身の不調に

つながるリスクが低いとみなされる (Karasek & Theorell, 1990)。

以上の4類型からも明らかなようにJD-Cモデルは，個人が自分自身でコントロールできる範囲を意味する仕事の裁量権を重視している点に大きな特徴がある。すなわち，仕事の要求度が高い場合でも，仕事の裁量権を調整することで個人のストレス反応を変化させることが可能だと考えているのである。仕事の特徴という調整可能な環境要因によって，個人が被るストレスを説明しようとするモデルは，職場のストレスマネジメントを検討する際に有用な視点を提供する。

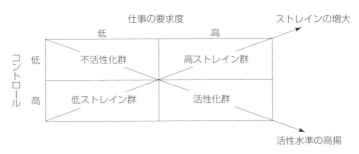

図6-1　仕事の要求度-コントロールモデル (Karasek, 1979)

2　NIOSH職業性ストレスモデル

NIOSH職業性ストレスモデルとは，アメリカの国立職業安全保健研究所が提示した職業性ストレスのモデルのことである（図6-2, Hurrell & McLaney, 1988）。このモデルは，仕事のストレス要因（仕事上のストレッサー）がストレス反応，ひいては疾病や事故・ケガに結びつくことを総合的に示すものである。NIOSH職業性ストレスモデルは，それまでのさまざまな職場のストレスモデルを概観した上で構築された包括的なモデルである。

このモデルでは，ストレス要因からストレス反応へと至るプロセスで，3つの要因が影響を与えることを想定する。これらの要因は，たとえ同一の職場ストレスを経験したとしても，個人間で異なるストレス反応が生じる理由を説明することを可能にする。第1に，個人要因である。個人要因には，年齢，性別，婚姻状況，タイプAに代表される性格傾向や自尊心，勤続年数や職位がある。

第2に，仕事以外の要因である。代表的な要因として，家事や育児・介護といった家庭にかかわる要因がある。第3に，緩衝要因である。代表的な緩衝要因としてソーシャル・サポートがある。周囲の人から得られる援助が，働く人々の心身の健康の維持に役立つ。すなわち，職場の人間関係でいやなことがあったとしても，その愚痴を聞いてくれる家族や友人が存在する場合，職場のストレス要因がもたらす悪影響を軽減することができる。

仕事のストレス要因が与える影響にこれらの3つの要因が与える影響が加味された結果，ストレス反応がもたらされることになる。NIOSH職業性ストレスモデルでは，ストレス反応として，①職務不満足や抑うつといった心理的反応，②体のさまざまな部分に痛みや不快感を訴える身体愁訴といった身体的反応，③遅刻や欠勤といった行動的反応をあげている。これらのストレス反応を経て，疾病へと至る。

図6-2　NIOSH職業性ストレスモデル

3　努力-報酬不均衡モデル

努力-報酬不均衡モデル（Effort-Reward Imbalance Model: ERIモデル）は，努力と報酬という2要因を軸に職場のストレス状況を把握しようとするものであり，その基本的な考え方は，個人が投入した努力と，その結果得られるべきもしくは得られることが期待される報酬との均衡がとれていない，具体的には，高い努力に対して低い報酬しか得られない場合にストレス反応が生じるというものである（Siegrist, 1996）。ERIモデルでは，努力には仕事の要求度，責任，負担が，報酬には心理的な尊重，金銭的報酬，雇用の安定性，昇進に関連する

報酬，地位が該当する。たとえば，仕事量が非常に多いにもかかわらず，雇用が不安定であったり，昇進の見通しがない場合や，報酬が低い水準にとどまるにもかかわらず高いパフォーマンスが求められる場合，努力と報酬が不均衡状態にあるといえる。一方，努力と報酬の均衡がとれている場合，個人は成長しwell-beingを実感する。

　ERIモデルは，仕事に過度にのめりこむ個人要因として，オーバーコミットメントにも注目する。オーバーコミットメントとは，仕事で認められたいという欲求と関連するものである。オーバーコミットメントは努力と報酬の不均衡を促進する。たとえば，仕事で認められたいという強い思いが，努力と報酬が不均衡な状態であっても甘んじるという意思決定や，報酬を過剰に高く評価するといった認知のゆがみを通じて，報酬に見合わない過度な努力を自ら率先して行なうといったことを生じさせる。

4　仕事の要求度−資源モデル

　近年，注目されるモデルに仕事の要求度−資源モデル（Job Demands-Resource model: JD-Rモデル）がある。JD-Rモデルは，職務設計と職場ストレスの2つの研究の流れをくみ，仕事の要求度と仕事の資源が，独自もしくは相互に関連しつつ影響を与えるメカニズムを説明する。このモデルは仕事の要求度がバーンアウトをもたらし，心身の健康を阻害する健康阻害プロセスと，仕事の資源がエンゲイジメント（その仕事に誇りを持ち没頭すること）を高めることを通じて，パフォーマンスを向上させるモチベーショナル・プロセスという2つのプロセスで構成され，仕事の資源はバーンアウトを抑制すると考える（図6−3）。JD-Rモデルでは，JD-Cモデルで提唱されたコントロール（仕事の裁量権）を資源の1つとみなす。

　JD-Rモデルの特徴は，それまでのモデルが仕事の要求度が与えるネガティブな影響，すなわち健康阻害プロセスに注目していたのに対して，モチベーショナル・プロセスというポジティブな影響にも注目したことである。すなわち，このモデルは職場のストレス要因がもたらす影響を軽減する取り組みが，個人のストレス反応を軽減するだけでなく，モチベーションの向上を通じて生産性の向上につながることを示す。

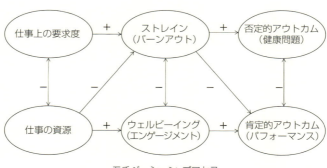

図6-3 仕事の要求度−資源モデル (Schaufeli & Taris, 2014)

仕事の資源に注目したこともこのモデルの特徴である。従来の職場のストレスモデルは，仕事の資源を「働く人々にストレスのみに関連する要因」とみなしていたが，このモデルでは，「働く人々のストレスを軽減すると同時に，ワーク・エンゲイジメントなどのポジティブな影響をもたらす要因」とみなすのである。

3. 職場のストレス要因

本節では，働く人々にストレインをもたらす職場のストレス要因を概観する。職場のストレス要因は，組織ストレス (organizational stress)，仕事ストレス (job stress)，職業上のストレス (occupational stress) などさまざまな表現が用いられるが，ここでは一括して職場のストレス要因として取り上げる。

1 一般的な職場のストレス要因

NIOSH職業性ストレスモデルでは，ストレス要因として，物理的な環境，役割葛藤，役割不明瞭，対人葛藤，仕事の将来的な曖昧さ，仕事上のコントロール，雇用機会，業務過多，業務負荷の分散，責任，能力の不活用，認知的な要求，シフト勤務をあげている。

3. 職場のストレス要因　139

表6-1　WHOによる職場のストレス要因の整理（Leka et al., 2004）

労働内容	仕事を行なう環境
①仕事内容 　・単調な仕事，刺激のない仕事，意味のない仕事，単一の仕事　等 ②仕事の負荷とペース 　・仕事量が非常に多い，仕事量が非常に少ない，時間的プレッシャーが非常に高い　等 ③労働時間 　・厳格もしくは柔軟性がない，長時間の残業，予測しにくい労働時間，適切に構築されていないシフト勤務　等 ④参加と権限 　・意思決定への参加の欠如，仕事のプロセス，ペース，時間，方法，仕事の環境に対するコントロールの欠如	①キャリア発達，地位ならびに収入 　・仕事の不安定さ，昇進機会の欠如，昇進の遅れや速すぎる昇進，社会的な価値の低い仕事，出来高給という給与システム，不明確もしくは不公平なパフォーマンス評価，スキルを発揮できない仕事もしくはスキル以上の仕事 ②組織での役割 　・役割の不明瞭さ，役割間のコンフリクト ③対人関係 　・不適切・思いやりのない・サポーティブでない上司，同僚との貧弱な関係性，ハラスメントならびに暴力，孤立した仕事　等 ④組織文化 　・不十分なコミュニケーション，不十分なリーダーシップ，行動規範の欠如，組織目標，組織構造，戦略における明確さの欠如 ⑤ワーク・ライフ・バランス 　・仕事ならびに家庭からの要求がもたらす葛藤，家族に起因する問題に対する職場でのサポートの欠如，職場に起因する問題に対する家族のサポートの欠如，ワーク・ライフ・バランスをサポートする組織の施策やルールの欠如

　また，WHOは職場のストレス要因を，労働内容に関する要因と仕事を行なう環境に関する要因に分けて整理している。具体的には仕事の内容にかかわるものとして，①仕事内容，②仕事の負荷とペース，③労働時間，④参加と権限という4要因をあげている。一方，仕事を行なう環境としては，①キャリア発達，地位ならびに収入，②組織での役割，③対人関係，④組織文化，⑤ワーク・ライフ・バランスという5要因をあげている（表6-1）。

2　労働時間

　ストレス要因の中でも特に大きな問題であり，働き方改革の1つの柱として取り上げられるのが労働時間である。日本の労働者一人当たりの平均年間総労働時間は，長期的にみれば減少する傾向にあるが，この減少傾向は非正規雇用

の増加によってもたらされたものであり，長時間労働を余儀なくされる従業員が今でも一定数存在し，その割合は諸外国と比較して高い水準にある。

　長時間労働は，労働者の脳疾患や心臓疾患発症のリスクを高め，メンタルヘルスに悪影響を与える。黒田・山本（Kuroda & Yamamoto, 2016）は，4年間にわたる追跡調査の結果から，個人差，ならびに仕事の要求度・裁量度の違いを統制した上でも，週当たりの労働時間が長くなるとメンタルヘルスが悪化することを明らかにした。同時に彼らは，労働時間とメンタルヘルスは直線的関係にあるわけではなく，週50時間を超えるあたりから，メンタルヘルスが顕著に悪化する傾向があることも明らかにした。

3　今日的な職場のストレス要因

　労働時間同様，昨今新たに指摘されるようになってきているのが，ワーク・ファミリー・コンフリクトと職場のダイバーシティがもたらすコンフリクトである。

　1）ワーク・ファミリー・コンフリクトとワーク・ファミリー・スピルオーバー　就労場面での大きな変化の1つが女性の就業者の増加ならびに，それにともなう，育児や介護といった家族的責任を負いつつ就労する人々の増加である。家族的責任を負いつつ就労する人々が直面する課題がワーク・ファミリー・コンフリクト（work-family conflict）である。ワーク・ファミリー・コンフリクトとは「仕事役割と家庭役割の役割間葛藤であり，仕事役割からの圧力と家庭役割からの圧力が矛盾するときに生じる葛藤である」と定義される（Greenhaus & Beutell, 1985）。

　ワーク・ファミリー・コンフリクトには3つの形態がある（Greenhaus & Beutell, 1985）。まず「時間に基づく葛藤（time-based conflict）」である。これは仕事が忙しくて家事・育児など家庭のことができない，もしくは家族が病気等で仕事に行くことができないこと等によって生じる葛藤である。次に「ストレインに基づく葛藤（strain-based conflict）」である。これは，仕事で疲れて家のことができない，家族間がうまくいっておらず仕事に集中できないといった葛藤のことである。最後に「行動に基づく葛藤（behavior-based conflict）」である。これは，仕事役割で期待されるテキパキした行動が，家族に対しては望

ましくないといった際に生じる葛藤である。近年では，仕事から家庭，もしくは家庭から仕事といった葛藤の方向性の違いを区別した上での検討も行なわれている。

　ワーク・ファミリー・コンフリクトと似た概念に，ワーク・ファミリー・スピルオーバー（work-family spillover：仕事－家庭流出）がある。ワーク・ファミリー・スピルオーバーとは，一方の役割における状況や経験が他方の役割における状況や経験にも影響を及ぼすことと定義され，複数の役割を担うことによる負担や葛藤などのネガティブな感情だけでなく，ポジティブな感情にも焦点を当てる（島津，2014）。ネガティブ・スピルオーバーとは，仕事が忙しくて家庭のことをやる時間がない，または家庭のことで忙しくて疲れてしまい，仕事に集中できないといったもので，前述のワーク・ファミリー・コンフリクトと重なる部分も多い。一方，ポジティブ・スピルオーバーとは，複数の役割を担うことで，相互の役割に対して良い影響が生じることである。具体例としては，仕事上で複数のタスクを遂行することで培ったスキルによって，限られた時間の中で家事を効率的にできるようになる，思うようにならない育児経験を通じて，部下のマネジメントが以前よりも上手になるといったことがあげられる。

　これまでの先行研究からは，ネガティブ・スピルオーバーが高く，ポジティブ・スピルオーバーが低い場合に，抑うつや不安障害，心理的ストレス反応，バーンアウトが高まることが確認されている。

2）職場のダイバーシティがもたらすコンフリクト　　女性の社会進出，非正規雇用や高齢者の就業の増加により，職場を構成するメンバーのダイバーシティ（多様性）は高まる傾向にある。職場のダイバーシティが高まることでイノベーションの創造といったポジティブな効果が期待されるが，同時に，職場のコンフリクトの増大といったネガティブな影響も生じる。

　たとえば，性別というダイバーシティは，視覚的にとらえることができる違いであることから，他者を自分と同じもしくは異なるかを判断する材料として用いられやすく，メンバー間で，性別に基づくサブグループの形成が促進される。このように職場のダイバーシティには，属性ごとでのサブグループの構築を通じてグループ間のコンフリクトを増長しやすいという特徴がある。

142　6章　職場のストレス

　グループ間のコンフリクトは,「実際のもしくは認知された差異によって生じる成員間の緊張関係がもたらすプロセス」と定義される（De Dreu & Weingart, 2003）。グループ間のコンフリクトには,タスク・コンフリクトと関係性コンフリクトという2種類がある。タスク・コンフリクトとは,メンバー間に存在するチームが担う職務（job）に関する意見や考えにおいて対立が生じた時に発生するコンフリクトのことであり,関係性コンフリクトとは,政治的・宗教的・環境的な点など,職務には関係ないが人々にとって重要な問題についてのメンバー間のコンフリクトのことであり,緊張関係や敵意を特徴とする。タスク・コンフリクトが情緒的なコンフリクトにつながることによって関係性コンフリクトが生じる。

4. ストレス反応 ❖・❖・❖・❖・❖・❖・❖・❖・❖・❖・❖・❖・❖・❖・❖・❖・❖

　ストレスにさらされた個人にはどのような反応がもたらされるのであろうか。本節では,ストレス要因によってもたらされるストレス反応を概観する。その上で,ストレス反応や健康を考える際に,人の強みやポジティブな側面に注目するポジティブ心理学の影響を受け注目されるワーク・エンゲイジメントについて,対概念として紹介されることの多いバーンアウトと比較しながら紹介する。

1　ストレス反応の概要

　ストレス要因にさらされた際に個人にもたらされるストレス反応は,身体的反応・心理的反応・行動的反応という3次元で整理することができる。心理的反応とは主に感情面に生じる反応のことであり,不安感や怒り,無気力,うつ気分が該当する。行動的反応とは集中力の低下,引きこもり,不眠といった反応のことである。行動的反応には,周囲の人の目にとまりやすい反応が含まれるため,心理的反応や身体的反応よりも,周囲の人々が気づきやすい。身体的反応とは血圧上昇,筋緊張,さらには頭痛・胃痛といった痛みなど身体に生じる反応のことである（図6-4）。

　ストレス反応はストレス要因にさらされてからの時間の経過とともに変化す

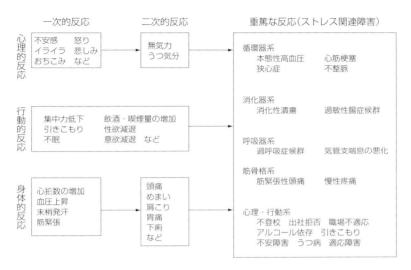

図6-4 ストレス反応（坂野・嶋田・鈴木, 2004）

る。ストレス要因にさらされた直後に生じるのが一次的反応である。一次的反応はストレス要因がなくなれば，比較的短期間のうちに消去する。しかしながら，ストレス要因にさらされる期間が長期化してくると二次的反応が現れることになる。そして，そのままストレス要因にさらされ続けることで，より重篤な身体疾患や不適応状態へと移行する。

近年導入されたストレスチェック制度で用いられることの多い，労働省の「作業関連疾患の予防に関する研究班ストレス測定研究グループ」が1995年度から1999年度にかけて作成した職業性ストレス簡易調査票57項目では，ストレス反応を測定する項目として，活気（項目例：活気がわいてくる），イライラ感（項例：怒りを感じる），疲労感（項目例：ひどく疲れる），不安感（項目例：不安だ），抑うつ感（項目例：ゆううつだ），身体愁訴（項目例：体のふしぶしが痛む）を取り上げている。

2 バーンアウトとワーク・エンゲイジメント

1) バーンアウト バーンアウトはストレス反応を測定する際に用いられる代表的な概念である。バーンアウトとは「長期間にわたり人に援助する過程で

心的エネルギーが絶えず過度に要求された結果，極度の心身の疲労と感情の枯渇を主とする症候群であり，自己卑下，仕事嫌悪，関心や思いやりの喪失をともなう症状」のことである（Maslach & Jackson, 1981）。マスラックらが開発したマスラック・バーンアウト・インベントリー（Maslach Burnout Inventory）では，バーンアウトの症状として以下の3つの症状をあげている（Maslach & Jackson, 1981）。

①情緒的消耗感：情緒的消耗感は「仕事を通じて情緒的に力を出し尽くし，消耗してしまった状態」と定義される。情緒的消耗感はバーンアウトの中核をなす。

②脱人格化：脱人格化は，「クライエントに対する無情で非人間的な対応」と定義される。情緒的資源を使い果たしてしまった後，さらなる消耗を防ぐべく脱人格化が生じるととらえられている。

③個人的達成感の低下：個人的達成感は「ヒューマン・サービスの職務にかかわる有能感，達成感」と定義される。バーンアウト状態に陥ると，それまで提供できていたサービスを提供できなくなり，有能感・達成感が低下する。

2）ワーク・エンゲイジメント　　シャウフェリ（Schaufeli, 2002）らは，ワーク・エンゲイジメントを「仕事に関連するポジティブで充実した心理状態であり，活力，熱意，没頭によって特徴づけられる。エンゲイジメントは，特定の対象，出来事，個人，行動などに向けられた一時的な状態でなく，仕事に向けられた持続的かつ全般的な感情と認知である」と定義している。ここでいう熱意とは「仕事に誇りややりがいを感じている」ことであり，没頭とは「仕事に熱心に取り組んでいる」ことであり，活力とは「仕事から活力を得ていきいきとしている」ことである。ワーク・エンゲイジメントとは，この3つがそろった状態である。

ワーク・エンゲイジメントについてバーンアウトを含めた隣接する概念の関係性を整理したものが図6-5である。島津（2010）は「活動水準」と「仕事への態度・認知」という2軸で構成されるこの図を用いた上で，ワーク・エンゲイジメントは，活動水準が高く仕事への態度・認知が肯定的であるのに対し，バーンアウトは活動水準が低く仕事への態度・認知が否定的であることを示し

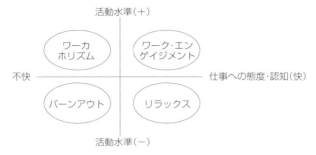

図6-5　ワーク・エンゲイジメントと関連する概念の関係性 (島津, 2010を一部改変)

た。また，過度に一生懸命かつ脅迫的に働くワーカホリズムとワーク・エンゲイジメントとの違いとして，両者とも活動水準は高いものの，前者は後者に比して仕事に対する態度・認知が低い点にあると指摘した。すなわち，ワーカホリズムは「I have to work（仕事をしないことでの罪悪感や不安を回避するために働かざるをえない）」という認知のことであり，一方ワーク・エンゲイジメントは「I want to work（仕事が楽しいので働きたい）」という認知であるとした。

5. ストレス反応に影響を与える個人要因と他者からの支援

　同じ出来事に遭遇した際に，非常に大きなダメージを被る人もいれば，そうでない人がいる，というようにストレス要因がもたらす影響は個々人によって異なる。ストレス研究ではそのような違いをもたらすさまざまな個人要因が検討されてきた。本節では，それらの中からコーピング，タイプA行動パターン，レジリエンスについて紹介する。

1　コーピング

　コーピング（coping）とは，日常生活の中で遭遇するさまざまなストレス要因やストレス要因がもたらす感情に対して個人が行なう対処のことであり，コーピングが適切に機能すれば個人のストレス反応は軽減される。たとえば，

146　6章　職場のストレス

友人と喧嘩をした際に，別の友人に愚痴を言ってすっきりするといったことや，同じく友人と喧嘩をした際に，別の友人に仲介に入ってもらい仲直りをするということがコーピングである。コーピングは，ストレス要因がもたらす悪影響を軽減し，精神的健康を増進するために大事な認知・行動を検討する上で重要な視点をもたらす。

　ラザルスとフォークマン（Lazarus & Folkman, 1984）は，コーピングを「能力や技能を使い果たしてしまうと判断され自分の力だけではどうすることもできないとみなされるような，特定の環境からの強制と自分自身の内部からの強制の双方，あるいはいずれか一方を，適切に処理し統制していこうとなされる，絶えず変化していく認知的・行動的努力」と定義した。コーピングには，①状況によって変化する動的なプロセス，②コーピングは意識的な努力，③コーピングとコーピングによってストレスが軽減したか否かという結果は別である，という特徴がある。

　コーピングにはさまざまな類型が提示されているが代表的な類型としては問題焦点型対処行動と情動焦点型対処行動という2類型がある。問題焦点型対処行動とは，直面しているストレスフルな出来事に対して，自分の努力もしくは周囲の協力をえて，問題の全部もしくは一部を解決するような対処行動のことである。一方，情動焦点型対処行動とは，直面しているストレスフルな出来事そのものに対してではなく，ストレスフルな出来事に直面することで生じる，不安やイライラといった悲しみといった感情を対象とする対処行動である。

2　タイプA行動パターン

　タイプA行動パターンは，冠状動脈性心疾患（CHD）を含むさまざまな身体症状ならびに精神症状と関連する（Rosenman et al., 1988）。タイプA行動パターンの特徴としては，常に時間的切迫感や緊張感，焦燥感をもって素早く行動し，熱中的，精力的，持続的に目的遂行に向かって没頭し，他者への競争意識や敵意，攻撃性が強いといったものがある（前田, 1989）。

　佐藤（1996）は，タイプA行動パターンがストレスを高める複数のプロセスを図示した（図6-6）。タイプA行動パターンをとる人々は，ストレスを感じる出来事をより過大に評価しやすい傾向があるだけでなく，周囲の人に対する敵

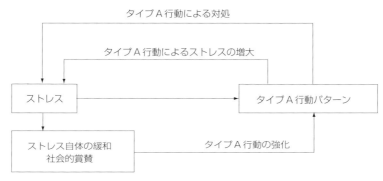

図6-6　タイプA行動パターンとストレスとの関連性 (佐藤，1996)

対心を増大させたり，自尊心の低下に対する恐怖を高めることを通じてストレスをより強く認識する。また，タイプA行動パターンをとる人々は，ストレスフルな出来事に対して，それを受け止めるというよりは，立ち向かい乗り越えようとする能動的対処を積極的にとる。それがうまく機能することでストレスが軽減されると同時に，「ストレスを乗り越えた」ことに対する社会的な賞賛を受けることを通じて，タイプA行動パターンの特徴を強く反映する対処行動をより一層強化する。このようなプロセスを通じてタイプA行動パターンはストレスを高めることになる。

3　レジリエンス

昨今，ストレス要因がもたらすさまざまな影響を予防する要因もしくは影響を和らげる緩衝要因として注目される概念の1つが「レジリエンス (resilience)」である。レジリエンスという用語は，元は物理学の用語であり，心理学分野でレジリエンスを日本語で表記する際に「弾力性・回復力」と表現することが多い。すなわち，ストレス要因にさらされても心理的健康を維持する力，もしくはストレス要因の影響により不適応状態に陥ったとしても，一時的なものとし，不適応状態を乗り越えて回復していく力ととらえられている。

レジリエンスのもっとも代表的な定義は，マストンらの (Masten et al., 1990) の「困難あるいは脅威的な状況にもかかわらず，うまく適応する過程，

能力，あるいは結果」というものである。また，APA（The American Psychological Association：アメリカ心理学会, 2019）は，レジリエンスを「逆境，外傷，悲劇，脅威，または家族や人間関係の問題，深刻な健康上の問題，職場や財政的なストレス要因など，重大なストレスに直面した場合に適応するプロセス」「人々が持っているか持っていないかという資質ではなく，誰でもが学び，発展させることができる態度や思考や行動」と定義している。

　APAはレジリエンスを構築する方策として，①周囲との良好な関係性の構築，②危機を乗り越えられない問題とみなさない，③変化は生活の一部であることを受け入れる，④目標に向かって動くこと，⑤ストレスフルな状況から完全に逃避することなく断固とした行動をとること，⑥自分自身を知る機会を求めること，⑦自分自身を肯定的にとらえる視点を育むこと，⑧事実を正しくとらえること，⑨楽観的な見通しを持ち続けること，⑩自分自身をケアすること，という10点をあげている。

4　ソーシャル・サポート

　ソーシャル・サポートとは，「①感情的なかかわり（情緒的サポート），②手段的援助（手段的サポート），③情報的援助（情報的サポート），④評価的援助（評価的サポート）のうちの1つあるいは2つ以上を含む個人間の相互交渉」と定義される（House, 1981）。バレラ（Barrera, 1986）は，ソーシャル・サポートは，①ネットワークの広さ，②サポートへの期待感，③サポートの内容（実際的な援助，情緒的な援助）の3側面から理解できるとした。

　ストレス要因がストレス反応に与える影響プロセスでソーシャル・サポートもたらす効果としては，直接効果（主効果）と間接効果（緩衝効果）という2つが想定されている。このうち直接効果とはストレスの高低にかかわらずソーシャル・サポートが高い人は，ソーシャル・サポートが低い人と比べて健康状態を良好に保てるとするものである。一方，間接効果とは，ストレスが高い状況下においては，ソーシャル・サポートが高い人の方が，ソーシャル・サポートの低い人よりも健康状態を良好に保てるとするものである。NIOSH職業性ストレスモデルにおけるソーシャル・サポートは，緩衝要因ととらえられていることから，間接効果を意図しているといえる。

6. 組織によるストレスへの対応

1 4つのケア

　多くの人々が職場に起因するストレスを感じ，結果的に心身の健康を阻害されるケースも存在することから，雇用者である企業には，職場に起因するストレスへの対応が求められる。このような状況に対し，厚生労働省は「労働者の心の健康の保持増進のための指針」（メンタルヘルス指針，2006年策定）を定め，企業には，従業員の健康を維持すべく「心の健康づくり計画」を策定し，以下で提示する4つのケアが計画的かつ継続的に実施できるようにしていくことが求められる。

　ここでいう4つのケアとは「セルフケア」「ラインによるケア」「事業場内産業保健スタッフ等によるケア」および「事業場外資源によるケア」のことであり，4つのケアが継続的かつ計画的に行なわれることが重要となる。セルフケアとは，労働者自身が自らのストレスに気づいて対処することである。そのために，事業者には従業員に対して情報提供や教育研修を行なったり，相談体制を整備することを通じて，労働者が自らをケアできる環境の提供や働きかけをすることが求められる。

　ラインによるケアとは，職場の管理監督者が行なうケアのことであり，職場や業務の状況の把握と改善，部下の相談対応などをさす。上司である管理監督者には，部下の相談に対応するだけでなく，職場のストレス要因の改善を図ることが求められる。事業者は管理監督者に対しても情報提供や教育研修を通じて，管理監督者が適切な行動をとることができるように働きかけることが求められる。

　事業場内産業保健スタッフ等によるケアとは，事業場の産業医・保健師，心理職，人事労務管理スタッフ等の産業保健スタッフが行なうケアのことである。事業場内産業保健スタッフ等によるケアは幅広く，労働者や管理監督者に対する支援や，メンタルヘルスにかかわる企画の立案，さらには事業場外資源との連携などが含まれる。

事業場外資源によるケアとは，メンタルヘルスケアに関して事業場の外部の専門的な機関や専門家を活用して支援を受けることをさす。事業者がうつ病などの疾患を発症した従業員を事業場内の資源だけでケアすることには限界があることから，事業場外資源を活用することになる。

2　ストレスチェック制度の導入

　企業は4つのケアを中心とする取り組みを行なうが，職場のストレス要因を原因として精神的健康を阻害する人々が増加傾向にあることを背景に，労働安全衛生法が一部改正され，2015年にストレスチェック制度が施行された。ストレスチェック制度は，労働者が自らのストレスの程度を把握し，ストレスへの気づきを促すという点では，セルフケアをより一層進めたものだといえる。同時に，ストレスチェックの結果を職場改善につなげることによって，働きやすい職場づくりを行なうことも目的としている。ストレスチェック制度はメンタルヘルスの不調を予防するという第一次予防を目的とするものである。

　2015年12月以降，労働者が50人以上いる事業所では，毎年1回，ストレスチェック検査をすべての労働者に対して実施することが義務づけられている（50人未満の事業所では努力義務。また，契約期間が1年未満の労働者や，労働時間が通常の労働者の所定労働時間の4分の3未満の短時間労働者は義務の対象外）。さらに，事業者は，ストレスチェックの結果，高ストレス者として選定され，医師による面接指導を受ける必要があるとストレスチェック実施者が認めた者のうち，労働者から申出があった者について，医師による面接指導を実施しなければならない。

　厚生労働省（2017）がまとめたストレスチェック制度の実施状況は，①ストレスチェック制度の実施義務対象事業場のうち，82.9％の事業場でストレスチェック制度を実施し，②ストレスチェック実施事業場の労働者のうち，78.0％の労働者がストレスチェックを受け，③ストレスチェックを受けた労働者のうち，医師による面接指導を受けた労働者の割合は0.6％であった。

3　健康経営

　ストレスと関連して近年注目されているのが「健康経営」である。健康経営

とは「利益を創出するための経営管理と，生産性や創造性向上の源である働く人の心身の健康の両立をめざして，経営の視点から投資を行い，企業が事業として起業しその利益を創出すること」と定義される（岡田, 2015）。企業はこれまでも従業員の健康の維持・促進に取り組んできたが，健康経営においては，従業員の健康の維持・増進を通じて生産性を高めることが期待されている。さらに，中期的には健康経営に取り組むことでの企業イメージの向上や，株式市場や人材市場における優位性の獲得にむすびつくことが期待される（岡田・高橋, 2015）。

　もともと異なる流れで研究されてきた，従業員のウェルビーイングと組織の成果双方をもたらす施策を検討するフレームワークを提供したのが，グロウィッチらの研究である（図6-7, Grawitch et al., 2006）。このモデルによれば，健康職場施策は従業員のウェルビーイングを高めるだけでなく，組織的成果も高める。健康職場という視点は，職場のストレスマネジメントという観点からはストレスのマネジメント手法の拡大をもたらすものである。

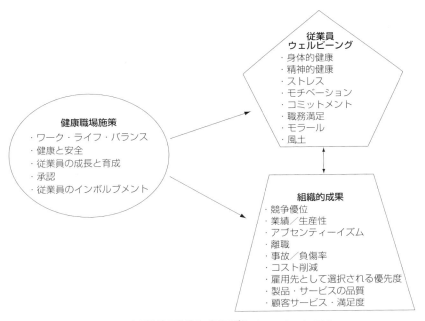

図6-7　心理的健康職場のパスモデル　(Grawitch et al., 2006)

組織における協力と葛藤

1. 組織における協力(その1):
組織における向社会的行動

　向社会的行動(prosocial behavior)というのは,広義には「社会的ルールに従って他者の利益を増大させる行為」であり,狭義には「外的報酬を期待することなしに他者に利益をもたらすためになされた自発的行動」とされる(小川,1995)。代表的なものとして,援助行動(helping behavior)があげられる。援助行動とは,文字どおり「困っている他者に対して,他者が望む状態を実現するために手を貸す行動」(小川,1995)である。今日,援助行動は社会心理学の重要課題の1つとして取り上げられている。

　組織においても向社会的行動は重要である。職場の中では事前には予測できなかった職務,あるいは誰の役割にも属さない役割がたえず生じてくるのが常であり,実際に行なわれている職務に必要なすべての活動をフォーマルな組織図や分掌規程で完全に網羅することは事実上不可能である。たとえば,図7-1において職場で生ずるすべての仕事をWであらわし,その職場で働く従業員a,b,cが行なう仕事をA,B,Cの楕円であらわしてみる。ここで,職務分掌の規定によって,従業員abcの仕事はある程度明確になっている場合,図7-1aのように誰の役割でもない仕事が斜線部であらわされる。だが,この「誰の役割でもない仕事」は,(なすべき仕事である限りは)誰かがやらなければ組織はうまく機能しない。そこでどうしても,組織成員が同僚や部下,上司,あるいは組織全体のためにフォーマルに決められた自己の職務や役割を超えた仕事を自発的にせざるをえなくなる。もし,従業員abcが自発的にそのような仕事もこなすようになるならば,図7-1bの破線で示されるように,自分の仕事の範囲が拡

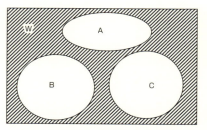

図7-1a 職場内での従業員の職務範囲：
職務分掌が明確な場合

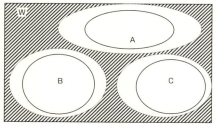

図7-1b 職場内での従業員の職務範囲：
自発的な職務が生じた場合

がることにより，W内の斜線部はかなり狭くなる。

1　組織市民行動

　このような組織に対する向社会的行動の1つとして，組織市民行動（organizational citizenship behavior）がある。組織市民行動は，以下のように定義される。

- （組織の）従業員が行なう任意の行動のうち，彼らにとって正式な職務の必要条件ではない行動で，それによって組織の効果的機能が促進されるもの（Organ, 1988）。
- 組織に貢献するさまざまな個人的行動のうちで，強制的に任されたものではなく，正式な給与体系によって保証されるものでもないもの（Organ & Konovsky, 1989）。

　この行動を測定する尺度はスミスら（Smith et al., 1983）や，ポザコフら（Podsakoff et al., 1990）をはじめとする多くの研究者によって作成された。ポザコフら（1990）が作成した組織市民行動尺度は，表7-1に示されるように，5つの次元から構成されている。

　利他主義は，組織（会社）に関する課題や問題を抱えている特定の他者を援助する効果のある行動と定義される。誠実性は，出勤，規則への服従，休息をとるといった点で，組織（会社）に関する最小限の役割要件を超えた従業員の任意の行動と定義される。丁寧は，仕事に関連した問題が他人に起こるのを回

避しようとして起こす任意の行動と定義される。スポーツマンシップは，従業員が理想的な環境でないことに不満をいわず我慢を厭わないことと定義される。そして市民としての美徳は，組織（会社）の生活に責任をもって参加あるいは関与しているか，それを気にかけている人が行なう行動と定義される。

　最近の多くの研究によって，組織市民行動を生じさせる（あるいは高める）要因が明らかにされている（p.173 トピックス参照）。また，田中（2002）は，過去の組織市民行動に関する測定尺度を参考にしながら日本版組織市民行動尺度を作成し，その信頼性を検討した。

表7-1　ポザコフら（Podsakoff et al., 1990）による組織市民行動の測定尺度

利他主義
　・多くの仕事を抱えている人を手助けする。
　・他の人の仕事上のトラブルに対して，自ら進んで手助けを行う。
　・休んでいる人の仕事を手伝う。
　・他の従業員が間違いを犯すのを事前に注意して防ぐ。　他

誠実性
　・仕事中は余分な休息はとらないようにする。
　・不必要に仕事の手を休めないようにする。
　・誰もしていなくても，会社の規定や規則には従う。　他

丁寧
　・自分の行動が他の人の仕事にどのように影響を及ぼすかを考慮する。
　・行動を起こす前に，同僚や上司に相談し確認する。
　・他の人の正当な要求や権利を尊重する。
　・同僚に迷惑をかけないようにする。　　他

スポーツマンシップ
　・会社がやることのあらさがしをしないようにする。
　・自分の部署のやり方や制度を変更することに対して不平を言わないようにする。
　・ささいなことに対して，くどくど不平を言わないようにする。　他

市民としての美徳
　・組織の中の変化には遅れずについていくようにする。
　・命令されていなくても，会社のイメージアップにつながる行事や式典には参加する。
　・会社に関する任意の話し合いや集まりに参加する。　他

注：邦訳は西田（1997）によるものである。

2 革新促進行動

　組織の中で自発的にさまざまな援助を行なうのは，組織構成員を支援するといった組織の現状維持を支えるためだけではなく，組織をよりよいものに変えていくためでもある。組織市民行動よりも変化志向をもち，組織を改革するための行動に着目したのが，モリソンとフェルプス（Morrison & Phelps, 1999）である。彼らは，職務遂行の改善に努めるといった，組織機能の変化を起こすための自発的・建設的行動を，率先（taking charge）と呼んだ。また，高石・古川（2009）は，組織の革新に貢献する従業員による自発的行動を経営革新促進行動と定義した。具体的には，①問題発見と解決行動：現在の職務や職場に対する問題意識と改善・改革への行動，②重要情報収集行動：経営革新へのきっかけや推進に重要な情報を収集する行動，③顧客優先行動：顧客への満足を最優先する行動，④発案と提案行動：組織の仕組み，規則や方針を変えるべく周囲の人々に発案・提言する行動，以上の4要素に集約された。

2. 組織における協力（その2）： 忠誠か，それとも反逆か ❖❖❖❖❖❖❖❖❖❖❖❖❖❖

1 組織に対する帰属意識

　どの組織においても，組織のために身を粉にして働いてくれる人々，いわゆる「会社人間」がいるものである。「会社人間」が必死で働くのも，彼らに組織に対する強い帰属意識があるからに違いない。昨今では，もはや「会社人間」といっても何を意味するか知らない人が多いに違いない。彼らは滑稽なまでに組織に同化しようとする時代遅れの人々として扱われがちであるが，組織にとってはよくいうことを聞いて熱心に仕事をしてくれる貴重な人材でもある。ただ，会社一筋であるかないかは別にして，組織に対する帰属意識を「時代錯誤」として安易に捨て去るのも問題である。この概念についての心理学的研究をみていくこととしよう。

1）組織コミットメント　　組織コミットメント（organizational commitment）は，組織への帰属意識をあらわす概念である。マウディら（Mowday et al., 1979）は組織コミットメントを，以下の3要素，すなわち

①組織の目標に対する信頼と受容

②組織の代表として進んで努力する姿勢

③組織の一員としてとどまりたいとする願望

によって成り立つ組織への情緒的な愛着としてとらえた。そして，マウディら（1979）は組織コミットメントを測定する尺度として15項目からなるOCQ（organizational commitment questionnaire）を開発した。その後，アレンとメイヤー（Allen & Meyer, 1990）は組織コミットメントの構成要素として，感情的（affective）要因，存続的（continuance）要因，規範的（normative）要因の3つをあげている。感情的要因とは，組織に対する感情的な愛着のことである。存続的要因は，組織を辞める際のコストに基づくものであり，辞めると失うものが大きいので組織に残っていることである。そして規範的要因とは，組織には理屈抜きにコミットすべきであるという，忠誠心を意味している。

2）企業帰属意識　　関本・花田（1985, 1986）はそれまでの組織コミットメント研究をふまえながら，組織に従属したいという強い願望，滅私奉公，運命共同体意識といった日本的な組織への帰属意識（すなわち企業帰属意識）を測定できるような尺度を開発した（表7-2）。

　この尺度の作成者の1人でもある花田（1991）は，その後（1989年）にこの尺度の再調査を行なっている。その結果によれば，1985年に報告された結果と比べて，いずれの下位尺度の得点も低下傾向を示し，特に「組織のために積極的に働きたいという意欲」因子の得点が，1985年に報告された結果と比べて著しい低下傾向にある。これらの結果は，花田（1991）がいうように，組織（会社）への帰属意識をも大きく変え始めていることを示唆している。もはや日本の企業で，「自分の組織によかれと思って行動するのはあたり前」という前提は通用しなくなるのかもしれない。花田（1991）の報告から10年近く経過した再々調査の報告（坂田・志水, 2003）によれば，表7-2の「功利的帰属意識」以外は97年，2001年と徐々にではあるが確実に低下している。

158　7章　組織における協力と葛藤

表7-2　関本・花田（1985, 1986）による企業帰属意識尺度

「目標・規範・価値観の受け入れ」因子
- この会社の社風や組織風土は，自分の価値観や考え方によく合っている。
- この会社のトップ経営者の考え方や経営施策には共感できるものが多い。
- この会社の従業員全般のものの考え方や行動のパターンは，自分にとって非常に受け入れやすい。
- この会社の目標や規範は，自分には抵抗なく受け入れられる。

「組織のために積極的に働きたいという意欲」因子
- 会社にとって必要な残業や休日出勤はすすんで引き受ける。
- この会社にとって本当に必要であるならば，どんな仕事でも，またどんな勤務地にいっても，これまで以上にがんばって働く。
- 他の社員よりもはるかにこの会社のために尽くそうという気持ちが強い。
- この会社を発展させるためならば，人並み以上の努力をすることを厭わない。

「積極的に組織に留まりたいとする願望」因子
- たとえ現在よりもいい仕事やいい給料が与えられても，この会社が好きなので，よその会社に移る気はない。
- 会社の将来がかなり悲観的になったとしても，わたしはこの会社に留まりたい。
- たとえこの先，自分の望んでいるキャリア（希望する職業や進路など）を歩むことがなくても，この会社で働いていたい。
- 自分の働く場所として，この会社より良いところはそうざらにない。

「組織に従属安定したいとする強い願望」因子
- せっかくここまで勤めたのだから，これから先もこの会社で勤めたい。
- この会社にこのまま勤めていれば安心なので，よその会社に移ることなど考えられない。
- たとえ興味ある仕事をやらせてくれても，この会社より規模の小さい会社には勤めたくない。
- よその会社に移っても先行きどのような処遇を受けるかわからないし，むしろこの会社に留まっていたい。

「滅私奉公・運命共同体といった伝統的な「日本的」帰属意識」因子
- この会社に対してたとえ不満が多々あっても，この会社を離れて自分の将来などとても考えられない。
- この会社を発展させるためなら，自分の私生活が犠牲になっても仕方がない。
- この会社と自分とは運命共同体である。ともに栄え，ともに滅びるものと考えている。
- この会社に入った以上，ここが半生を託す場所と考えている。

「会社から得るものがある限り帰属していたいという功利的帰属意識」因子
- この会社で自分にとってやりがいのある仕事を担当させてもらえないなら，この会社にいてもあまり意味がない。
- この会社から得るものがあるうちは，この会社に勤めていようと思う。
- これ以上，自分の能力を向上させる機会が得られないならば，この会社に留まるメリットはあまりない。
- 自分の貢献に見合った処遇を受けていなければ，働く意欲はわいてこない。

2　組織に対する異議申し立て

　組織に忠実な構成員といえども，皆がいつも組織内での取り決めや意向に
黙々と従っているだけではない。時と場合によっては，誰しも「わが社はこん
なことをやっていていいのか」といわなければいけない時もあるはずである。
そこで，組織コミットメントとは対照的な概念としてあげられるものが，内部
告発[1]である。岡本ら（2006）によれば，「組織，たとえば企業に所属する人間
が，社会一般，あるいは消費者にとって害を与えるような，もしくは違法な企
業行為を，政府機関，新聞，その他のメディアに通報すること」（p.8）とされ
る。日本では，2002年頃から続発した大手企業（たとえば，雪印食品，日本ハ
ム，ユニバーサルスタジオ・ジャパン，東京電力，など）で行なわれた企業内
の公益情報の隠蔽行為に関する事件が，いずれも企業の実態をよく知る組織内
外の人々による内部告発がきっかけとなったことはよく知られている。また日
本において内部告発者の権利を保護する公益通報者保護法が施行されたのは
2006年4月であり，現時点（2019年2月）で13年近くが経過している。

　また，内部告発行動に注目したニアーとミセリ（Near & Miceli, 1987）やドゥ
ジャーとミセリ（Dozier & Miceli, 1985）は，内部告発が発生する先行要因につ
いて詳細な検討を行なっている。一般的にこの種の行動は「職場の鬼っ子」「会
社への背信行為」といった否定的な受け止められ方をされがちである。だが，
一般の消費者には知り得ない重要な内部情報をある従業員が匿名で運輸省（当
時）に告発した結果，欠陥車による交通死亡事故が最小限に食い止められた
「三菱自動車リコール隠蔽事件」の事例が示すように，告発が組織内部で警報と
して受け止められ，それによって適切な改善策が実行に移されることになれば，
むしろ望ましい行動とみなすことができる。ただ，内部告発が組織にとって望
ましいものとなるには，内部告発者の動機的側面も無視できない。すなわち，
もし内部告発者が組織（会社）に痛手を負わせようと最初から意図して内部告

---

1)　英語圏では，ホイッスル・ブローイング（whistle blowing）と呼ばれることがある。内部告発
　　者は，ホイッスル・ブロワー（whistle blower）といわれる。

160　7章　組織における協力と葛藤

発を行なったとしたら，その行為は決して組織（会社）にとって望ましい結果にはならないだろう。

3. 組織における葛藤（その1）： その種類と原因，そして結果

　心理学で用いられる葛藤（conflict）[2]には，大きく分けて2とおりの意味がある（図7-2）。1つは「複数の相互排除の要求が同じ強度をもって同時に存在し，どの要求に応じた行動をとるかの選択ができずにいる状態（『心理学辞典』有斐閣）」の意である。この意味での葛藤について，レヴィン（Lewin, 1951/1956）は有名な葛藤の区分を提唱した。すなわち「接近－接近型葛藤」（接近したい対象が同時に存在している場合），「接近－回避型葛藤」（1つの対象に接近したい要求と回避したい要求とが並存している場合），「回避－回避型葛藤」（避けたい対象が同時に存在している場合）である。こうした葛藤は，1人の人間の心理的葛藤であるから，「個人内葛藤」といえるものである。

　葛藤のもう1つの意味は，「2名以上の人々あるいは2つ以上の集団が，相反する成果を得ようとして対人間，集団間に生じる緊張状態のこと」（小川, 1995）である。こうした葛藤は，複数の人や集団によって引き起こされる葛藤であるから，「社会的葛藤」といえる（図7-2）。本章で取り上げる葛藤は，その社会的葛藤の中でも特に2人以上の人々の葛藤，すなわち対人葛藤である。

1　組織内の葛藤にはどのようなものがあるか

　職場では上司・部下間での些細なトラブルや葛藤は日常茶飯事であり，経営者や管理者がいくら気をつけていたとしても，労使間や従業員同士でのいざこざや諍いは生じてしまうものであり，組織内の葛藤とは避けて通れないものであろう。組織における葛藤にはいかなる種類のものがあるだろうか。シュミット（Schmidt, 1974）の分類によれば，組織内の葛藤は以下の4つのいずれかに該

2）コンフリクト，紛争，抗争と訳されることがあるが，本章では多くの慣行にならい，葛藤の訳語で統一する。

3. 組織における葛藤（その1）：その種類と原因，そして結果　161

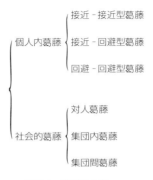

図7-2　葛藤の分類

当する。

①事実についての認識の違いによる葛藤：その時の状況や当面する問題について，異なる事実認識を抱いているために生じる。

②採択する手段の違いによる葛藤：目標を達成するための「最善の」方法についての見解が異なっているために生じる。

③目標についての認識の違いによる葛藤：どのような方向での事態の収束が望ましいかについての見解が異なっているために生じる。

④価値観の違いによる葛藤：長期的な目標や物事の是非についての見解が異なっているために生じる。

さらに，組織内に使用言語や民族など文化的背景を異にする個人間・集団間の対人葛藤があり，これを異文化間葛藤という。シュミット（1974）の分類に従えば，④に相当するだろう。青木（1997）によれば，人は文化という認知枠をはずしてものをみたり解釈することができないという制約をもつが，異文化間葛藤はその制約を自覚できないことから発生しやすいとされる。また，こうした葛藤を増幅しかねない要因が，エスノセントリズム（ethnocentrism；自民族中心主義とも訳される）である。これは，自分の所属集団の文化的基準によって，他の集団を判断することである。こうした傾向が強いと，他集団（他民族）の思考や行為が不自然にみえやすい。また，海外勤務先の職場で葛藤が生じた時，人は（原因は他にある場合でも）安易にその国の文化や習慣のせい

にしてしまう傾向があるようである（千賀, 1993; 山岸, 1993）。そうならないためにも，組織成員（あるいは従業員）にこうした文化的制約を自覚してもらい，そこからできるだけ自由な視点で物事を考えることを目的として，異文化教育を行なう必要がある（cf. 渡辺, 1992）。

2　組織内の葛藤はいかにして生じるか

　それでは，組織内の葛藤が生じる原因は何なのだろうか。たとえ今うまく機能している組織であっても，潜在的に葛藤を生み出す条件があるのだろうか。藤森（1994）は，日本の職場での対人葛藤がどのような原因で生じたかを調べ，内容別に分類した。その結果によれば，さすがに職務上に関することがらが多く，全体の約6割を占めている。具体的には，「仕事の進め方」に関する問題が38.7％と圧倒的に高く，「就業時間（8.0％）」「仕事の成績（5.3％）」「昇進や配置の処遇（5.3％）」なども対人葛藤の原因となっている。さらに，「礼儀作法・言葉づかい（9.3％）」「価値観・思想・信仰（6.7％）」「性格（悪い）（4.7％）」，といった個人的な問題から対人葛藤が生じていることもある。これらの結果から藤森（1994）は，職場の対人葛藤が職務上の問題とかなり個人的な問題とが複雑に絡み合って発生していることを指摘している。

　グリーンバーグとバロン（Greenberg & Baron, 1995）は，そうした組織内での葛藤が生じる条件として以下の6つをあげている。

　1）希少な資源をめぐる争い　　組織が利用できる資源（仕事部屋，地位，資産，機材など）が絶対的に不足している場合，資源の配分について規則や合意がなければ，少ない資源をめぐって相争うことになるだろう。

　2）責任や支配権についての曖昧さ　　組織成員の誰が，仕事に責任をもつのかしばしば明確でないことがある。特に仕事上のトラブルや不祥事が起こったときに，そのことが原因で葛藤が生じやすくなるだろう。

　3）相互依存　　組織（会社）の中では，多くのユニットやグループ，そして個人が職務を遂行する際に他者に頼らなければならない。職務は自分1人の力で完結しないからである。他者に仕事を依頼することも多いが，そこで頼んだ仕事がこちらの意図と異なっていると葛藤の種になりやすい。

　4）報酬体系　　アダムス（Adams, 1965）による衡平理論（1章参照）が予測

するように，報酬（あるいは給与）体系が一部の人々にとって不公正であるとみなされたり偏ったものであれば，歪な感情（妬み，嫉妬）が起こったり，対人関係もギクシャクするもとになる。

5）分化　組織は大きくなるにつれて，部署や課の数が増えていく。個々の従業員は各々の部課の中で仕事を覚え，その価値観や規範を受け入れ，自分の所属する部課に同一化していく。そしてしだいに「われわれ」と「あの人たち」というふうに他の部課との違いを意識するようになる。社会的アイデンティティー理論（Turner et al., 1987 蘭ら訳 1995）によれば，自分の所属する内集団への所属感が強いと，内集団を「ひいき」して自分の所属していない外集団を低く評価するようになる。そのことが集団間・個人間の葛藤の引き金になるとされる。

6）力の格差　もし，組織の仕組みが衡平理論の定式（1章参照）のように，仕事でよい結果を出した人に多くの報酬を与え，そうでない人にはそれなりの報酬しか与えられないようにできているとしたら，多く与えられる者とそうでない者が必ず出てくるだろう。多く与えられる者はよいが，与えられない者にとってはやり場のない不満と憤りの源となりやすく，それが結果的に対人葛藤の温床となるだろう（cf. Kabanoff, 1991）。

3　葛藤によるよい効果・悪い効果

　従来の考え方からすれば，職場内で葛藤が生じることは好ましからざることであり，ゆえに葛藤は未然に防ぐべきもの，あるいは，抑制すべきものであるとされてきた。しかし最近の葛藤に関する研究には，葛藤の否定的な側面だけでなく，肯定的な側面を指摘するものが多くなった。むしろ最近では，職場内での葛藤を企業の運営に生かしていこうとする積極的な処理方法に研究の焦点が向けられつつあるといわれる。

　対人葛藤が好ましくないものであるとしても，葛藤の原因となっていることを相手に知らせないでほったらかしにすることはもっと好ましくない。大渕（1991）によれば，日常生活で経験した葛藤のうち全体の3分の2が，相手に葛藤の存在すら知らせず，話し合いといった直接的な方法もとられずに処理されている。こうした方略は，葛藤を積極的に解決せず放置することに等しいとい

える。大渕（1991）はこれを，「葛藤の潜在化傾向」と呼んでいる。組織で生じた葛藤への直接的なとりくみを避けて消極的な態度をとった場合，久保（1997）によると以下のような組織にとってのデメリットが生じるとされる。

①組織の構成員が閉鎖的になる。

②完全な協働作業ができなくなる。

③葛藤を生じさせそうな問題が回避される。

④組織の目標を犠牲にするような行動が多くなる。

一方，組織内の葛藤がもつ効用として，トーマス（Thomas, 1976）は以下の3つの側面を指摘している。

1）職場内の適度な葛藤が成員の興味や動機づけを促進する　葛藤を経験することによって，組織の構成員はそれまでの考え方の枠組みを超えて，自分の可能性を広げていく機会を得ることにつながるかもしれない。

2）異なる見解をもつ人が，論議の過程の中で今までもっていたアイデアよりも，はるかに優れたものを見いだす可能性がある　論議を進める過程でお互いが知らなかった事実や自分の考え方のバイアスを知る可能性が高くなるのである。

3）葛藤の当事者が自身の立場を強く主張しあうことにより，現状に何らかの（時としては発展的な）変化を起こすことができる　葛藤にともなって生じる衝突が，組織の内包する問題を浮き彫りにし，変化のきっかけを作り出すかもしれない。

4.　組織における葛藤（その2）：葛藤解決の方略 ❖❖❖

組織内の葛藤にもよい効果があるとはいえ，やはり解決してこその効果であることはいうまでもない。やはり何らかの影響力を葛藤相手に行使して解決を図らざるをえない。これを解決方略というならば，どのような方法があるのだろうか。

1　解決方略の分類

1）キプニスら，ユークルとファルベによる類型化　キプニスら（Kipnis et al., 1980）は，技術者や専門職として管理職の立場にある人々に，職場内で自分の要求をとおそうとする時にどうするかについてたずねて分析した結果，8つの

方略（取り入り，合理性，主張，制裁，交換，上役へのアピール，遮断，結託）を見いだした。それらの方略内容は以下のとおりである。

①取り入り：頼みごとをする前に相手をよい気分にさせたり，自分に好意をもたせるような試みを行なう方法。

②合理性：論理的な話し方と実際の証拠を使って，自分の提案や希望が相手にはっきりと伝わるようにする方法。

③主張：提案や希望を押しとおすために，強要したり威嚇や脅迫を使う方法。

④制裁：昇給を停止したり，解雇をにおわせたりする方法。

⑤交換：提案や希望を承諾してもらうかわりに，見返りを与える約束をする方法。

⑥上役へのアピール：自分の提案や希望が上役の了承を取りつけてあることを言ったり，相手を上役のところへ行くように仕向ける方法。

⑦遮断：承諾するまで相手と仕事をしないと脅したり仕事のペースを落としたりする方法。

⑧結託：同僚や部下を味方につける方法。

その後，ユークルとファルベ（Yukl & Falbe, 1990）は，これらのうち使用頻度の低い「制裁」と「遮断」を除外して，使用頻度の高い「熱意」（情熱的に提案や希望を伝える）と「相談」（企画や決定への参加を求める）を新たに加えている。

2）レイヒムとボノマによる葛藤解決方略の5つのスタイル　レイヒムとボノマ（Rahim & Bonoma, 1979）によれば，解決方略を行使する人が抱いている関心をどれだけ満たせるかをあらわす「自己志向性」と，葛藤の原因となっている相手の関心をどれだけ満たせるかをあらわす「他者志向性」の2次元によって，解決方略は5つのスタイル（統合スタイル，服従スタイル，妥協スタイル，支配スタイル，回避スタイル）に分類できる。それを図示したのが，図7－3である。

①統合スタイル：自己志向性と他者志向性がともに高く，方略を行使する人と相手の双方が受け入れられる解決を求めて交渉する方略群。

②服従スタイル：他者志向性は高いが自己志向性は低く，自分の利益を犠牲にしても相手の要求や意見に従う方略群。

図7-3 レイヒムとボノマ（Rahim & Bonoma, 1979）による
葛藤解決方略スタイルに関する2次元モデル

③妥協スタイル：自己志向性，他者志向性ともに中程度で，方略を行使する人と相手の双方が要求や意見を譲歩しあい，お互いに受け入れられる結果を探ろうとする方略群。

④支配スタイル：自己志向性は高いが他者志向性は低く，相手の利益を犠牲にしてでも自分の要求や意見をとおそうとする方略群。

⑤回避スタイル：2次元ともに低く，相手との直接的な葛藤を避けようとする方略群。

レイヒム（1983）はこのスタイルをもとに，解決方略スタイルを測定する尺度（Rahim's Organizational Conflict Invention）を開発した。この測定尺度は，加藤（2003）によって邦訳された（表7-3）。

2　具体的な葛藤解決方略

すでにさまざまな解決方略について言及されたが，より詳細に個々の方略についてみていきたい。

1）説得　まず自分にとって好ましい葛藤解決の方略とは，できるだけ相手を説得して自分の主張を受け入れてもらうことである。相手をいかに効果的に説得するか，あるいは説得によってどのように影響されるかに関する研究は，

4. 組織における葛藤（その2）：葛藤解決の方略　167

表7-3　加藤（2003）による対人葛藤方略尺度

統合スタイル
　・最良の結果が得られるように，お互いの考えを理解する
　・お互いに満足するような結論を見つけ出そうとする
　・お互いの目的を支持する
　・お互いの利益になるような決定をする

服従スタイル
　・友人の要求に従う
　・友人の望み通りにする
　・友人の目的に添うようにする
　・友人の考えを認める

妥協スタイル
　・お互いの意見の間を取ろうとする
　・お互いの意見を水に流すよう主張する
　・お互いの意見の歩み寄ったところで，取り決めようとする
　・お互いの妥協点を探そうとする

支配スタイル
　・自分の意見を通そうとする
　・自分の立場を押し通そうとする
　・自分にとって有利な結果を得ようとする
　・自分の意見を押し通そうとするために，いろんなことをする

回避スタイル
　・対立を防ごうとする
　・できる限り口論にならないようにする
　・相手との衝突を避けようとする
　・お互いの意見の相違に直面しないようにする

かつて社会心理学で盛んに研究された態度変化（attitude change）に関する研究の中から生まれた。特に，1950年代から60年代にかけてホヴランド（Hovland, C. I.）を中心とするイェール大学におけるコミュニケーション研究のグループによって，説得の研究は大いに進展した。彼らの研究は「説得的コミュニケーション」として有名である。そうした一連の研究成果から，説得の効果を促進する要因が浮かび上がった。

①信憑性：説得する内容の確からしさのことであり，専門性と信頼性の2側面からなっている。すなわち，真実を知りうる立場にあり正確な主張が可能な

専門家によってもたらされた情報であると認知される程度（専門性）と，いかなる立場にも偏らずに誠実な主張をしているのだろうという情報源への意図への信頼の程度（信頼性）である。たとえば，相手が説得している内容についてあまり知識のない素人である場合にはその主張の信憑性は低く，より専門的な知識をもっている研究者である場合はその主張に信憑性が高い。また，相手が説得する内容と利害関係があるとみなされる場合にはその主張の信憑性は低く，利害関係のない中立的立場にあるとみなされる場合にはその主張の信憑性は高い。

②両面提示：両面的コミュニケーションとも呼ばれ，説得へ導こうとする立場に関する賛成論だけではなく，反対論もあわせて提示する方法である。一方，説得する立場に関する賛成論だけを提示する方法を，一面提示という。自分の主張の正当性を強化する意見だけではなく，その主張に疑念をもたせる意見をわざわざ明示することが，どれほどの効果をもつのだろうか。これまでの研究結果から，両面提示が説得の効果をもつのは，以下の場合である。

・説得したい相手が自分と逆の立場に立つ（反対意見をもっている）場合。
・説得したい相手が高い教育程度にある場合。
・説得したい相手が提示内容に関して多くの情報や知識をもっている場合。
・説得したい相手が，後になって自分とは逆の立場（反対意見）に接する可能性が高い場合。

両面提示が説得に効果的なのは，賛成論に加えて反対論も提示することによって，説得へ導こうとする立場を一方的に押しつけるという印象を弱くするためだと考えられる。

③恐怖喚起アピール：恐怖喚起コミュニケーションとも呼ばれ，説得したい相手に恐怖感情を経験させることによって，説得効果を高める方法である。要するに，「私が勧める行動をとらないと恐ろしい結果になる」などといって，相手に脅威の危険性を強調して恐怖を喚起し，対処行動の勧告を受け入れさせる方法である。この方法は，主として健康や安全（たとえば，病気，喫煙，生命保険，環境問題や交通安全）に関する話題で，新聞の広告やテレビのコマーシャル・メッセージにおいて使用されることが多い。

④ブーメラン効果：説得する側の意図に反して，相手の態度が説得へ導こう

とする立場とは逆の方向に変化する現象，あるいは相手の態度が変化せずに，むしろ当初の態度をよりいっそう強めてしまう現象のことをいう。こうした現象は，説得される相手の心理的な抵抗や反発によって生ずる。これまでの研究から，ブーメラン効果が引き起こされる要因として，以下のことが見いだされている。

・相手が自分の立場や意見に深く関与している（自我関与が高い）場合。

・説得する側とされる側との立場があまりにもくいちがっている場合。

・説得する人が相手にとって好ましくない場合。

・押しつけがましい（心理的圧力をかけるかのような）主張をする場合。

⑤コミットメント：ある行動に言質を与えて，行動を拘束すること。たとえば，人前で「私はやります」と意見を表明すると，どうしてもやらなければならなくなり引くに引けなくなる。そのほか，意思表示のために署名するといった行為によっても，コミットメントは増大する。いったんコミットした意見が常識的に誤ったものであったり，そうした意見とは逆の説得を受けても影響を受けにくく，むしろコミットした意見に固執することがある。コミットメントが大きければ大きいほど，説得への抵抗も大きくなる（cf. Cialdini, 2009 社会行動研究会訳　2014）。

2）交渉（negotiation）　　交渉とは，「社会生活の中で生じるさまざまな対人葛藤の解決を目指して，主に当事者間の話し合いによって行なわれる社会的な意思決定の一形態（小川，1995）」である。交渉の結果もたらされる合意には2とおりある。1つは分配的合意であり，これは交渉当事者双方の主張を足して2で割る妥協案のような双方の主張の間をとった合意や，一方が得した分だけ他方が損をする結果をともなう合意である。もう1つは統合的合意であり，これは当事者双方が満足する結果に到達する合意である。そもそも，交渉にはどちらか一方の利益だけでなく，当事者双方の利益の最大化を実現するところに究極の目的があると考えられる。その点で望ましいのは，交渉の結果が統合的合意に至ることである。

しかしながら，これまでの交渉研究は，たとえ統合的合意が可能な交渉でもしばしば合意に達することができなかったり，次善の策に甘んずることを示してきた（福野・大渕，1997）。それでは，どうして合意できるはずの結果に達せ

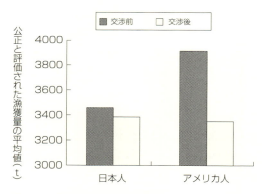

図7-4　公正とみなされた漁獲量 (Wade-Benzoni et al., 2002)

られず,「不合理な」交渉結果に至ってしまうのだろうか。その理由として，以下のことがあげられる。

①固定資源知覚 (fixed-pie assumption)：交渉にはよくあることだが，交渉当事者は自己の利益が相手の利益と真っ向から対立している，すなわち「相手にとって良いことは，自分たちにとって悪いことに違いない」と思い込むことがある。こうした固定観念は，固定資源知覚とか「サイズの決まったパイの迷信 (mythical fixed pie)」と呼ばれる (Bazerman & Carroll, 1987)。こうした思い込みによって，統合的合意が可能な場合でも，できるだけ相手が得をしないように決められた一定の資源からより多くを得ようと躍起になるのである。

さて，固定資源知覚を低減する方法はあるのだろうか。これまでの研究から，交渉者が相互に情報交換を行なうこと (Thompson, 1991)，くりかえし交渉を経験することによって相手方との争点を重視しているか正確に知覚できるようになること (Thompson, 1990)，相手の利害関心に関する情報をフィードバックすること (Thompson & DeHarpport, 1994) がその方法としてあげられている。

②自己中心的公正バイアス (egocentric fairness bias)：交渉の結果について，人はしばしば私利的 (self-serving) に判断する傾向がある。一般的に，公正判断に際しての自己中心的傾向は自己中心的公正バイアス (Messick et al., 1985) と呼ばれる。すなわち，自分に有利な交渉結果が公正 (fair) であり，そ

うならない結果は不公正（unfair）であると解釈しがちである（Thompson & Loewenstein, 1992）。ウェイド゠ベンゾーニら（Wade-Benzoni et al., 2002）の実験的研究では，漁獲資源危機の実話をもとに，漁業資源を保つには現在5000トンの総漁獲量を翌年には半減しなければならないのでその減産をどのように負担するかについて漁業団体の代表として交渉するという架空の交渉場面を設定し，日本人とアメリカ人の実験参加者（いずれも現役のビジネスマン）が交渉にあたった。その結果，アメリカ人参加者，日本人参加者ともに当事者が公正であると考える減産分担量について，それぞれに有利な分担配分を公正であると評価しており，自己中心的な傾向が見いだされた（図7-4）。

③フレーミング（framing）：意思決定の場面やその結果に対する評価の基準のことをフレーミング（Tversky & Kahneman, 1981）という（4章の3参照）。この枠組みには，ポジティブ・フレーミング（positive framing）とネガティブ・フレーミング（negative framing）とがある。まず，ポジティブ・フレーミングは，交渉当事者が「得をするか」の観点から利益の最大化をめざして交渉を行なう場合に生じる。一方，ネガティブ・フレーミングは，交渉者が「損をせずにすむか」の観点から損失の最小化をめざして交渉を行なう場合に生じる。

これらのフレーミングは，交渉行動に影響を与える。もし交渉当事者がポジティブ・フレーミングをもっている場合，より確実な利益を得ようとしてリスク回避的になり，交渉を決裂させないよう合意による解決を望む傾向がある。そのため，ポジティブ・フレーミングは譲歩を促進し，統合的合意に至りやすいといわれる（Neale et al., 1987; Neale & Northcraft, 1986）。一方，交渉当事者がネガティブ・フレーミングをもっている場合には，下手に合意して損失を出すよりも，対立したら現状維持するために交渉を打ち切る方がよいと感じるため，譲歩を抑制して合意が困難になるといわれる。

④アンカリングと調整　多くの人々は，数量の推定を行なう際に，初期値がヒントとして与えられるとその値から推定を始め，その値を調整しながら最終的な回答に辿り着く。このような意思決定の方略は，アンカリングと調整と呼ばれる（4章の3参照）[3]。「アンカリング（anchoring）」とは，船が錨を降ろす

3）　アンカリング効果と呼ばれることもある。

という意味で，船が錨を降ろしている時には錨と船の結ぶ綱の長さの範囲内で波間を漂うが動ける範囲は錨の位置によって制限される，という喩えである。こうした現象は事前情報の少ない（あるいは不慣れで馴染みのない）事象について素人が意思決定を行なう場合に生じやすいが，玄人やプロフェッショナルと呼ばれる人にも生じることが報告されている。ジョイスとバイドル（Joyce & Biddle, 1981）の研究では，アメリカの公認会計士に対して『会計監査についてのあなたの経験に基づくと，CEOによる大規模な経営詐欺は，企業1000社の中で10社以上ありますか？』，あるいは『会計監査についてのあなたの経験に基づくと，CEOによる大規模な経営詐欺は，企業1000社の中で200社以上ありますか？』という質問を提示して回答を求めた。その結果，「経営詐欺1％以上か？」とたずねられた群では，経営詐欺を行なっている企業の比率は平均16.5/1000社であったのに対して，「経営詐欺20％以上か？」とたずねられた群では，平均43.1社/1000社と2.5倍以上の開きが認められた。

3) 第三者の介入　　当事者たちの間で葛藤の解決に糸口が見いだせなくなった時に，第三者が介入して解決を試みることがある。それでは，第三者の介入による葛藤解決の方略には，どのような種類があるのだろうか。プライン（Prein, 1987）は，実際に企業へ仲介役として仕事をする企業コンサルタントを対象に調査を行なった結果，第三者の介入として4つの方略（対話，手続き的アプローチ，仲裁，何もしない）を見いだした。それらの方略内容は以下のとおりである。

①対話：当事者双方の直接的対話，特に双方のコミュニケーションに重点をおく方略で，相違点の明確化，心情の吐露，双方の関係を改善することなどが含まれる。

②手続き的アプローチ：どこに問題があるかについての確認や問題解決の方法など手続きに重点をおく方略である。介入者は，当事者双方の関係改善だけでなく，問題の構造を分析し建設的解決策を提示する。個人的な影響力は行使するものの，当事者に圧力をかけることはしない。

③仲裁：当事者双方の妥協点を探すことに焦点をあて，積極的に解決策を提示し，場合によっては当事者双方にそれを強要する方略である。ここでの介入者は，当事者双方の関係改善には関心がなく，当面の問題の解決を最優先する。

介入者が当事者双方に対してさらに強い影響力を行使する方略は，「調停」と呼ばれる。

　④何もしない：これはその名のとおり，当事者双方に対して何の手だても講じないことである。

　また，シェパード（Sheppard, 1984）は第三者が葛藤解決のためにどのような役割を担うべきかを4段階に分けて説明した。その4段階とは，定義，討論，代替選択，和解である。

　①定義：この段階では，第三者は解決のための手続きを選択し，当事者たちの意向を探り，何が問題なのか，葛藤解決に役立つ関連情報があるのか，さらに同意のための選択肢は何かを把握する。

　②討論：この段階では，当事者に関連情報や，同意のための選択肢についての論点が提示される。

　③代替選択：この段階で，当事者に葛藤解決のための選択肢を1つ選ばせる。

　④和解：最終段階として，第三者は当事者双方を歩み寄らせ，決定されたことを遵守させる。また，決定されたことに関して異議申し立てがあれば傾聴する。

　さて，それでは第三者の介入の仕方は葛藤状態にある当事者たちにどう評価されるのだろうか。この点について，カラムバイヤら（Karambayya et al., 1992）によると，専制的な役割を行なっていたとみなされた第三者は公正な評価を受けにくかったが，仲裁的な役割を行なっていたとみなされた第三者はより公正な評価を受けた。このように，第三者として葛藤解決に介入する際には，押しつけがましい態度はあまり好まれないかもしれない。

トピックス　組織市民行動を規定する要因と，それが従業員にもたらす影響

　組織市民行動が心理学や経営科学で注目され始めたのは1983年頃で，歴史的にはそれほど長くない。にもかかわらず，これまで組織市民行動を生じさせたり高めたりする要因について，多くの研究がなされている。組織市民行動について過去の研究を展望したスパイツミュラーら（Spitzmuller et al., 2008）によれば，組織市民行動を規定する要因として見いだされたものには，組織コミットメント[注1]，職務満足感[注2]，問題を解決するまでの過程における手続きの公正

174   7章　組織における協力と葛藤

さ（すなわち，手続き的公正）注3，そして従業員のポジティブな感情，などがある。また，組織市民行動が組織や職場に及ぼす影響はおおむね肯定的である（Spitzmuller et al., 2008）。具体的には，組織市民行動を行ないやすい従業員は上司から高い業績評価を受けること，顧客へのサービスの質が高く顧客からの評価も高いこと，などが報告されている。

　ところで，組織市民行動に関する大多数の研究は，職務記述書によって従業員のなすべき職務内容を詳細に記載するアメリカの組織や企業を対象にしているのが興味深い。やはりアメリカでも職務記述書に示されたアイテム以外に，自発的に行なう仕事の大切さが認識されてきたのだろう。逆に，日本企業では職務分掌が曖昧で組織での役割外行動などあたり前だったためか，組織市民行動が日本の産業・組織心理学で注目されたのはごく最近である。田中（2004）は日本における組織市民行動についてさまざまな角度から実証的研究を行なったが，今後の展開が期待される。

―――――――――――――――――

注1：本章2節「1　組織における帰属意識」を参照。
注2：第1章の4を参照。
注3：第1章の5，および第2章の5を参照。

8 ヒューマンエラー

1. ヒューマンエラーとは何か

1 事故とヒューマンエラー

　労働者の作業行動や作業環境に起因して労働者が怪我をしたり病気になったり，死亡することを労働災害（労災）という。回転する機械に誤って手を引き込まれたり，高所から転落したり，感電したり，火傷を負ったりなど，多くの労災は本人または一緒に働いている者のエラーに起因する。

　近年は，作業現場や取引先に向かったり，顧客を訪問したりするために，あるいは通勤に自動車を使うことが多いが，その途中で交通事故にあって怪我をするのも労災である。交通事故は，労災死者数の約20％を占める（厚生労働省，2018）。交通事故の大半はドライバーまたはその他の道路通行者のエラーに起因する。わが国の労災死者数は年間約1,000人なので，その20％は200人ほどだが，交通事故全体では毎年約4,000人の死者を数える。その多くの原因は，脇見，前方不注意，運転操作ミスなどドライバーのエラーと，信号無視，横断違反など歩行者の違反である。

　工場の爆発や火災に巻き込まれて作業者が被災することもある。事故の規模が大きい場合には近隣の住民にも被害が及ぶ。たとえば，2012年4月に三井化学岩国大竹工場でプロセス・オペレータの判断ミスから爆発火災事故が発生し，約15時間後にようやく鎮火した。この事故で，従業員1名が死亡，25名が負傷し，近隣の住宅999軒の窓ガラス，ドア，シャッター等が破損した（三井化学岩国大竹工場レゾルシン製造施設事故調査委員会，2013）。

　航空では管制官が便名を呼び間違えたためにニアミスが発生して乗員乗客100

176　8章　ヒューマンエラー

名が重軽傷を負ったり（2001年の焼津沖上空ニアミス事故），パイロットが管制官の指示を誤解したために滑走路上で2機のジェット旅客機が衝突して583人が死亡したりする事故が起きている（1977年のテネリフェ空港ジャンボ機衝突事故）。鉄道，船舶でも度重なるヒューマンエラー事故で多くの人が犠牲になっている。

医療については，1999年1月に横浜市立大学病院で起きた患者取り違え手術や，同年2月に都立広尾病院で起きた看護師が間違って消毒液を点滴してしまった入院患者死亡事故などをきっかけに，医療過誤が社会問題化した。その後さまざまな取り組みが行なわれて来たが，投薬ミスや，検体の取り違えなどのエラーは後を絶たない。2018年10月に公表された医療事故情報収集等事業の報告書によると，2015年10月から2018年6月までに70件の「体内にガーゼが残存した事例」があり，推定される要因として，緊急手術，複数診療科の関与，大量出血などがあげられている（日本医療機能評価機構，2018）。

ヒューマンエラーはまた，消費者事故，品質不良，発注ミスなどの主要な要因でもある。

このため，産業界・医療界はヒューマンエラーの問題に頭を悩ませ，その対策に注力してきた。心理学者はヒューマンエラーの発生メカニズムを研究し，対策に貢献しようと努力している。本章では，ヒューマンエラーに関する心理学研究を概説したあと，産業界における実践的取り組みを紹介する。

2　ヒューマンエラーの定義

ヒューマンエラーという概念の起源ははっきりわからないが，筆者はヒューマン・ファクターズやヒューマン・マシン・システム（人間－機械系）などの人間工学的概念と同じ頃，すなわち1950年代か60年代に生まれたと推察している。1970年代から80年代にかけて，複雑化・大規模化した化学プラントや航空機（どちらも典型的なヒューマン・マシン・システム）で大事故が頻発し，その要因として人間のエラーや違反がしばしば指摘されたため，ヒューマンエラーはヒューマン・ファクターズの重要な研究テーマとなった。

ヒューマン・ファクターズは工学的デザインのための人的要因を研究することから始まったので（芳賀，2018），ヒューマンエラーはシステム・パフォーマ

ンスを阻害する要因と位置づけられる。たとえば，サンダースとマコーミクによる教科書では，ヒューマンエラーを「効率や安全性やシステム・パフォーマンスを阻害する，あるいは阻害する可能性のある，不適切または好ましからざる人間の決定や行動」と定義している（Sanders & McCormick, 1987）。また，サルヴェンディ編のヒューマン・ファクターズのハンドブック（Salvendy, 1987）では，「システムによって定められた許容限界を超える人間行動の集合の任意の要素」と定義されている。

　一方，エラーは見間違い，聞き違い，判断ミス，記憶想起の失敗など，人間の認知的情報処理エラーと考えられるので，認知心理学者がその生起メカニズムの研究を始めた。たとえば，イギリスの認知心理学者リーズンは『ヒューマンエラー』と題する著書の中で，「エラーとは，計画した一連の人間の心理的活動または身体的活動が意図した結果を達成できず，かつこれらの失敗を何らかの偶然の作用の介入に帰することができない場合を包括する総称的な用語とする」と定義している（Reason, 1990）。

2.　ヒューマンエラーのメカニズム ✦✦✦✦✦✦✦✦✦✦✦✦✦✦

1　ヒューマンエラーの分類

　前述のリーズン（Reason, 1990）は安全を阻害する人間の決定や行動をまとめて「不安全行動」と呼び，それを図8-1のように4つに分類した。まず，不安全行動を意図せぬ行動と意図的行動に2分し，意図せぬ行動のうち，行為のうっかりミスを「スリップ」，記憶のうっかりミスを「ラプス」と呼んだ。一方，意図的な行動のうち，行動の計画が間違いだったものをミステイク，そして，意図的にルールに違反した不安全行動を「違反」とした。

　このうち，基本的なエラータイプはスリップ，ラプス，ミステイクの3つである。これらは，意図して間違えるわけではない。ミステイクも行動の意図に従った行動ではあるが，その意図がそもそも意図しない間違いだったのである。これに対し，違反は前述したリーズンによるヒューマンエラーの定義には含まれないものである。しかし，システム・パフォーマンスを阻害する可能性があ

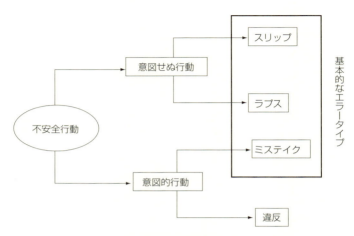

図8-1　リーズンによる不安全行動の分類（Reason, 1990）

る行動という点において，ヒューマン・ファクターズ的ヒューマンエラーの定義に当てはまる。

以下，順にこれらの不安全行動がどのようなメカニズムで生起するかをみていこう。

2　スリップ

スリップ（slip）とは行動の実行段階における失敗であり，注意の不全によって生じる（Reason, 1990）。いわゆる，行為のうっかりミスである。やらなくてもいい余計な行為の侵入，やるべき行為の除外，行為の順序の逆転，順序違い，行為のタイミング違いなどがある。

ノーマン（Norman, 1981）は認知心理学の概念であるスキーマや活性化という概念を使って，スリップ発生のメカニズムをモデル化した。それが，アクティベーション・トリガー・スキーマ・システム（ATSシステム）である。スキーマ（schema）とは過去経験や外部環境についての構造化された知識であり（Bartlett, 1932），活性化とは記憶，知識，スキーマが直ちに利用可能な状態に変換されることを意味する。ノーマンのATSシステムによると，行為（身体の運動や言語の発声）の記憶もまたスキーマとして蓄積されており，それが

2. ヒューマンエラーのメカニズム　179

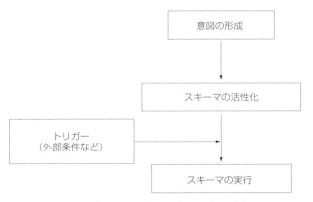

図8-2　アクティベーション・トリガー・スキーマ・システム（Norman, 1981）

行動の意図に応じて活性化し，引き金（トリガー）となる信号によって実行される（図8-2）。

　スキーマは上位のスキーマの中に下位のスキーマ，さらにその中にもっと下位のスキーマが入れ子のように構造化されている。たとえば，「洗髪する」のスキーマの中には「髪を濡らす」「シャンプーをつける」「髪を洗う」「シャンプーをすすぐ」などのスキーマがあり，「シャンプーをつける」スキーマの中には「シャンプーの容器を右手で持つ」「シャンプーの蓋を左手で開ける」「シャンプーの容器を右手で押して左手の手のひらにとる」「シャンプーを髪につける」などの下位スキーマがある。前の動作が終わることがトリガーとなって，ほとんど自動的に次のスキーマが実行されていくのである。

　たとえばATSシステムで洗髪時のスリップを解釈すると，「シャンプーをすすいだ後にコンディショナーをつけるべきところを再びシャンプーを髪につけてしまった」のは誤った意図が形成されたエラー，「今日は髪を洗わない予定だったのにシャワーを浴びているうちについ髪にもシャワーをかけて濡らしてしまった」のはシャワーを浴びている間に意図せず活性化してしまった不必要なスキーマを実行しまったスキーマ活性化のエラー，「シャンプーをつける前にコンディショナーをつけてしまった」のは活性化したスキーマをトリガーする順序を間違えたエラーとなる。

3　ラプス

　記憶のエラーをラプス（lapse）という。計画した行為の失念（やり忘れ），一連の行為の進捗の見失い（どこまでやったかわからなくなる），行動意図の忘却（何をしようとしてたかを忘れる）などが含まれる。これらはリーズン（Reason, 1990）が例示したもので，いずれも作動記憶（ワーキング・メモリ）の不全と考えられるが，長期記憶の不全や展望的記憶の不全でもエラーが生起する。

　長期記憶には記銘，保持，想起の3段階があり，各段階で失敗が起こりえる。記銘のエラーは最初から覚えるのに失敗する場合である。

　刺激の特徴に注意を向けないと記銘が起こらないので，確かに目にしたり耳にしたりしても覚えていないことはよくある。たとえば読者は駐車禁止の道路標識の斜め線が右から左へのたすき掛けか，左から右へのたすき掛けか覚えているだろうか。一度でも斜め線の向きに注意を払わなければ，標識を見る経験が何百回あっても記憶には残らないのである。

　一度覚えたものを忘れてしまうのが保持のエラーである。かつてはしっかりと記憶しても長い間思い出さないでいると思い出しにくくなる。また，記憶はさまざまな要因で書き換えられたり，変形したりしうる。したがって，目撃証言の研究は認知心理学の重要なテーマである。

　覚えているのに思い出せないのが想起のエラーである。ふだん職場で顔を合わせる人とスーパーマーケットでばったり会った時に，顔は確かによく知っているのに誰だか思い出せないことがあるが，これは，記銘した文脈と異なる文脈では想起が難しくなる文脈効果である。想起のエラーの中でも，事故の原因となることが多いのが作業や操作のやり忘れで，行動の予定の記憶である展望的記憶の失敗と考えられる。

　展望的記憶とは，未来に行なうことを意図した行為の記憶である。展望的記憶が対象とするのは，ある行為を意図してからその行為を実行するまでにある程度の期間があり，その意図が一度意識からなくなり，再度それを呼び戻すことが必要とされる行為である。また，展望的記憶の本質的特徴の一つは，タイミングよく自発的に意図した行為を想起するということである（梅田・小谷津，

1998)。したがって，展望的記憶に失敗しないためには，つまり「やり忘れ」を防ぐには，自発的想起に頼らず，想起のタイミングや，想起を促す手がかりを外から与えるリマインダーの利用が有効と考えられる。具体的にはアラームやチェックリストの活用である。

4　ミステイク

　ミステイクは「行動は計画通り進行したが，計画が不適切で所望の結果を実現できなかった場合」のエラーである（Reason, 1990）。つまり，行為の意図が間違っているために，実行した行為が誤りとなるエラーである。

　ラスムッセン（Rasmussen, 1986）はプロセス・オペレータのエラー分析から，オペレータの認知操作をスキルベース，ルールベース，ノレッジベースの3つに分類した。スキルベース制御は，意識的に考えなくてもできるまで熟練した操作，ルールベース制御は，教育訓練によって覚えたルールの中から状況に応じて適切なものを選んで適用する。一方，知識ベースの制御になるとあらかじめ定められたルールでは解決できない問題を解く必要がある。

　リーズンは，スリップとラプスがスキルベース制御のエラーであるのに対し，ミステイクにはルールベースのミステイクとノレッジベースのミステイクが含まれるとした。前者は，正しいルールの誤適用，または，正しくないルールの適用から発生する。

　正しいルールの誤適用とは，その状況には適当でないルールを適用してしまうために起きるエラーである。いつもそのルールを適用すればうまくいっていた状況を何度も体験していると，初めて体験する例外的な状況にもそのルールを適用してしまうエラーが起きやすくなる。筆者の個人的体験だが，教え子が結婚して山口から橋本に名前が変わった。彼女の結婚披露宴で，親族のテーブルからご挨拶に来られた女性が「橋本です」と名乗ったので新郎の母親と思い込んで話をすると，「いいえ新婦の母です」という。よく話を聞くと，新郎も新婦も結婚前は別の姓を持っていたのだが，結婚を契機に二人は新婦の母の実家の姓を嗣ぐことにしたのだそうだ。

　正しくないルールの適用とは，ルール自体が適切ではない場合に生じる。たとえば，英語を母語とする小さな子どもが，「動詞の過去形は現在形に "ed" を

付ける」というルールに気づいたとき，それまで"went"と正しく発話していたのが"goed"というようになるエラーが知られている。これはその子どもが「すべての動詞の過去形は現在形に"ed"を付ける」という間違ったルールを形成してしまったためと考えられる。

ノレッジベースのエラーは，確証バイアス，自信過剰，ハロー効果，因果関係の単純化など，さまざまな要因で問題解決に失敗した結果として起きる判断や決定のミスである。

5 認知スリップのメカニズム

重森（2009, 2018)はスリップとラプスとルールベースのミステイクを「認知スリップ」と呼び，図8-3に示すモデルで統一的に説明した。ルールベースのミステイクにおいても，スリップにおける行為スキーマと同様，ルールが活性化されたりされなかったりするためにエラーが発生すると考えられるからである。

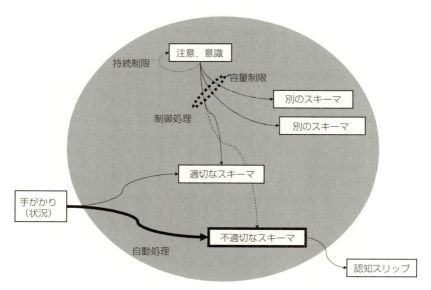

図8-3　認知スリップの発生メカニズム（重森, 2018）
実線は活性化の促進，破線は抑制を表す

このモデルに従うと，手がかり（状況）がなかったり，手がかりの力が弱かったりするために，適切なスキーマが活性化せず，なすべき行為が行なわれなかったのがラプスである。ある手がかりと特定のスキーマが強固に連合しているために，自動的にスキーマが活性化し，その時にはすべきでなかった行為をしてしまうのがスリップであり，すべきではない判断をしてしまうのがルールベースのミステイクである。しかし，たとえ手がかりとスキーマが強固に結びついていても，十分な意識的注意があれば，適切なスキーマを活性化して正しい行為や判断が実行できる。しかし，その注意が持続できなかったり，他の情報処理活動や別の行動に必要なスキーマに割り当てられていると，適切なスキーマが活性化しなかったり，不適切なスキーマの活性化を抑制することに失敗して，スリップやルールベースのミステイクが発生する。

重森（2018）は，ヒューマンエラーの原因を認知的な発生メカニズムに沿って追求することにより，ヒューマンエラーの原因分析や防止対策の立案に役立てることができると主張している。

6 違 反

違反は意図的な不安全行動ではあるが，結果として事故などの悪い事態が起きるか，取り締まりや内部告発で摘発されない限り潜在的事象であり続ける。ヒューマンエラーを「システムのパフォーマンスを阻害する，または，阻害する可能性のある行動」と定義するヒューマン・ファクターズの観点からはヒューマンエラーの一種であるが，心理学的観点からは，エラーが個人の認知過程と関連づけて解釈することができるのに対し，違反は行動規範などの社会的・文化的背景と関連づけなければならないという点で大きく性格が異なるものである。

リーズン（Reason, 1990）は違反を，「危険を生じうるシステムを安全に運転し続けるために（設計者，管理者，監督官庁によって）必要と考えられている行動からの故意による（しかし必ずしも非難に価するとは限らない）逸脱」と定義している。

芳賀（2007）はルール違反の心理的要因として，①ルールの意味が理解されていない，②ルールに納得していない，③ルールを破るメリットがルールを守

るデメリットに勝っている，④ルールに強制力がない，⑤ルールを守る集団的規範がない，などをあげている。また，一般的にルールを守らない人に特徴的な性格特性があるのではなく，社会や組織に所属する人びとのルールに対する遵法性は，その集団のそのルールに関する社会的規範から大きな影響を受けるので，安全に関するルールをどの程度尊重するかを決める重要な要素は，安全ルールに関するその企業・組織の集団規範だと述べている。

3. ヒューマンエラー事故発生のモデル

1 ハインリッヒの法則

　ハインリッヒ（Heinrich et al., 1980）は労災保険のデータに基づいて，重大な傷害事故，軽い傷害事故，傷害のない災害が1対29対300の比率で発生していると報告した。これを，「1対29対300の法則」または「ハインリッヒの法則」という（図8-4）。ここで留意すべきことは，さまざまな種類の災害を合計するのではなく，同じ種類の不安全行動から結果として発生する災害を数えたもの

図8-4　ハインリッヒの法則（Heinrich et al., 1980）

だという点である。具体例として、たとえば、工事現場で作業員が330回転倒したら、そのうち300回は無傷で済むが、29回は軽い傷害を伴い、1回は重傷あるいは死亡などの重篤な労働災害になるということである。

つまり、災害の重篤度は確率的に決まるので、重大災害を防止するには、重大災害の原因だけを分析するのでなく、数多く起きている同種のインシデントやヒヤリハット事例を分析すべきだとハインリッヒは主張したのである。さらには、これらのインシデントやヒヤリハットの水面下には無数の不安全行動、不安全状態が存在するので、それらに目を向けて、事故が起きる前に対策をすることが肝要である。

産業現場では、仕事中にヒヤッとしたりハッとした体験を報告してもらい（ヒヤリハット報告）、事故を未然に防止するために利用する活動が行なわれている。ヒヤリハットよりも重大だが事故には至らなかった事象をインシデントと呼ぶが、インシデントの要因分析に基づく事故防止対策もさかんに行なわれている。ハインリッヒの法則はこれらの活動の理論的根拠となるものである。

2　SHELモデル

KLMオランダ航空のホーキンズ（Hawkins, 1987）は、人間のパフォーマンスが当人を囲むシステムの他の要素との関係で決まるというヒューマンファクターズの基本理念をSHELモデルという形で図示した（図8-5左）。中央のLがシステムの使用者としての人間（パイロット、作業者、操作者など）を表し、それを取り囲むのが他のシステム要素、すなわち、Software（ソフトウェア）、

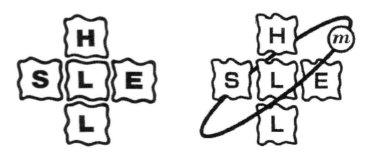

図8-5　SHELモデル（左）とm-SHELモデル（右）

186　8章　ヒューマンエラー

Hardware（ハードウェア），Environment（作業環境），Liveware（他の人間，上司，同僚など）である。

このシステム各要素の関係が適切に設計されていれば中央の人間のパフォーマンスは高くなる。中央の人間のエラーを防ぐには，当人と他のシステム要素のインタフェース（図では波線のかみ合わせで暗示されている）を最適化すればよい。具体的には，L-Sの関係の改善には手順，マニュアル，チェックリスト，表示，コンピュータプログラムなどの見直し，L-Hのヒューマン・マシン・インターフェイスを改善するためには前述のさまざまな人間工学的デザイン，L-Eは照明，騒音，作業スペースなどの作業環境設計，L-Lにはチームワーク，指導力，権威勾配の最適化などがあげられる。

SHELモデルはヒューマンエラー事故の分析ツールとしても使われており，事故の要因としてL-S，L-H，L-E，L-Lのそれぞれにどのような問題があったかを抽出して，対策を検討するのに役立てられている。

SHELモデルは事故防止に対する「システムズ・アプローチ」の考えを簡潔かつ適切に表したものである。のちにマネジメントの要素が加えられ，現在ではm-SHELモデルとしてよく知られている（図8-5右）。

3　スイスチーズモデル

システムにはたくさんの潜在的危険があるが，その危険が事故に結びつかないようさまざまな防護壁を備えている。機器の安全装置，作業手順，従業員の教育研修，安全管理にかかわる諸制度などである。ほとんどの危険事象が多重の防護壁で事故になる前に跳ね返されているので，大きな事故はめったに起きないのである。しかし，まれに防護壁の穴を通り抜けて事故が起きることをリーズン（Reason, 1997）は「スイスチーズモデル」として説明した（図8-6）。

スイスチーズモデルによると，防護壁にはスイスチーズのように穴が開いていて，その穴は恒常的な防護の欠陥として存在したり，故障，エラー，違反などによって一時的に開いたりする。そして，たまたますべての防護壁の穴の位置が一致してしまったときに事故が起きる。したがって，事故を防ぐには，防護壁の穴を小さくする，少なくする，防護壁の数を増やすなどの対策を組織的

3. ヒューマンエラー事故発生のモデル　187

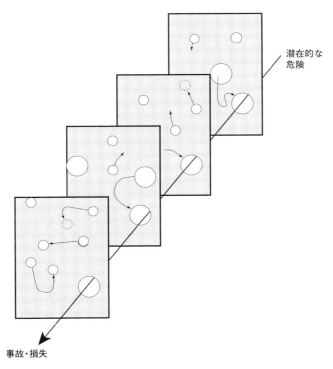

図8-6　スイスチーズモデル（Reason, 1997）

にとる必要がある。

　スイスチーズモデルは事故防止に対する「組織アプローチ」の重要性を説明する事故発生モデルとして重要である。

4　安全文化

　1986年に起きたチェルノブイリ原子力発電所事故と，スペースシャトル・チャレンジャー号の爆発を契機に，組織に安全を大切にする文化がなければ事故は免れないという認識が広がり「安全文化（safety culture）」という概念が提唱された。ある組織，グループの構成員が総体として，安全の重要性を認識し，ヒューマンエラーや不安全行動に対して鋭い感受性を持ち，事故予防に対する前向きの姿勢と有効な仕組みをもつとき，そこには「安全文化」があると

いえる（芳賀, 2000）。

リーズン（Reason, 1997）は組織がよき安全文化を獲得するために，以下にあげる4つの要素を組織に実装しなければならないと述べた。

①報告する文化：エラーやニアミスを隠さず報告し，その情報に基づいて事故の芽を事前に摘み取る努力が絶えず行なわれている。

②学習する文化：報告された内容や，過去または他の企業や産業で起こった事故，安全に関するさまざまな情報から学ぶ能力，学んだ結果，自らにとって必要と思われる改革を実行する意思と仕組みを持つ。

③公正な文化：組織が従業員を公正に処遇する，組織の意思決定が公正に行なわれる。

④柔軟な文化：緊急時には中央集権型の管理から権力分散型の管理に切り替えるなどにより，組織に対する変化する要求に効率的に適応できる。

また，国際原子力機関（International Atomic Energy Agency, 2006）は原子力事業者や規制機関がそなえるべき安全文化の特徴（key characteristics）として下の5つを掲げている。

①安全が価値として明確に認識されている

②安全へのリーダーシップが明確に示されている

③安全への説明責任が明確に示されている

④安全がすべての活動に組み込まれている

⑤安全が学習によって推進されている

なお，組織の安全文化を測定するツールが数多く開発されていて，組織の安全文化の評価と改善に利用されている（西田, 2017）。

4. ヒューマンエラー事故の対策

1 指差呼称

信号を指さして，その指示（進行／停止など）を声に出し確認する，線路や道路を横断するときに左右を順に指さし，「右よし，左よし」と発声して，電車や自動車が接近していないことを確認する，扱うべきスイッチを指さしてその

名前を発声してから操作する，操作した後に，スイッチを指さして「入り，よし」「切り，よし」などと発声して確認する，などなど，指差しと発声を組み合わせた確認，操作手順を指差呼称あるいは指差喚呼という。日本の産業現場で幅広く指導，実践されているエラー防止対策である。

指差呼称は日本国有鉄道（現在のJR各社）の現場職員が自発的に始めた信号の指差喚呼にルーツを持つ。信号を指さしてその指示（進行，停止など）を発声することで，見間違いを防ぐとともに，意識的に信号を確認することを意図している。動作をしたり発声したりすることは，また，座ったまま電車を操縦する運転士の覚醒水準の維持や注意力の持続にも役立っていると思われる。

芳賀・赤塚・白戸（1996）は指差呼称のエラー防止効果を検証するための室内実験を行なった。実験参加者の課題は，ディスプレイにランダムな順で表示される5色の円に対応するボタンをできるだけ早く，間違えないように選択して押す。その結果，何もしないで押す条件に比べ，指差呼称をしてから押すとエラー率は約6分の1になることが明らかになった。また，ディスプレイの円を指さするだけ，あるいは色名を呼称するだけの条件でもエラーが大幅に低減した（図8-5）。

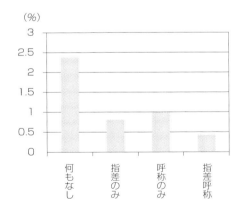

図8-7　指差呼称のエラー防止効果（芳賀・赤塚・白戸，1996）

190　8章　ヒューマンエラー

2　適性検査

　適性とは「課題や仕事を適切かつ効果的になしとげられる潜在面，顕在面での能力や特性」（正田，1981）と定義される。これを職業適性について考えると，ある仕事を遂行するための能力をすでに備えているか，教育・訓練・熟練によってその能力を獲得する可能性を持っていることである。「仕事を遂行するための能力」といっても，その仕事を最低限遂行できる能力，優れた業績をあげることができる能力，早く習熟できる能力など，適性検査を用いる目的によって評価基準や検査内容が異なる。安全対策の一環として用いる場合は，その仕事を安全に遂行できる能力を測るものでなければならない。

　したがって，安全のための適性検査開発に当たっては，まず，その仕事を安全に遂行できる能力は何かを同定しなければならない。そのためには，職務分析や，過去の事故に関与したヒューマンエラーの分析が必要である。さらに，検査の妥当性を検証するためには，事故あるいはエラーと検査成績に関連がなければならない。

　しかし，事故やエラーの発生には個人の能力や特性だけでなく，状況，環境，使用する機械や道具の設計，集団力学など多くの要因と，要因間の複雑な相互作用が関係している。さらに，個人のパフォーマンスも日々の体調やストレス，仕事意欲によって大きく変動する。したがって，適性検査による人事選抜を安全対策の柱とするのは現実的でない。

　国土交通省は自動車運送事業者に対し，初任時，65歳から74歳までは3年に一度，75歳以上は毎年，死亡または重傷事故を起こした場合には再乗務する前などに，国土交通大臣が認定する適性診断を受けさせなければならないとしている。その内容は，たとえば初任時診断の場合，「診断の結果を基にプロドライバーとしての自覚，事故の未然防止のための運転行動等及び安全運転のための留意点等について助言・指導を行う」と定められている（国土交通省，2018）。つまり，適性検査を選抜試験のためではなく，指導のツールとして用いているのである。

　大橋（2013）は適性検査の歴史を振り返った上で，安全衛生を目的とした適性

検査の場合は，適性の「測定」よりは「測定結果をどう利用するか」が重要であり，検査単体ではない対策までを含めたパッケージとしての適性診断システムが求められているとした。

3　危険予知訓練

　危険予知訓練（KYT: Kiken Yochi Training）は，1970年代に住友金属工業（現在の新日鐵住金株式会社）で開発された，現場第一線が行なう安全活動であ

図8-8　KYシートの例
（Ⓒ中央労働災害防止協会）

る。KY活動ともいう。一般的な手順は，まず，職場や作業の状況を描いたイラストを見ながら，作業に潜む危険要因と，それによって引き起こされる可能性のある事故について，小集団で話し合い，危険のポイント（注意すべき点）と行動目標を決定する（図8-8）。最後は，特定された危険のポイントと行動目標を唱和したり，指差し確認するなどして小集団メンバーが共有する（中央労働災害防止協会，2016）。工場や建設現場で作業前のツールボックス・ミーティング (TBM: Toolbox Meeting) などの機会に行なわれることが多い。

4　機器のデザイン

　機器を操作する際のスリップ（うっかりミス）を防ぐ強力な対策は，機器のデザインを改良することである。間違った操作ができないようにフールプルーフ設計にするのがもっとも効果的であるが，あらゆる機器をフールプルーフにすることはできないので，下記のような人間工学的設計原則に従うことが望ましい。

①標準化：どの機械も同じ場所に同じ機能を持つ表示器や操作器を配置する，操作方向を同じにする，表示の色や形を同じルールでデザインするなど。

②ビジビリティ（可視性）：機械の状態や運転モードが明示されること。音を使う場合（電話の保留音など）もビジビリティという。

③リダンダンシー（冗長性）：同じ情報を複数のチャンネルや感覚モダリティで伝えること。

④コンパティビリティ（整合性）：人間の感覚，直感的認知に合わせること。コンパティブルなカラーコーディング（色分け），コンパティブルなマッピング（操作される機器と操作するスイッチの位置関係），コンパティブルな操作方向などが含まれる。

⑤ポピュレーション・ステレオタイプ：慣習的に多くの人が同じように感じる感じ方に従ってデザインする。

⑥アフォーダンス：人がモノのデザインから直感的に知覚する操作可能性。アフォーダンスを上手に組み込んで設計すると，余計な表示（文字ラベルなど）をしなくても正しい操作をしてもらえる。

5 安全マネジメントシステム

上述した各種の具体的対策を含むさまざまな安全対策を組織として総合的に推進して,事故を予防し,安全のレベルを高めていく活動が安全マネジメントシステム (SMS: Safety Management System) である。品質マネジメントシステム (QMS: Quality Management System) をはじめとする他のマネジメントシステムと同様,SMSはPDCAサイクルにのっとって活動が推進されるので,数値目標の設定,推進体制の制度化,内部および外部による監査と認証評価,文書記録の管理を重視する。PDCAとはPlan-Do-Check-Actの略であり,目標を設定して活動の実施し,実施結果を評価して計画を修正するという活動を継続的に繰り返す取り組みである (図8-9)。

厚生労働省は1999年に労働安全衛生マネジメントシステム (OSHMS) に関する指針を発表し,事業者が安全マネジメントシステムに従って自主的に安全衛生活動を行なうことを奨励した (中央労働災害防止協会安全衛生情報センター,2006)。この指針によると,安全衛生マネジメントシステムとは,事業場において安全衛生管理に係る一連の自主的活動を体系的かつ継続的に実施する仕組みであり,事業者は安全衛生に関する目標の設定や,安全衛生に関する計画の

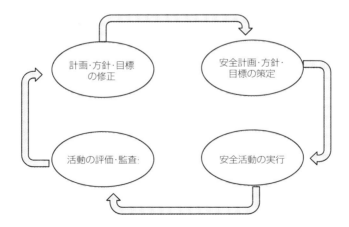

図8-9　安全マネジメントシステムにおけるPDCAサイクル

作成，実施，評価及び改善等を行なうものとされている。

　国土交通省も2006年から国内の航空，鉄道，海運，自動車などの運輸事業者を対象とする運輸安全マネジメント制度を発足させた。その目的は，運輸事業者自らが経営トップから現場まで一丸となり，安全管理体制を構築・改善することにより輸送の安全性を向上させることとされている（国土交通省，2006）。外部監査は，労働安全衛生マネジメントシステムなどにおいては中央労働災害防止協会などの外部機関が行なうのに対し，運輸安全マネジメントにおいては国土交通省の調査員が直接事業者に出向き，経営トップや安全統括管理者等にインタビューを行ない，それに関連する資料を確認する点に特徴がある。

トピックス　レジリエンス・エンジニアリング

　ヒューマンエラーに起因する事故や品質不良，トラブルが起きると，必ずといっていいほど，再発予防対策として新しいマニュアルや作業手順が作られる。マニュアルが守られていなかった場合には「マニュアル遵守」という対策となり，マニュアルを守らせるための巡視や罰則が強化される。この背景には，事故が起きるのは人間が失敗するからであり，人間が決められたことを決められたとおりに行なえば安全は保たれるという信念がある。

　しかし，このような安全マネジメントが，現場の意欲を奪い，決められたことを決められたとおりにしか行なわない，いざという時には自分で判断できない作業者を作っている。多くの人が，かつてはしなやかだった日本の産業現場のしなやかさが失われていると感じている。

　2005年頃からヒューマンファクターズの研究者の一部が「レジリエンス・エンジニアリング」を提唱し始めた（Hollnagel et al., 2006）。レジリエンスとは柔軟性，弾力性を意味し，外乱や変動があってもシステムパフォーマンスを求められる水準に保つことや，すばやく回復させる能力のことである。レジリエンスは人間を型にはめるのではなく，バネのようなしなやかさを発揮できるようにすることで実現する。人間は事故の元凶となる以上に，成功の担い手となっていると考えるのである。

　レジリエンス・エンジニアリングの提唱者の一人であるホルナゲルは，失敗しないことを追求するSafety-Iに，成功を続けることを目標にするSafety-IIを

対置し，これからの安全マネジメントはSafety-IIをめざすべきであると主張した　（Hollnagel, 2014）。そして，希に起きる失敗にばかり注目するのでなく，現場が求められるパフォーマンスを達成するために行なっている調整（工夫）とその潜在的リスクに注目すべきだと説いている。

　レジリエンス・エンジニアリングはわが国の研究者・実務者にも強いインパクトを与え，航空，鉄道，電力，医療において，レジリエンス・エンジニアリングに基づく具体的安全施策の研究・検討が進められている（芳賀，2020）。

キャリアの発達とその開発

1. キャリアとそれを取り巻く環境

1 キャリアとは

　本章では，キャリア発達・開発を扱う。キャリアという言葉は，もっとも一般的には「職業，技能上の経歴・経験」という意味で用いられるし，「上級試験や一級試験に合格し採用された国家公務員」という意味で使われることもある。一方，キャリアという言葉が学術的に用いられる際には，上記より幅広い概念として扱われる。学術用語としての「キャリア」は，キャリアの研究者の興味，関心によって少しずつニュアンスの異なる定義がなされており，問題点として指摘されている（梅澤，2001）。

　定義を考える参考になるものとして渡辺（2007）は，キャリアという言葉に含まれる要素として，①人と環境の相互作用の結果，②時間の流れ，③空間的広がり，④個別性の4つをあげている。

　キャリアが，人と環境の相互作用の結果であることは当然のように思われる。しかしキャリアの研究が個人視点で行なわれることから，環境の影響は意識しすぎることはない。たとえばアーサーらはキャリアを「個人が長年にわたって積み重ねた働く体験の連続」（Arthur et al., 1989）と定義しているが，どのような「働く体験」が可能かは，環境に規定される部分がある。シャイン（Schein, 1978）はより直接的に個人と組織の相互作用に着目し，ダイナミクスという言葉を用いている。

　2点目の時間の流れについては，キャリアはある時点の仕事や意思決定だけでなく，過去，現在，そして未来の視点を含むものとして扱われることをみれ

198 9章 キャリアの発達とその開発

ば理解できる。キャリアは職歴と訳されることもあるが，過去の経歴だけではなく，将来視点を含むものであることは注意が必要である。

3点目の空間的広がりとは，働く環境が，その構造，文化，規模，目的などが異なり，多面的であることをさす（Baruch & Bozionelos, 2010）。また，後述するスーパーが用いた「ライフ・スペース」と呼ぶ，仕事以外の家庭や地域社会も含んだ立場や役割の相互作用や広がりも，キャリアの空間的広がりが意味するものと考える。

4点目の個別性は，キャリアの概念を構成するもっとも重要な要素である。日本では，欧米ほど個別性やそれを主張することの価値が認められていないことや，長期雇用の慣習もあり，キャリアを個人ごとに異なるものというよりも，ある型にはまった定型パターンのイメージでとらえがちである。キャリアは個人が主体的に形成するものであり，そこには個人の価値判断や個性が反映されることを認識することは重要である。

さまざまなキャリアの定義には，おおむね上記の要素が含まれるものの，一部要素が強調されるなどの違いがある。ここではいったんサリヴァンとバルーク（Sullivan & Baruch, 2009）による包括的な下記の定義を当てておく。

キャリアとは，「個人が組織の内外で遭遇する仕事や仕事に関連する経験であり，個人の人生において独自のパターンを形成するものである」。

キャリアディベロプメントは，キャリア発達と訳される場合と，キャリア開発と訳される場合がある。一般に，企業視点に立つ場合に「キャリア開発」が使われ，個人視点でのキャリアカウンセリング等では，「キャリア発達」が用いられるようである。本章で紹介する理論は主に個人視点に立つものであるため，原則として「キャリア発達」を用いることとするが，第4節を中心に明らかに組織視点での議論を行なう場合には「キャリア開発」を用いることとする。

2 労働環境の変化
（伝統的なキャリアからバウンダリーレスキャリアへ）

多くの理論が，1つの組織に勤め続ける従来のキャリアのイメージから，組織間や職業間の移動を含む新たなキャリアのイメージを前提とするように変わってきている。欧米では1980年代から，顕著になった変化であり，バウンダ

リーレスキャリアという概念が紹介された。バウンダリーレスキャリアとは「ひとつの雇用環境の境界を越えた連続した職務の機会」と定義されている（DeFillippi & Arthur, 1994, p.116）。バウンダリーレスキャリアへの変化は，組織と構成員の関係性に変化をもたらし，人々は特定の組織や仕事を超えたより多くの選択肢を持ち，組織任せではなく，自律的にキャリアを歩むようになった。

日本でも，1990年代後半以降に終身雇用や年功序列といったそれまでの人事制度のあり方が崩れ始めた。その結果，米国ほどではないものの，転職する人は増え，より自律的なキャリアが志向されるようになっている。

表9-1は伝統的なキャリアのあり方とバウンダリーレスキャリアを比較したものである（Sullivan, 1999）。組織との関係性では，伝統的なキャリアのもとでは，従業員は雇用確保の見返りに組織へのロイヤリティを示していた。バウンダリーレスキャリアに変化すると，組織は従業員が自身のエンプロイアビリティを上げられるような仕事の機会や訓練を提供し，その見返りに従業員は業績を上げたり，組織の要求に柔軟に対応する。仕事で獲得するスキルは，特定組織内でのみ通用するものから，別組織でも活用できるものとなることが強調される。そしてコミットメントの対象は組織ではなく，仕事になる。キャリアの成功は，給与や昇進やステータスから，本人にとって意義のある仕事であるか否かの程度によって定義される。そしてキャリアのマイルストーンは，年齢

表9-1　伝統的キャリアとバウンダリーレスキャリアの比較　(Sullivan, 1999 より訳出)

	伝統的キャリア	バウンダリーレスキャリア
雇用主との関係性	雇用の安全を保障し，組織へのロイヤリティを得る	エンプロイアビリティを保障する仕事へアサインし，パフォーマンスと組織要請への柔軟な対応を得る
越える境界の数	1つか2つの組織	複数の組織
スキル	組織に特殊なスキル	組織を越えて転移可能なスキル
成功の測度	給与，昇進，ステータス	心理的に意義のある仕事
キャリアマネジメントの責任	組織	個人
トレーニング	公式のプログラム	On-the-job
マイルストーン	年齢に関連	学習に関連

200   9章　キャリアの発達とその開発

ではなく，何を学んだかで刻まれることになる。

　以降の節で述べる主なキャリアの理論やキャリア形成に必要な能力について
は，伝統的キャリアを念頭に置く場合と，バウンダリーレスキャリアをベース
とするものがある。この点については，適宜触れながら話を進める。

３　キャリアの成功を測定する

　キャリアの研究において，キャリアの成功とはどのように考えられているの
だろうか。研究の中で結果の指標となる変数となるものは，大きく分けて客観
的キャリアと主観的キャリアに分けられる（Hughes, 1958）。前者は，第三者
による観察が可能で，客観的な測定が可能なものである。具体的には，給与や
昇進，職業ステータスといったもので，伝統的にキャリアの成功指標として使
われてきた。1980年から1994年の間にメジャーな学術誌で発表された研究で
は，75％が客観的キャリアを用いていた（Arthur & Rousseau, 1996）。

　主観的キャリアは，自己のキャリアについての主観的な反応をさす。近年主
観的キャリアをキャリアの成功を示す変数として用いる研究が増加している
（Greenhaus, 2003; Hall, 2002）。この背景には給与や昇進などの客観的キャリア
の成功も，主観的なキャリアの成功とみなさない個人がいるということである。
米国で35,000名ほどを対象に行なわれた調査では，従業員が求めるもの（i.e.,
貢献が十分に評価される）は，雇用主が従業員が求めていると思うもの（i.e.,
金銭）とは異なったことを示している（Cangemi & Guttschalk, 1986）。また，プ
ロフェッショナルとしての成長を追求したり，ワークライフバランスを重視し
てバウンダリーレスキャリアを歩む人にとって，一組織内での昇進は意味を成
さない場合がある。

　主観的キャリアは，さらに自分の中に基準がある自己参照的（self-referent）
なものと，他者参照的（other-referent）なものに分けられる。自己参照的な評
価とは，自分の持つ期待や基準に照らし合わせたときのキャリア評価である。
他者参照的な評価は，たとえば自分のポジションや仕事内容，会社からの評価
などを他者と比べたときのキャリアの評価になる。キャリアの文脈に限らず，
社会的比較は常に行なわれており，その心理的な影響に関する研究も数多く報
告されている（Suls & Wheeler, 2013）。他者参照的な評価は多かれ少なかれ，主

観的キャリアに影響を及ぼすことは避けられないだろう（Heslin, 2003）。

　キャリアの成功を定義する際に，客観的キャリアか主観的なキャリアか，また主観的なキャリアのうち，自己参照の評価なのか他者参照なのかも，人によって異なる。さらに，競争が激しい職種や業界においては，他者参照の評価の重要性が増すなど，環境による影響もある（Heslin, 2005）。

　先行研究を参照する場合には，その研究でどのようなキャリアの成功が扱われているかを注意深く見る必要がある。それによって結果の解釈が異なる可能性がある。同様に，自分で研究を計画する際にも，キャリアの成功を測定する際には，設定した変数が自分の検証したいキャリアの成功を反映したものであるかどうかを意識する必要がある。

2. キャリアの理論

　キャリアの理論には，伝統的キャリア観が主流であった時代に提唱された理論と，バウンダリーレスキャリアのような今日的なキャリア観を想定して作られたものがある。ここでは前者に属するものとして，スーパー（Super, D. E.）とシャイン（Schein, E. H.）を取り上げる。彼らのモデルは，いずれもある種の定型的な発達モデルである。時間の経過とともに，個人のキャリアは一定の方向性に向けて，発達することを想定する。後者にあたるものとしては，クランボルツ（Krumboltz, J. D.）とサヴィカス（Savickas, M.）を取り上げる。彼らの理論は，キャリアのダイナミックな変化と自律的なキャリアを前提とする点で共通する。

　理論の紹介に入る前に，キャリア研究における理論と，キャリアカウンセリングの関係性について述べる。

1　キャリアの理論とキャリアカウンセリング

　そもそもキャリアカウンセリングやキャリアガイダンスの研究はスーパーによって始められたといわれることが多いが，その理由として，彼が最初にキャリアについての概念体系を構築したことがあげられる。これにより，キャリアの相談員が自身の経験や知識に基づいて素朴に行なってきた支援活動から，理

論的根拠に基づいた専門性の高い支援が可能になった。このように，キャリアの理論はキャリアのあり方を説明することに加え，カウンセリングを支える目的を持つため，それを考慮した理論化がなされている。たとえば理論の前提となる伝統的キャリアとバウンダリーレスキャリアの違いだけでなく，それぞれのキャリアを形成するための視点が理論には含まれている。この点がキャリアの理論の特徴である。

渡辺・ハー（2001）は，現在の日本においてキャリアカウンセリングという言葉が用いられる場合を，①職業選択や転職場面での相談，②キャリア・ガイダンス（学生に対する進路指導），③心理療法ではない個別のカウンセリング，④キャリア形成に関する個別の援助，⑤特定組織内でのキャリア構築支援，⑥①との違いを明確にするための用語，の6つに整理した。日本では，「キャリアカウンセリング」という言葉が多様に使われていることがわかる。本章では，ハーとクレーマー（Herr & Cramer, 1988）が概念整理を行なった結果から共通要素として抽出したものをベースに，キャリアカウンセリングを以下のように定義する。

キャリアカウンセリングとは，専門家としてのカウンセラーとキャリアに関する支援を必要とするクライエントが言語を介して相互作用するプロセスのことであり，カウンセラーはさまざまな心理的援助を用いて，クライエントが，自律的で当人にとって望ましい意思決定や行動がとれるように促すもの，とする。つまり，上であげた①〜⑥のいずれかということではなく，定義にあるような相互作用そのものがキャリアカウンセリングと考える。

2　スーパーのライフ・スパン／ライフ・スペースキャリア

スーパーは，1940年代に"The Dynamics of Vocational Adjustment"と"Appraising Vocational Fitness by Means of Psychological Tests"という2冊の本を出している。前者では，職業選択を一時的なものではなく，その後も発達するプロセスの中でとらえる考えが紹介されており，その後の発達論的な考え方につながっている。後者は，職業との適合性を見るための心理テスト利用についてまとめたものであり，この考え方も個人と職業の相互作用に着目する彼の考え方が反映されている。

その後もキャリアに関するスーパーの理論的アプローチは発展を続け，14個にわたる命題がまとめられた（Super, 1990）。そこでは，個人差，時間による変化，自己概念，といった彼の理論的アプローチを特徴づける概念が，どのようにキャリア発達に関与するのかが述べられている。以降は，彼の理論的アプローチの集大成ともいえるライフ・スパン／ライフ・スペースについて述べる。

スーパーはキャリア発達に，時間と役割の視点を取り込むライフ・スパン／ライフ・スペースキャリアを提案した（Super, 1980）。ライフ・スパンは時間によるキャリア発達のとらえ方であり（図9-1），ライフ・スペースは役割によるキャリアのとらえ方である（図9-2）。どちらも，年齢によるマイルストーンがあり，いわゆる伝統的キャリアの場合に，当てはまりがよい。

図9-1のライフ・スパンの特徴としては，発達が段階的になされており，次の段階に進むまでの移行期（トランジション）が存在する。またこの移行期ごとに，成長，新たな模索，再確立といったミニサイクルがあるとしている。

図9-2のライフ・スペースでは，職業に限らないさまざまな役割を，個人がある時点で並行して担うことが示されている。またこの図には，状況的な決定

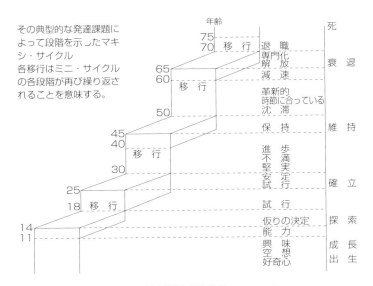

図9-1　生活段階と下位段階（Super, 1985）

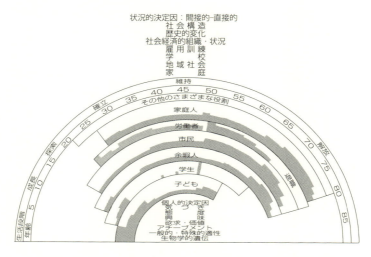

図9-2 ライフ・キャリア・レインボウ (Nevill & Super, 1986を改編)

因や個人的な決定因の視点が明示的に示されている。

　この2つの視点を用いて，個人はライフ・スパンやライフ・スペースにおける自己のありようを考え，自己概念を形成する。形成された自己概念は，それをベースに，現在や今後の環境に適応する方法を考えるのに役立つ。個人はさらに，行動し，その結果を受けて自己概念を発達させる。

　理論の寄せ集めとの批判を受けることがあるスーパーのアプローチは，確かに多くの要素を含んでいる。それもあってか，彼は「理論」ではなく「理論的アプローチ」という言葉を用いている。カウンセリングの実践の場を持ちつつ研究を続けた人であり，実践のためにはさまざまな考え方を統合して用いたほうが使い勝手がよく，その結果，多くの理論を合わせた理論的アプローチを採ったのだろう（岡田，2007）。

3　シャインの組織内キャリア発達の理論

　シャインはおそらく日本でもっともよく知られるキャリアの理論を提唱した一人である。彼は組織開発の専門家としてもよく知られるが，「キャリア・アンカー」（Schein, 1990）の概念が特に日本ではよく知られている。個人と組織の

相互作用によってキャリアが発達するとの考えをまとめた彼の著書 "Career dynamics: Matching individual and organizational needs"（『キャリア・ダイナミックス』）（Schein, 1978）では，組織内でのキャリア発達について理論化がなされている。組織内キャリアが大勢を占めていた日本では，企業が従業員のキャリア開発を考える際には，他のキャリア理論よりも参考になる点が多かった。このことも日本での彼の人気を後押ししたと考えられる。

　シャインの理論は，他のキャリアの理論と同様に，キャリアのあり方を理論化した部分と，それをキャリア形成に活用するためのアイデアの両方の要素がある。以降で説明する役割のサイクルは前者に属するもので，キャリアアンカーは個人のキャリア形成支援を志向するものである。

　シャインは，人が役割を持つ領域を大きく3つのサイクルに分けている。1つは「生物学的・社会的」のサイクルで，生物学的年齢やそれにともなう発達的課題などが含まれる。たとえば中年の危機などがこちらに当てはまる。2つ目は「家族関係」のサイクルで，たとえば子どもの成長に合わせた役割の変化などがあげられる。3つ目は「仕事・キャリア」のサイクルで，入社や昇進，退職などが含まれる。シャインの理論の特徴は，組織内キャリアへの着目であるが，それは家庭や社会，年齢に応じた役割変化も考慮した上でのものである。

　上記の3つのサイクルのうち，核になる「仕事・キャリア」のサイクルに関連するものとして，組織内の仕事のステージを表わす組織の3次元モデルが提案されている（図9-3）。円錐形の図の下から上の軸は階層次元と呼ばれ，垂直的なキャリアの成長を示している。また，円錐形の底の円や，途中で底と水平に切った円が示されているが，これらは職能の広がりを示すもので，水平的なキャリアの成長にあたる。職能の広がりがキャリアの成長としてモデルに描かれることで，日本企業おけるジェネラリストとしてのキャリア発達も表現できる。また，たとえば"マーケティング"という特化した職能での垂直的な成長も表現でき，この図がさまざまな形の組織内キャリアに対応していることがわかる。

　この図のもう1つの特徴は，円錐の外側から軸に向かう動き，あるいは逆が想定されている点にある。軸に向かう動きは，組織メンバーとしてより中核の位置を占める方向性を示している。同じ研究開発職であっても，組織の商品の

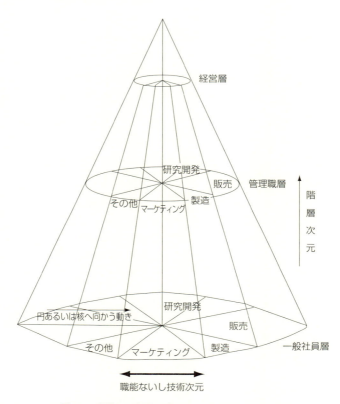

図9-3 組織の3次元モデル（Schein, 1978 を改編）

中核をなす技術開発を担当しているメンバーは，大学と共同して基礎的な研究を行なっているメンバーよりも，より軸の近くに位置する。

　組織の3次元モデルは，組織内でのキャリアの様子を表現したものであるが，シャインはこれを外的キャリアとし，それとは別に本人が主観的に認知するキャリアを「内的キャリア」と呼んで，区別した。そして，内的キャリアの発達に関係するものとして「キャリア・アンカー」を提案した。

　キャリア・アンカーとは，職業における自己概念であり，自分が認識する才能や能力，基本的価値観，そしてキャリアに関する動機づけや欲求からなる。キャリア・アンカーは仕事の経験を通して形成されるが，いったん形成される

表9-2 シャインのキャリアアンカー (Schein, 1990 より作成)

保障・安定 Security/Stability	仕事に関する主な関心事はその仕事が経済的に保障されており、安定しているかである。仕事の内容以上に、雇用主が安定した仕事を提供してくれるかや、福利厚生や退職プランの充実が重要である。他の仕事の価値も認めるかもしれないが、保障・安定は仕事におけるもっとも大切なものである。
自律・独立 Autonomy/Independence	仕事を自分のコントロールのもとに行なうことをもっとも大切にする。一般に組織の規則に従うことや定型型業務を好まない。自分の自由を失うような場合は、昇進や高い給与を得るそれを望まない。
専門的・機能的なコンピテンス Technical or functional competence	仕事では自分の持つ特定の専門性を発揮することに価値を置く。その専門性をより高いレベルで発揮することが、自分らしい仕事の仕方であると考える。管理職への昇進は、そこで専門性が発揮できる場合においてのみ望ましいと考える。"
一般管理的なコンピテンス General management competence	組織の中で昇進して、より上位の管理を行なう上で職に就くことに価値を置く。そして自分が管理する組織の成功が、自分のパフォーマンス評価になる。専門的なスキルは組織で昇進するために必要なものと考える。
企業家的創造性 Entrepreneurial creativity	このアンカーをもつ人は、自分の創造性を活かして事業を起こしたり、新しい製品やサービスを創りたいと考える。小さな改善活動ではなく、自分自身の拡張としての大きなものを創り出すことに喜びを感じる。あくまでも成功の指標であって、お金を得ること自体が目的ではない。結果的に大金を得ることがあるが、
奉仕・社会的貢献 Service/dedication to a cause	自分の大切にする社会的価値の実現に貢献することが仕事であることがもこの仕事であっても、どの仕事であってもこの医療や福祉、公的サービスの仕事に従事する人にはこのアンカーを持つ人が多いもの、のアンカーを待つ人はいる。たとえば研究者であっても、研究テーマの追求ではなく、研究知見を社会貢献に役立てることを重視する人がいる。
純粋な挑戦 Pure challenge	仕事では、いつも不可能と思えるようなチャレンジや強敵があって、それを克服していると感じられることを好む。課題を解決できたり、ライバルに勝つことが重要で仕事の内容にはあまりこだわりはない。仕事の成否を、勝ち負けで表現する傾向がある。
ライフスタイル Life style	自分の仕事生活やキャリアは、そのほかの全般的な生活（家族や個人的な成長欲求など）とうまく統合されていることを望む。統合のためにはキャリアを犠牲にすることもある。とくに共働きの夫婦の場合には、協働して家庭を築くため、統合が難しい局面に遭遇することがある。

とそれがキャリアの意思決定に影響を及ぼすようになることから，錨を意味する「アンカー」という言葉を使っている。1970年代に最初にキャリア・アンカーが作られたときには5つのパターンであったが，その後1980年代により広汎に集めたデータから新たに3つのパターンを加えて，全部で8パターンのキャリア・アンカーが提案されている。ちなみにキャリア・アンカーは理論ではない。したがって，現在の8つのパターンになる理論的な根拠はなく，データをもとに決められたものである。

8つのアンカーは表9-2のとおりである。キャリア・アンカーの自己理解は，キャリアにおける意思決定の参考になる。ただし，職業と1対1に対応するものではないし，またアンカーに合う仕事の実現が難しいなどの問題がある場合には，サバイバル（生き残り）を考えるべきだとしている（Schein, 1995）。望ましいキャリアの自己実現のためには，キャリア・サバイバルを意識しつつ，先のキャリア・アンカーに向けて今やるべきことを考えるといった柔軟な対応が求められる。

4　クランボルツの計画された偶発性

クランボルツは，人は学び続ける存在であるとの考えをベースとして，キャリアの理論を展開している。心理学における学習とは，経験の結果で生じる比較的永続的な行動の変化をさし，知識の習得に限定されない幅広い概念である。クランボルツの理論は，社会的学習理論をキャリアの意思決定に援用したところから始まった。

社会的学習理論は，バンデューラ（Bandura, 1971a,b）によって打ち立てられた学習理論であるが，直接の経験だけでなく，他者の行動を観察することによっても人は学習すると考える。クランボルツの初期の研究は，キャリアの意思決定における社会的学習理論（social learning theory of career decision making: SLTCDM）と呼ばれ，直接の経験や観察による学習が，どのようにキャリアの意思決定に影響するかを論じたものであった（Krumboltz, 1979）。

SLTCDMはキャリアの意思決定を説明するモデルとして作られたが，その後，よりカウンセリングに使えるものへと理論は展開された。さらにバウンダリーレスの環境の中で，よいキャリア形成を計画することは難しく，したがっ

てどのようにチャンスを得てそれを味方につけるべきかに示唆を与える方向へと，理論は向かう。ミチェル，アル・レヴィン，クランボルツ（Mitchell, Al Levin, & Krumboltz, 1999）は，「計画された偶発性（planned happenstance）」という，一見反対の意味を持つ言葉をつなげた概念を用いて，大きく変化する環境下でのキャリア構築やカウンセリングのあり方を論じた。

　この考え方のもとでは，キャリアカウンセラーは，新たに偶発的な出来事を経験したり，それをチャンスに変えることで，クライエントの学習を促すことが勧められている。またキャリアの意思決定がなされていないことは悪いことではなく，それを「オープン・マインドであること」とすることで，クライエントが不明瞭な状態を受け入れ，探索的行動をとることを促す。

　探索的行動はチャンスを増やして，キャリアを豊かにする可能性を高める。そしてチャンスをつかむためのスキルとして，①新たな学習機会を探索する好奇心，②多少の障害に当たっても，努力を続ける忍耐力，③態度や状況を変化させる柔軟性，④新たな機会に成功可能性を見る楽観性，⑤結果が見えないときでも行動に移せる冒険心の5つをあげている。

　その後2009年に，計画された偶発性と学習をつなげた「偶発性学習理論（happenstance learning theory: HLT）」がまとめられた（Krumboltz, 2009）。これまでに提案された基本的な内容は踏襲しつつ，HLTでは，4つの命題が示されている。1つ目は，カウンセリングのゴールはクライエントのキャリアの意思決定を支援することではなく，より満足のいくキャリア実現に向けてクライエント自身が行動を起こすことを学習する，そのための支援を行なうことである。2つ目は，パーソナリティや興味などのアセスメントは，特定の仕事とのマッチングを見るためではなく，自己理解を促し，学習を促進するために用いられる。3つ目は，探索的行動は無意味なリスクテイクではなく，価値ある偶発的な出来事を起こすために行なわれる。4つ目は，カウンセリングの効果は，クライエントが行動を起こして，偶発的出来事に遭遇する場で測られるもので，それはカウンセリング室の外である。

　これらの命題は，HLTがカウンセリングの理論であることをより明確にしたといえる。最初からゴールを描き，そこに向かうキャリアデザインは，多くの人にとって現実的ではない。そのような状況下で，環境に適応しつつも，流さ

れるわけではなく，主体的にキャリアを構築する方法を提示した理論である。

5　サヴィカスのキャリア構築理論

　サビカスのキャリア構築理論とは，スーパーのキャリアの発達論をベースとしながら，社会構築論的なアプローチによって理論を発展させたものといわれる。

　特にバウンダリーレス化する環境下でのキャリア構築に着目しており，構成主義的な考え方のもと，意味づけや解釈，物語が重視される。伝統的キャリアと異なり，定型のパターンが消滅しつつあるなかで，キャリアを構築し，意味や価値を与えるのは個人であるとの立場をとる。ただし，ここでの意味づけは個人の内部でのみ生じるのではなく，あくまで社会や他者との関係性の中で生じることが強調される。したがって，キャリアカウンセラーとの対話は，意味づけの重要な機会ととらえられる。前で紹介したスーパーの理論のうち，ライフ・スペースやライフ・スパンにおける自己概念の重要性は，キャリア構築理論の核として保たれている。しかし，特にカウンセリングやカウンセラーの役割に関しては，スーパーとは異なる特徴を有している。

　以降では，キャリア構築理論をカウンセリングでの利用を念頭にさらに進化させたライフデザイン・アプローチ（Savickas et al., 2009）の理論や方法について述べる。

　キャリアへの介入の関心事は，個人に合った仕事を見つけること（Parsons, 1909）から，個人のライフキャリア発達の促進要因や，発達段階，あるいはプロセスへと移行し（Super, 1957），現在は，自己の構築プロセスやそこへの影響要因へと変化している（Guichard, 2005）。ライフデザイン・アプローチでは，人生を通じた自己の構築を支援するために，クライエントの適応力（adaptability），物語構築力（narratability），活動（activity），意図性（intentionality），を促進することをめざす。

　適応力には，5つの要素が含まれる。キャリアへの①関心（concern）②統制（control）③興味（curiosity），④自信（confidence），⑤関与（commitment）である。未来への期待をベースとしたキャリアへの関心があり，自分自身だけでなく環境をも自身がコントロールすることに価値を見いだすことは，環境変化

への適応に重要である。また自分の可能性や将来の機会について興味を持つことは，探索的な行動を促す。自信や関与は，障害があったり，不透明な状況下でも自分の目標をあきらめずに踏みとどまることを可能にする。

　物語を構築することによって，クライエントは自分の特徴を知ったり，仕事への意味づけを行なったり，自分が使える資源がどこに在るかを理解する。ライフデザイン・アプローチの目的である自己概念構築の少なくとも一部は，物語構築の中で行なわれる。ただし自己の構築のためには，物語だけでは不十分で，物語を作るための活動が必要である。活動を通して得られた気づきが次の物語を作る。

　さらに活動が終わって結果を振り返るだけでなく，意図や期待を持って活動することが重要との指摘がある（Richardson, 2009）。キャリアを意味づけすることは，過去の経験の解釈にとどまらず，現在やこれからの活動期待にも影響を及ぼす。このような一貫した意味づけが，キャリアに統一感を与える「キャリアテーマ」と呼ばれるものにつながる。キャリアテーマは，キャリアに長期的な方向性を与える。

　最後に，サヴィカスが提案したキャリア構築インタビューについて紹介する（Savickas, 2011）。このインタビューを通して，カウンセラーはクライエントのキャリアに関する物語の構築を支援する。キャリア構築インタビューでは，カウンセラーは，①ロールモデル，②雑誌，③お気に入りのストーリー，④モットー，⑤思い出せるもっとも昔の記憶，の5つの話題についてクライエントの話を聞く。「ロールモデル」は自分のありたい姿について，「雑誌」は興味・関心のある分野についての情報となる。そして「お気に入りのストーリー」では，①と②がどのように関わって，クライエントのお気に入りの状態が実現されるかを知ることができる。「モットー」では，座右の銘などを聞くことで，①と②を調和させる際のヒントを得る。最後に「思い出せるもっとも昔の記憶」は，お気に入りのストーリーの元になるストーリーとして位置づけられ，背景にある先入観やこだわりを理解するために用いられる。このインタビューのベースにある個人の特徴と職業への興味を統合した物語の作成についての考えは，サヴィカスの理論をよく表している。

3. キャリア形成に必要な能力

　ここでは，個人が望むキャリアを形成する際に必要な能力について述べる。キャリア形成に必要な能力には2種類あって，1つは職務遂行能力で，もう1つは自分のキャリアをマネジメントする能力である。

1　エンプロイアビリティ

　キャリアは個人視点の概念であるが，組織との相互作用の中で存在することは定義でも触れたとおりである。個人はキャリアを形成する中で，組織や顧客の期待する職務を遂行する。個人の興味や価値観との適合も重要であるが，その仕事の職務遂行能力に欠ける場合は，キャリアの成功は望めない。この点はシャインが「キャリア・サバイバル」という概念で強調した点でもある。つまりキャリア形成に必要な能力には，特定の職務遂行に必要な能力が含まれるのである。

　バウンダリーレス化が進む中で，エンプロイアビリティという概念が着目されている。字義どおりであると「雇用される能力やその可能性の高さ」を示す。組織のマネジメント文脈のほかに，特にヨーロッパを中心に政府の政策や学校教育の中でも用いられてきた概念である。表9-1に示したように，バウンダリーレスキャリアのもとでは，組織がこれを従業員に提供することを求めるようになっており，これを「エンプロイアビリティ保障」（山本，2014）と呼ぶ。組織がエンプロイアビリティ保障をどのように行なうのかについては，次の節で述べる。

　エンプロイアビリティの中には，職務遂行能力やスキルのほかに，態度や指向，性格特性などの個人特性も含まれるが，組織が行なうべきエンプロイアビリティ保障では，職務遂行能力が扱われることが多い。また上記で述べたように，具体的な能力の内容とレベルは，それを保障する，あるいは求める組織によってさまざまである。

　キャリアコンサルティング協議会（2018）が表9-3の就職基礎能力と社会人基礎力を定義しているが，これが初期キャリアの場合のエンプロイアビリティ

3. キャリア形成に必要な能力　213

表9-3　若年層のエンプロイアビリティ評価のための項目 (厚生労働省, 2001)

就業基礎能力	職業人意識	
	P1：責任感	社会の一員として役割の自覚を持っている。
	P1：向上心・探究心	働くことへの関心や意欲を持ちながら 進んで課題を見つけ，レベルUPを目指すことができる。
	P1：職業意識・勤労観	職業や勤労に対する広範な見方・考え方を持ち，意欲や態度等で示すことができる。
社会人基礎力	前に踏み出す力（アクション）…… 一歩前に踏み出し，失敗しても粘り強く取り組む力	
	A1：主体性	物事に進んで取り組む力
	A2：働きかけ力	他人に働きかけ巻き込む力
	A3：実行力	目標を設定し確実に行動する力
	考え抜く力（シンキング）…… 疑問を持ち，考え抜く力	
	Th1：課題発見力	現状を分析し目的や課題を明らかにする力
	Th2：計画力	課題の解決に向けたプロセスを明らかにし準備する力
	Th3：創造力	新しい価値を生み出す力
	チームで働く力（チームワーク）…… 多様な人びととともに，目標に向けて協力する力	
	Te1：発信力	自分の意見をわかりやすく伝える力
	Te2：傾聴力	相手の意見を丁寧に聴く力
	Te3：柔軟力	意見の違いや立場の違いを理解する力
	Te4：状況把握力	自分の周囲の人々や物事の関係性を理解する力
	Te5：規律性	社会のルールや人との約束を守る力
	Te6：ストレスコントロール力	ストレスの発症源に対応する力

出典：社会人基礎力；厚生労働省（2001）．エンプロイアビリティの判断基準に関する調査研究報告書より。

とされている。初期キャリアの場合は，エンプロイアビリティの職種や組織による違いはあまり意識されず，一般に仕事をする際に求められる基礎的能力として表現される。一方，中高年ホワイトカラーの転職を想定した際に，組織を超えて職務遂行を支えるものとしてポータブルスキルの枠組みが人材サービス産業協議会によって開発されている（今城, 2014）。エンプロイアビリティやポータブルスキルはいずれも，抽象度の高い言葉で表現せざるをえないため，個人が自己のキャリアを振り返る際のよい手がかりとなるものの，就職や転職などで評価を行なう際には，キャリアコンサルタントなどの第三者による評価支援が必要になる。

2 キャリアコンピテンシー

バウンダリーレスキャリアを提唱したデ・フィリッピとアーサー（DeFillippi & Arthur, 1994）は，組織のコンピテンシーの考え方を参考に，キャリアを成功に導くための3つのコンピテンシーを提案している。①理由を知ること（know-why），②方法を知ること（know-how），③誰かを知ること（know-whom）である。これらのコンピテンシーは，組織を超えたキャリア形成を意図したものであり，特定組織にとらわれずに個人が自らのキャリアマネジメントを行なうためのものと考えられる。

「理由を知ること」とは，自分が働く価値や意味づけを知ることで，キャリア選択の際の重要な基準となる。一方で，自分に合う組織や仕事選びをするのではなく，目の前の仕事に，自分にとっての意味づけを行なうことが，キャリアの成功を導くとの議論もある（Mirvis & Hall, 1994）。意味づけに合う仕事を探すにしても，現在の仕事を意味づけるにしても，いずれも働く理由を明らかにすることにつながる。必要に応じて両方を使えることが，望ましいといえる。たとえば子育てなど家庭の事情で一時的に仕事の中心性を落としたい場合には，その時点での自分にとっての仕事の意味づけを考えて，ふさわしい環境への移動を考慮するのは前者の例である。後者の考え方をとれば，その後のキャリアを考えて，仕事から離れる時間をリカレント教育に投資するといった選択も考えられる。

「方法を知ること」は，職務の遂行に関連する能力やスキルを持つことであるが，加えて，特定組織の中でどのように組織貢献をすべきかを知っていることも含まれる。いわゆる組織特殊スキルと呼ばれるものであるが，たとえば技術開発の仕事をする人は自分の専門分野の知識に加えて，転職をした際には転職先の会社で予算がどのように配分されるかや，予算獲得に必要な手続きを知ることなどである。

「誰かを知ること」は，キャリアにとって価値のある対人ネットワークを有することである。また転職後の活躍のためにも，新たな組織において，キーパーソンを知ることや，職務遂行の協力者を得ることなども，組織社会化の成功に

3. キャリア形成に必要な能力　215

欠かせない（Fang et al., 2011）。バウンダリーレスキャリアを想定した場合には、対人関係は強いものである必要はなく、弱い紐帯（Granovetter, 1973）のように、必要な情報を持っている人が誰かを知っていることも役立つだろう。特に、自分の希望する仕事や機会につながる人脈を社外に持つことは重要である。

表9-4は組織のコンピテンシーとそれを支えるキャリアコンピテンシー、さらにはキャリアコンピテンシーの開発に関連すると思われる人的資源管理の要素についてまとめたものである。個人のキャリアコンピテンシーを開発することは、組織力のコンピテンシーの向上につながるとの考えが根底にある。その場合は、組織が組織メンバーのキャリアコンピテンシー強化をめざして人的資源管理を行なうことは、至極当然に思われる。しかし、キャリアコンピテンシーを強めることは、離職につながる懸念もあると思われる。次の節では、組織が行なう個人の自律的キャリアの開発支援や、組織にとってのそれの意味について述べる。

表9-4　組織コンピテンシーとキャリアコンピテンシー、そしてキャリアや
人的資源管理アプローチの関連性　（DeFillippi & Arthur, 1994 より訳出）

組織のコンピテンシー	キャリアコンピテンシー	キャリアや人的資源管理アプローチ
文化	理由を知ること	
	自己概念	組織社会化
	価値	チームビルディング
	興味	組織内キャリア開発
ノウハウ	方法を知ること	
	知識	職務分析
	スキル	職務デザイン
	能力	パフォーマンス評価
		レーニングと人材開発
ネットワーク	誰かを知ること	
	組織内関係者	社内広報
	組織外関係者	顧客窓口
	専門家集団の関係者	メンタリング
	仕事以外の社会的つながり	

4. 自律的キャリアの開発支援

前節で触れたように，個々人のコンピテンシー開発が組織のコンピテンシー強化につながるのであれば問題はないが，一方で優秀な人材の獲得競争（War for talent）においては，個人のコンピテンシー開発が組織に必要な人材の離職につながるのではとの懸念がある。エンプロイアビリティ保障の文脈では，このような懸念をエンプロイアビリティ・パラドックスと呼ぶ。前出の山本（2014）では，エンプロイアビリティ保障のひとつである教育研修は離職を促さなかったとの報告がある。一方で，会社が費用を負担して教育を受けさせた結果，就学中の離職は減少したものの，卒業後の離職が増加したとの研究も報告されている（Benson et al., 2004）。パラドックスが生じる条件が何かなど，さらなる研究が必要である。

1 自律的キャリアの開発支援の現状

社内育成や長期雇用を原則とする日本の特に大企業において，「自律的キャリア」という言葉はなじみがあるものの，どの程度取り組みが行なわれているかには，かなりばらつきがありそうである。それでも，事業内容の大幅な統廃合やそれにともなう人員整理などを直接的，間接的に経験した結果，以前よりも企業は自律的キャリアの必要性を感じていると考えられる（日本経団連, 2006）。

現在日本企業が取り組んでいる人事管理の中で，自律的キャリア支援になる可能性のある取り組み例をまとめたものが表9-5である。自律的キャリアが一組織内にとどまる場合には，社内キャリアを上昇させるための組織固有の知識やスキル研修，OJT（On the Job Training），あるいは年次に応じた役割の獲得やそれにふさわしい視点取得のための階層別研修などのいわゆる能力開発支援は，そのままキャリア開発支援につながる。

一方，バウンダリーレスキャリアの場合は，異なるキャリア開発支援が求められる。キャリア開発の主体が個人になるため，個人のキャリアプランや価値観に合わせた支援が必要になる。知識やスキルも組織固有のものではなく，資格や学位の取得につながるような一般的なものになる。そして支援の選択は，

表9-5　キャリア開発支援策の例

キャリアパス	・複線型キャリア制度 ・ファスト ・トラック・ワーク ・ライフ・バランス支援
社内異動	・自己申告制度 ・社内公募制度 ・FA
自己啓発支援	・選択型の研修 ・e-learning ・社外研究会やセミナーへの参加支援
能力開発	・専門教育機関への進学支援 ・社内外の能力開発研修 ・OJT
キャリア開発支援	・キャリア面談 ・キャリア目標を目標管理制度に取り込む ・キャリア開発研修
越境	・他社への出向 ・ボランティア活動支援 ・副業

個人に任される。また，社内異動にも個人の自律的キャリアの開発視点を反映させるために，自己申告制度・社内公募制度・FA制度などが設けられる。階層別研修に代わって，キャリア開発研修，コーチングやメンター制度など，個人の経験をキャリア構築に活かすための支援が求められる。

　労働政策研究・研修機構が2017年に行なった調査では，複線型キャリアと呼ばれる，管理職キャリアと専門職キャリアが明確に分けられているとした企業は8.5％，社員の自律的キャリアを促進していると回答した企業は27.7％であった。自律的キャリアを促進していると回答した企業の約半数が自己申告制度を実施していると回答している（労働政策研究・研修機構，2017）。自己申告制度では，異動の際に本人の希望が考慮されるため，個人にとって望ましい異動が実現する可能性が高まる。ただし自己申告制度だけでは，ワークライフバランスを重視した働き方の選択は可能になっても，複線型キャリアがない場合は長期的な社内キャリアの形成にはつながりにくい。自己申告制度の例からわかるように，企業が具体的な取り組みを行なっているものの，それがどの程度個人

のキャリア形成を促進する効果があるかについては，検証が必要である。

　一方で，上記の調査において制度を利用する個人側の回答結果からは，自己啓発が難しい理由として仕事の忙しさがあげられることがもっとも多かった。しかしさらに分析を行なうと，就労時間が短くても自己啓発を行なわない人もおり，自己啓発を行なう意欲のある人についてのみ，時間のなさが制約になることがわかった。また，何をどこで学べばよいかわからないといった理由も，それなりに多く選択された（労働政策研究・研修機構，2017）。個人がさまざまな制度を十分に活用するためには，キャリアを自分でマネジメントするという態度や，キャリアマネジメントのコンピテンシーを身につけるための支援が必要だと考えられる。

2　組織と個人の関係性

　伝統的なキャリアとバウンダリーレスキャリアでは，個人と組織の関係性には違いがある。前者では雇用の保障によって，従業員は組織に貢献することのみを考えて働くことで，キャリアは形成される。後者では，雇用の保障がないため，従業員は組織の要請と自分のキャリアを天秤にかけて，合理的に判断するようになった。したがって後者では，組織が自分のエンプロイアビリティを上げるような仕事の機会を与えてくれる場合に，仕事へのコミットメントは高まる。このような組織と個人の関係性の変化は，婚姻関係から条件つき愛着への変化にたとえられている（Baruch, 2003）。

　一方で，今でも伝統的なキャリアは欧米でも残っている。伝統的キャリアからバウンダリーレスキャリアへと移行したのは一部であり，全体ではないことに注意が必要である（Baruch & Bozionelos, 2010）。また日本と米国のキャリアの違いを見るとわかるように，グローバルに視点を向けると伝統的キャリアとバウンダリーレスキャリアの混在はもっと顕著になる。

　どちらのキャリアに志向があるかは個人差があるし，一個人の中でもライフステージによる変化もあるだろう。企業にしても，短期雇用で人的資源の流動性を高めたい企業もあれば，そうでない企業もあるだろう。両者の思惑が一致する形での採用をしたとしても，それぞれが変化する可能性がある中で，どのような折り合いのつけ方がありうるかは，今後の重要な研究テーマになるだろ

う。

5. キャリアトランジション ✥✥✥✥✥✥✥✥✥✥✥✥✥✥✥✥

　ここまでに紹介した理論は，長期にわたるキャリアを想定したものであった。しかしキャリアの問題を考える際に，特に変化が大きく移行が難しい場面に着目することも，支援に役立つ。シュロスバーグはキャリアの大きな変化をどのように乗り越えるかを，ストレスの認知評価モデル（Lazarus & Folkman, 1984）を援用し，理論化している（Schlossberg, 1995）。彼女の理論の主な特徴は，変化への対処に用いることのできる資源を4つ特定していることである。4Sと呼ばれる4つの資源は，①状況（Situation），②自己（Self），③支援（Support），④戦略（Strategies）である。それぞれを吟味し，脆弱な資源と活用可能な資源を認識する。たとえば，40歳になって転職を余儀なくされた経理担当課長は，現在の経済状況から同業種への転職が難しいことを知っている（状況資源の弱さ）。まだ自分自身で経理業務を一通りこなせることと，今の労働市場であれば，高すぎるわけではない年齢を考えて（自己資源），他業種への転職を考える。経理に異動になる前に仕事で付き合いのあった人がその会社の人事に移動していることを思い出し，相談をしてみることにした（支援資源）。

　日本で働く人のキャリアを考えると，今後研究が必要となるトランジションとして，若年層のスクールからワークへのトランジションと，高齢者ホワイトカラーのメインキャリアからセカンドキャリアへのトランジションがあげられる。これらは対象となる人数が多く，トランジションの失敗による社会的インパクトが大きい。しかもこれらのトランジションは，日本社会ならではの特徴があり，今後多くの研究が望まれる。

　キャリアの研究は，歴史も長く，多くの知見の蓄積がある。一方，上記で見てきたように，キャリアの理論や研究は，その時代の就労のあり方に大きく影響を受ける。そういった意味では，蓄積された知見を応用しながらも，常に新しい時代の課題に向き合うことが求められる研究分野であるといえるだろう。

売り手と買い手の心理学

　われわれの日々の生活において，広告と買い物と無縁の日はないだろう。朝起きてテレビのCMや新聞の広告を見，昼にはスーパーやコンビニで買い物をし，夜にはしつこいセールスの電話に辟易させられる。仕事でみるウェブサイトにもバナー広告があふれ，街を歩いていても，携帯電話に宣伝メールが何本も届く。しかし，一見ごくありふれた日常の営みの中にも，心理学の知見はさまざまに生かされている。本章では，われわれの生活と非常に密着しているセールス（人的販売），消費者行動，広告における心理学の研究成果とその応用について紹介していく。

1. 要請技法と悪徳商法

1 人的販売における要請技法

　セールス場面においては，顧客に購買を決意させることが重要な課題となる。そのために，セールスマンや販売員はさまざまな努力を行なっているが，そのようなセールス手法の中には，心理学の知見を巧みに利用したものがある。ここでは特に，何回かにわたる接触や持続的な交渉場面において，その効力を発揮する要請技法の代表的なものを紹介する。

　1）段階的要請技法（フットインザドア技法）　　フットインザドア技法（Freedman & Fraser, 1966）とは，はじめに小さな依頼をしてそれに応じさせ，その後，本命の大きな依頼をするという方法である。こうすることで，いきなり大きな依頼をするよりも本命の依頼に対して高い応諾率が期待される。フリードマンとフレイザー（1966）のフィールド実験では，カリフォルニアの住

宅地の大多数の住人（83％）に断られたとてつもない要請（家がほとんど完全に隠れてしまうくらい大きな安全運転の看板の設置）が，その2週間前に安全運転についての小さなシールを貼るよう承諾した住人たちに限っては76％も承諾したことが示されている。しかも，先に承諾した小さな要請が後の要請とはまったく異なった公共利益に関するトピックスであった場合でも，約半数が看板の設置に同意したという。

　この技法の効果は，自己知覚理論により説明可能とされている。すなわち，最初に小さな要請に応じることによって「私はそのような要請を受け入れる人間」という自己知覚が生まれ，それに応じた態度変化が導かれると考えられている。このような技法は，ステップアップがあらかじめ組み込まれた商品（英会話学校やエステティックサロンなど）のセールスに巧妙に用いられている。最初は体験コースのみ，と考えて入会したものがいつの間にか次々と高額なコースへと足を踏み入れてしまった，というケースがこれにあたる。

　2）譲歩的要請技法（ドアインザフェイス技法）　　　ドアインザフェイス技法（Cialdini et al., 1975）は，フットインザドア技法とは逆に，先に大きな要請をし，それをわざと断らせておいてから，譲歩する形でより小さな本命の要請をする，という方法である。チャルディーニらの実験では，アメリカの大学のキャンパスで学生に非行少年のグループを動物園に連れて行く付き添い役のボランティアになることを要請したところ，83％の学生が断った。ところが，その依頼の前に，少なくとも2年間にわたり週2時間非行少年たちのカウンセラーを務めて欲しいと要請をしたところ，この極端に大きな要請は全員が拒否したものの，動物園の付き添い要請の承諾率は3倍になったという。

　この技法の効果は，返報性の原理（相手が譲歩した場合，こちらもある程度譲歩するべきという暗黙の規範）の存在と知覚のコントラストにより説明されている。多くの小売店ではお客に高額の商品から勧めることが実践されており，実際に売上増大に有効であるといわれている。店側からすれば，高い商品が売れればそれでよし，もしだめでも，次に価格も品質もやや劣る本命の商品を提示し，客側に店側から譲歩を引き出したという満足感と前に提示された商品の価格との対比による安さを感じさせることで，本命の商品の購買に結びつけるのである。

3）承諾先取り技法（ローボール技法）　　ローボール技法（Cialdini et al., 1978）とは，まず，魅力的な条件や商品を示しておいて，消費者に購買の決定をさせ，決定がなされてから契約するまでの間に悪い条件を加えたり，いい条件のいくつかを取り下げたりする。しかし，一度ある決定を受け入れた消費者はあまりそれを撤回しようとしない。そのような心理をついた要請技法である。

　車の販売の場面では，この技法がよく使われている。車の広告は格安の車両本体価格のみを提示したものがほとんどで，それにより消費者をショールームまで呼び寄せる。そして，消費者に検討している車の購入を「決心」させる。その上で，エアコンやオーディオはおろか，足拭きマットやアルミホイールなど本体の付属品と思われるパーツの多くがオプションであることや，登録料，取得税，保険などの諸費用が相当かかる，といった不利な条件を知らせる。ところが，一度購入を決心した消費者は，その結果，本来の予算額を大幅にオーバーしてしまったとしてもその車を購入してしまうのである。

　これらの手法は，店頭や訪問販売など，対面でのコミュニケーションを介した販売活動において多かれ少なかれ用いられている。また，悪徳商法と呼ばれる一連の犯罪まがいの販売手口では，これらの技法を含め，さまざまな心理学を応用した手法が巧妙に利用されている。次節では，心理学の知見を利用した悪徳商法の一例を紹介する。

2　悪徳商法の例

1）資格商法　　資格商法とは，公的資格や公的資格に酷似した民間資格が確実に取得できるとする講座への入会を執拗に勧誘し，勝手に入会契約手続きをしたり，高額な受講料を要求してきたりする商法である。セールストークの際には，定員や期間限定など機会損失を強調し，「申し込み多数」などと他者からの反応を口にして受諾させようとする。しかし，このような講座で公的資格が必ず取得できる保証はなく，確実に取得できる民間資格は，業者のうたい文句とはうらはらに，実際には役に立たないものがほとんどである。この商法は，昨今の不況によるリストラや就職難を背景として隆盛してきた商法で，就職に悩む学生や職場内での地位確保やキャリアアップをもくろむビジネスマンをおもなターゲットとしている。

近年では，公的資格の取得講座の受講経験者が何度も同様の講座に入会させられる二次被害や，安易な消費者信用の付与による多重債務を抱え込むケースも多くなっている（秋山，2000）。このような二次被害や多重債務は，サンク・コストへの固執（4章参照）の一例として説明可能であると考えられる。一度挫折した人が別の業者からの勧誘を断って資格取得をあきらめた場合，それまでの投資や努力は無駄なものとなり，その時点で損失が確定するが，新たな講座に入会することは追加投資にあたり，当面投資が回収される可能性（資格取得の可能性）を維持することができる。しかも，その可能性は現実よりも過大に評価されやすい。また，一度ある程度の債務を抱えると，さらに同程度の債務を負った場合に心理的な負債が小さくなり，借金の積み増しに抵抗がなくなるため，多重債務に陥りやすいと考えられる。

2）催眠商法　催眠商法とは，まるで客が集団催眠にかかったかのように契約をすることから，このように呼ばれる商法である。この商法では，まず，販売員が街頭でチラシや無料の商品を配ったりして主婦や老人を集める。そしてある程度客が集まると，客を別の会場に連れて行き，「時間です」「定員です」といって会場を閉めきった状態にする。そこでは，業者が「この商品を無料で欲しい人は」という問いかけに客が「ハイ！」と元気に答えると無料で日用品がもらえるということを何度もくりかえし，雰囲気を盛り上げて興奮状態にする。客は，最初は手を挙げるのに抵抗するが，無料の商品という言葉につられたり，周りの雰囲気につられたりしてしまう。この会場の中にはサクラがいて盛り上げることもある。そして，雰囲気が盛り上がったところで「特別に今日来てくれた方に超高級羽毛布団を30万円で欲しい人」などというと，催眠商法にはまっている人は思わず手を挙げてしまう。後から間違って手を挙げてしまったと思って取り消そうとしても販売員が脅迫まがいのことをして認めず，商品を購入させられてしまう。この商法では，最初から高額の商品を買わせるのを目的として，おとりの無料商品を配っているのである。

この商法は，人間の思考の傾向を巧妙に利用したものである。ルーチンスの水がめ問題[1]で示されるように，人間は一度定式化された解法に気がつくと，問題の形式が同様である限りその解法に固執する傾向がある（構えの効果；御領ら，1993）。催眠商法でも，同様の質問形式が何度もくりかえされるために，

1. 要請技法と悪徳商法　225

客の中に質問内容に無批判に「ハイ」と答えてしまう構えができあがると考えられる。

3）かたり商法　　かたり商法とは，消防署やNTTなど公共事業体の人間を装って家庭を訪問し，火災警報器や電話機を販売する商法である。業者は，それらしくみえる制服を着用し，「消防署（電話局）の方からまいりました。ところで……」といい，客側にあたかも消防署員やNTTの職員であるかのように信じ込ませる。そして，法律で設置が義務付けられていることを盾にして火災警報器を法外な価格で購入させたり，本来は設置の必要のない電話機を高額で購入させたりするのである。ここでいう「～の方から」とは，「～の方角から」という意味で使われており，訪問者は消防署などとはまったく関係ない人物なのだが，一般の人々の多くはこれらの制服を正確に覚えていないこともあり，ついだまされてしまうのである。これは，一般に人間は権威に弱いこと，また，外見により他者の印象形成を行ないやすいという性質をうまく利用した手口である。

人は，他者が着ている衣服によりその人に対する印象を形成し，それにより態度や行動が変化することがしばしばある。ビックマン（Bickman, 1974）は，街頭実験で，権威の装いを身につけた人物からの要求に抵抗することがいかに困難であるかを実証している。その中の1つの実験では，依頼者が通行人を呼びとめ，15メートル先のパーキング・メーターに立っている男性を指さし，「あの男の人は，駐車時間を超過してしまったが，あいにく小銭を持ち合わせてい

1）ルーチンスの水がめ問題とは，表9-1のようにA.B.C.の3つの水がめを用いて求められる量の水を，そのどれかのかめに満たすことが求められるものである。まず，問題1から解き進んでいくうちに，Bにはった水からCのかめ2杯分とAのかめ1杯分の水を捨てれば正解（B−2C−A）が得られることに気がつく。多くの人は一度この方法で解き始めると同じ方法で解き続け，A−Cでも解ける問題6と問題10も同じ方法を用いる。そしてそのために問題8で間違ってしまうのである。このような現象を構えの効果という。

表10-1　ルーチンスの水がめ問題（御領ら，1993）

問題	水がめAの容量	水がめBの容量	水がめCの容量	求められる水量
1	21	127	3	100
2	14	163	25	99
3	18	43	10	5
4	9	42	6	21
5	20	59	4	31
6	23	49	3	20
7	15	39	3	18
8	28	76	3	25
9	18	48	4	22
10	14	36	8	6

ない。彼に10セントあげてください」という依頼をする。その後，依頼者は角を曲がって歩き去り，通行人がメーターの所に着く頃には自分の姿がみえなくなっていたにもかかわらず，依頼者が警備員の制服を着用している条件では承諾率は92％に達した。一方，依頼者が普通の服を着ている場合には半数以下の42％の承諾率であった。さらに，この実験で依頼者が普通の服を着ている時の服従率を大学生はかなり正確に推測できたが（推測値は50％），依頼者が制服を着ている時の服従率はかなり過小評価した（推測値は62％）ことも報告されている。このように，「自分だけはだまされない」と思っていても，実際にこのような手口に遭遇した場合，引っかかる可能性は想像以上に高いのである。

　4）**アポイントメント・セールス**　　アポイントメント・セールスとは，デート商法とも呼ばれ，異性に好意を抱かせて言葉巧みに高額商品を売りつける手口である。この商法では，まず職場や家に男性には女性から，女性には男性から「あなたが選ばれました」などといって電話がかかってくる。また，近年は携帯電話やインターネットの出会い系サイトなどで恋人募集を装って近づいてくる。そして，「電話（メール）だけでなく，是非お会いしたい」などといって電話やメールでアポイント（会う約束）をとり，事務所や喫茶店などに呼び出して高額で商品を売りつける。販売員は外見的に魅力的な者であることも多く，最初は，客を信用させ好意を抱かせるような言動をくりかえす。そして，ある程度親密になったところで，宝石類などを売りつけるのである。

　この手口は，外見的に魅力的な人は性格もよい人であると信じやすい傾向（ハロー効果）と，好意を示してくれた人に対してはこちらも誠意を示すべきであるという暗黙のルールをうまく利用した手口である。この商法は新成人が狙われやすいともいわれている。未成年者の場合，親の同意のない契約は原則として取り消すことができるが，成人すると商品の契約解除が難しくなるため，業者が特にターゲットにするという。しかし，この商法は特定商取引法で規制されており，契約から8日以内ならばクーリングオフできることも知っておくべきだろう。

　5）**電子メールによる悪徳商法**　　上記の悪徳商法の例とは若干異なるが，電子メールによる迷惑広告や詐欺まがいのメールも一種の悪徳商法といえるだろう。電子メール広告は，低コストで同一内容を同時に大量のユーザーに送信できる

ため，不特定多数の人々に送ることが可能である。そして，送信者はユーザー名を偽る「なりすまし」が表面的には可能なために，携帯電話のメールを中心に，詐欺まがいの内容のものも多く含まれている。特に，上記の「なりすまし」を用いて個人名を語り，デートの誘いや金銭の授受をもちかけたりするメールは規制が難しく，特定商取引法が改正後も後を絶たない。

このようなメールには，たいていの場合，「選ばれたあなたに」や「あなただけに」といった受信者のみを特別視するような文言が含まれ，送信者のプロフィールがみられるなどといった名目でリンク先のサイトのアドレスが併記されている。そして，発信者は，受信者をそのサイトへ誘導することで，不当に利益をあげることを目的としている場合が多い。このようなメールの受信者は希少性の原理や好意の返報性の原理から，つい反応したくなりがちである。

また，インターネットの有料サイトの運営者を語り，有料コンテンツの利用料の請求をするのも，電子メールによる詐欺の典型例である。この場合，請求元が成人向けサイトなど社会的に望ましくない場合には，羞恥心や罪悪感から請求に応じてしまう場合がある。しかし，たいていの場合，このようなメールは不特定多数にほぼ同一の文言を用いており，連絡先電話番号は架空のものである。したがって，身に覚えのない場合には，返信や連絡などせずに放っておくべきである。抗議の意をこめて返信をしたりすると，かえって自分の個人情報を発信者にさらすことになり，さらなるターゲットにされる可能性がある。

2. 消費者調査とその分析

1 重要性を増すPOS関連データ

今日の企業のマーケティング活動では，情報の占める位置がますます重要になってきている。マーケティングに活用可能なデータは製品の売上高や出荷量，広告投入量や販売価格の変化など基本的なものから，消費者のクレーム情報や営業マンが取引先から入手した言語情報などさまざまな種類があるが，近年ではPOSデータや顧客IDつきPOSデータといった電子的に処理された消費者の購買行動を記録したデータが，特にその重要性を増してきている。さらに，近

年は，ECサイトやサイバーモールといった，インターネット上での商取引の
データも，同様に重要視されるようになっている。

　これらのデータは，日常的かつ継続的に収集されており，必要とするタイミ
ングで利用することができる。また，市場の変化を店舗別ないしは顧客別とい
う非常にミクロな単位でとらえることのできるデータでもある。そのため，市
場の変化に対応した迅速な意思決定を可能にする上でも，また，メーカー，流
通業者それぞれにおいて個店別対応や顧客別対応を可能にする上でも，利用価
値の高いデータとして考えられている。そこで，次節および次々節で，POS関
連データの特徴とそのデータの活用方法の1つであるデータマイニングについ
て紹介する。

2　POS関連データの特徴

　POS関連データには，POSデータ，スキャン・パネル・データ，顧客ID付
POSデータがある（（財）流通経済研究所，2003）。POSデータは，小売店舗な
どにおいてレジ係が商品などに添付されているバーコードを，光学式の読み取
り機によってスキャニングすることで自動的に保存されていくもので，店舗ご
とに「何が」「何時に」「いくらで」「いくつ」売れたかが把握できる。また，多
くのコンビニエンス・ストアでは，レジには顧客層のキーが設定されており，
このキーとPOSデータとを組み合わせると，それぞれの商品の顧客層別の売上
を把握できる。

　スキャン・パネル・データは，POSデータに加えて「誰が」買ったのかとい
うことを把握できる。コーザルデータを組み合わせることで，商品の売上に対
するさまざまな要因の影響を1人ひとりの購買をベースにして把握することが
できるのが特徴である。スキャン・パネル・データには，ストア・スキャン方
式とホーム・スキャン方式の2種類がある。前者は，調査機関の依頼に応じた
特定店舗を利用しているパネラーにIDカードを配布し，その店舗での買物のた
びにレジでカードを提示してもらう形で捕捉するものである。これに対し，
ホーム・スキャン方式では，パネラーが買ってきた商品のバーコードを家庭で
読み取らせることによって購買履歴を捕捉している。

　なお，スキャン・パネル・データを提供している機関は，購買履歴データの

他にマーケティング活動に関するさまざまなデータを統合し（たとえば，インテージによる全国消費パネルとキッチンダイアリーやビデオリサーチの購買履歴とテレビ視聴データとを組み合わせたシングルソースデータなど），データサービスを行なっている。

顧客IDつきPOSデータは，FSP（Frequent Shopper Program）を利用した顧客別購買履歴データのことである。FSPを導入した小売業者は会員となった顧客にIDカードを提供し，それが買物時に提示されると買物金額に応じて会員顧客にポイント蓄積などの特典を提供する。これにより，スキャン・パネル・データと同様のしくみで顧客別の購買履歴が把握できる。このデータは，スキャン・パネル・データに比して，データ量が格段に大きいのが特徴である。ただし，これらのデータは主として調査目的で収集したものでないため，データ精度がやや低く，把握している消費者属性の詳細度が低いことなどが欠点としてあげられる。

3　データマイニング

ネットワーク環境が整備された現在，企業は上述のようなPOS関連データやECサイトなどのインターネット上の商取引データを自動的かつ大量に収集することが可能となった。また，安価で大容量の記憶装置が開発され，大容量データを破棄せずに保存しておくことができるようになった。そして，この蓄積された大容量データを用いた分析方法の集合体として近年注目を集めているのが，データマイニングである。

データマイニングとは，1990年代以降，多くの企業が構築するようになった「データウェアハウス」のデータを利用して，実務家が現実的な要請に突き動かされて発展させた技術体系である。SASインスティチュートジャパン（2001）によれば，多種多様に行なわれているデータマイニングには「さまざまな意味のあるパターンやルールを発見するために，大容量のデータを自動的もしくは半自動的手段で分析し探索すること」という共通認識が見いだせるという。そして，データマイニングを有効に行なうためには，大容量かつ整理されたデータ，それを分析する専用のツール，そしてそれを使いこなせる人，の3つが揃っていることが必要であるという。

230   10章　売り手と買い手の心理学

　データマイニングの特徴は，従来の統計解析と比較するとより明確になる。統計解析は「仮説の証明」を分析目的としているが，データマイニングは「有用かつ既知でない知識の発見」を分析の目的としている。統計解析は，まず「仮説ありき」であり，その仮説を検証するためにデータは収集され，分析される。これに対してデータマイニングは，まず「データありき」であり，大量のデータはあるが統制されていない状態から分析作業が始まる。そして，そのデータからコストとベネフィットとのバランスを考えた上で分析が行なわれ，モデルが構築される。さらにその結果をデータ収集の段階へフィードバックし，収集するべきデータの再検討，収集されたデータの再分析と循環していく。このようにデータ収集と分析作業とを循環して行なうことによりモデルをより発展させていくのもデータマイニングの特徴といえる。

　データマイニングの手法は，実験計画法などと異なり，明確な創始者がいるわけではなく，ビジネスの必要に迫られて収集・改良されてきた経緯があるため，その手法の境界線は明確でない（豊田，2001）。そのため，取り扱う分析手法は50種類以上ともいわれているが，分析作業という点では，統計解析と同じ分析手法を使うことが多い。代表的な分析手法である「決定木」「回帰分析」「ニューラルネットワーク」「マーケットバスケット分析」「クラスター分析」などは統計解析から派生したものである。しかし，近年は，統計解析からの借り物だけではなく，テキストマイニングといったデータマイニング独自の分析手法も開発され，それ専用の解析ソフトがフリーソフトも含めて多数流通している。

4　ライフスタイルと消費者行動

　上記のような購買実績に関する大量の電子データの分析による顧客特性の分析とは別に，消費者の個人特性を明らかにすることにより，消費者行動を予測しようとするアプローチもある。その代表的なものにライフスタイルによる消費者行動分析がある。ここでは，その中から代表的なアプローチを紹介する。

　1）AIOアプローチ　　AIOアプローチは，50程度から多い場合には数百の意見や態度，関心事にかかわる文章を呈示し，各文章への賛否をたずねることで，類似の回答者を事後にセグメント化する方法の総称である。AIOとは，

Activities, Interests, Opinionsの頭文字であり，「A（activities：活動）」は，労働や余暇の時間の過ごし方，「I（interests：関心）」は，生活環境の中で何に興味をもっているか，「O（opinions：意見）」は，社会的問題と個人的問題についてどのような立場をとっているかをあらわす。AIOは，生活全般のライフスタイルを問題とする場合と，特定の生活領域や商品カテゴリーに関連する領域を測定する場合とがある。

2）**VALS（Values and Lifestyles）**　VALS類型は，1970年代後半にSRIインターナショナルによって開発されたもので，約800問の価値やライフスタイル，消費行動に関する質問から9つの価値類型を抽出したものである。その後，1980年代にスタンフォード大学とUCバークレーとの共同チームにより改訂作業が始まり，1989年に米国では新VALSが開発された。そして，日本市場向けにも同年10の価値類型をもつJapan-VALSが開発された。

Japan-VALSはロジャースの普及理論と心理学の類似性理論をもとに作られており[2]，そこでは，「経済力・知識力・冒険心」から構成される実現力の差異により，新規プロダクトの採用に個人差が発生すると想定されている。また，人は自分に似たものを求めることから，消費者の価値観を明確にすることで，消費行動の裏に隠された動機を探ることが可能となるという。ライフスタイル分析の多くは，いくつかのセグメントが見いだされても，それらの互いの関係性が明らかでなく並列に示されているものがほとんどであるが，これに対してVALSでは，人が時間経過とともにセグメント間を移動し，各セグメントの大きさも変化すると仮定している点に特徴がある。

このようなライフスタイルアプローチは，消費者行動を説明する際に他では得られない情報が得られるため，マーケティング活動や広告施策立案のアイデア発想に役立てることができる。他方，このようなライフスタイル研究に用いられる尺度は，その時々の課題に対応して手作りされることが多いため信頼性と妥当性が乏しく，また，調査や研究に関する理論的枠組みが脆弱であるという指摘もある（丸岡，2000）。

2）http://tokyo.strategicbusinessinsights.com/programs/vals/index.html（2010年10月26日）

3. 広告効果と広告情報処理

1　広告効果とは

　企業活動の究極の目的は売上の向上である。したがって，広告の効果といえば，広告を行なった直後に製品の売上がどの程度増えたか，というようにすぐに売上や具体的行動に結びつくものと考えられがちである。しかし，広告の効果はそれほど直線的なものではない。売上増加に影響を及ぼす変数は，広告以外にも商品企画力，価格政策，販売力，景気，天候など多数存在し，さらに広告の繰越効果（carry-over effect: Palda, 1964）によって時には広告投入から数期後に売上に貢献する場合もある。

　したがって，現在では広告の効果は，広告活動が作り出した何らかの変化ととらえることが一般的である。特に，広告を一種の情報伝達活動ととらえ，送り手からの情報によって受け手に生じる種々の心理的・行動的影響で広告効果を考えるという広告のコミュニケーション機能に着目した効果測定は，多くの広告関係者が広く行なっている。そこで，そのもっとも古典的な考え方であるAIDMAおよび代表的なモデルであるDAGMARを次節で紹介する。

2　AIDMAとDAGMAR

　AIDMAとは，購買に至るまでの心理的な過程を階層的に説明するモデルであり，それぞれ注意（attention），関心（interest），欲望（desire），記憶（memory），行為（action）の5段階を示している。すなわち，人はその商品の広告に注目し，その商品に興味をもつようになり，さらにその商品を欲しいという気持ちが生じ，それが記憶に貯蔵され，最終的には購買などの行為に至るというのがこのモデルの基本的考え方で，この順番に広告情報の処理が進むと想定されている。

　この基本的考え方をより洗練したモデルがコーレイ（Colley 1961 八巻訳 1964）によるDAGMAR（Defining Advertising Goals for Measured Advertising Resultsの略称）である。コーレイ（1961）は，広告の役割をコミュニケーション機能

に限定し，広告の目標は，ある種のコミュニケーション課題が，特定化された訴求対象に，決められた程度だけ，決められた期間で達成されることであると主張した。コーレイはまた，広告接触から始まる消費者の心理的・行動的変化の過程について未認知（unawareness），認知（awareness），理解（comprehension），確信（conviction），行為（action）の5段階のコミュニケーション・スペクトラムを仮定した。このモデルでは，消費者は上記の5段階を踏んで最終的な購買に至ると仮定され，未認知の段階から一気に行為の段階へ導くような効果を広告に期待するのは不適当であるとされた。そして，コミュニケーション・スペクトラムの段階を現状から一歩でも先に進めることを広告目標とするのが妥当である，と主張した。DAGMARは，1995年に全米広告主協会により改訂版が発表された（Dutka, 1995）。それによれば，広告は，カテゴリーへの欲求からブランド認知，ブランド知識と理解，ブランドへの態度，ブランドの購買意図，購買促進，購買，満足，ブランドロイヤリティと進む階層構造それぞれに異なる効果を及ぼすとされ，広告効果を測定する際には，それぞれの段階におけるコミュニケーション目標の効果を測定すべきであるとされている（図10-1参照）。

DAGMARは，キャンベル（Campbell 1969 八巻訳 1971）による市場実験でその実用可能性が実証されて以降，その後の広告研究や実務において幅広く応用されてきた。

しかし，現在に至るまで，広告がこのモデルに沿った段階を経て消費者に効果を及ぼしているのか確証が得られていないという批判もある（Fennis & Stroebe, 2010）。

図10-1　改訂版DAGMAR（Fennis & Stroebe, 2010）

トピックス　単純接触効果と低関与学習理論

　AIDMA や DAGMAR では，広告効果を認知→態度→行為という階層モデルとしてとらえていたが，広告の反復呈示により意識的な認知的活動を経ずに好意が形成される可能性を示唆した説もある。それは，単純接触効果と呼ばれる現象で，ザイアンス（Zajonc, 1968）によって最初に報告されたものである。

　彼は，単に刺激に反復して接触することによりその刺激に対する好意が増すということをさまざまな実験を用いて検証し，さらにこの現象が，認知的活動内容とは無関連に起こることを示した（Zajonc, 1980）。人の顔写真や外国語の文字などを刺激として行なわれた一連の研究では，刺激との接触回数の増加が好意を増大させることが示された。特に，その対象に以前に接触したことがあると再認できない時にも，刺激の図形に対する好意度が増大するという結果が得られている（Kunst-Wilson & Zajonc, 1980）。そして，実験参加者は接触回数の多い刺激を現実には好んでいながら，なぜ好むのかという質問に対しては，「形が魅力的だから」といった合理的な説明をし，接触回数の多さを理由にあげたものはなかったという。このことは，みたことがあるかないかという認知的判断が介在することなく「好き」という感情反応が生起していることを示している。

　この説は，クラグマン（Krugman, 1965）が導入した低関与学習理論の概念とも一致するものといえる。低関与学習理論とは，テレビ CM による学習は，その媒体特性や宣伝される商品の特性により低関与なものとなり，その効果は，くりかえしの呈示により知覚構造の変化としてあらわれるが，確信や態度変化へ至るほどのものではない，というものである。そして，態度変化は変化した知覚構造により導かれたその後の購買行動を経て起こるとするものである。すなわち，このモデルを単純化して記述するならば，低関与広告のくりかえしの露出→知覚構造の変化→行為の変化→態度変化となり，AIDMA や DAGMAR で想定されたものとは異なる階層での広告効果の存在を示している。

　近年は，潜在的な記憶や潜在的な態度の測定技術が開発され，広告により形成された消費者自身が意識していない記憶や態度が，製品の評価や購買意図に及ぼす影響が検討されるようになっている（本章3節4項参照）。

3 広告効果の測定

　広告効果は，先述のように，広告を市場に投入したことによる市場の変化と考えられる。そしてその効果測定の際には，広告目標に応じたコミュニケーションの効果や売上への直接的な効果（販売効果）が測定される。広告効果の測定は，広告投入直後の単なる成績の記述にとどまらず，広告目標の達成度合を評価し，次の広告計画に生かすためのものでもある。実際の広告の効果測定は以下のようなものが行なわれる。

　1）入口調査　　これは，広告が市場に入っていく段階を測定するものである。広告は広告投入量を大きくすれば効果も大きくなる，という仮定のもとに実施されるが，まず本当に広告が多くなったのかどうかを知るのがこの段階の調査である。広告の効果はリーチ（R）とフリークエンシー（F）のうち，フリークエンシーの関数であることが知られている。このことは，単純接触効果の知見によっても裏付けられている。したがって，広告の効果はフリークエンシーの量で把握すべきだが，実際にはリーチもフリークエンシーもGRP（Gross Rating Point：延べ視聴率）＝R×Fという計算式から求める推測値であるため，実測値であるGRPで把握することが多い。たとえば広告目標の設定の際，「今度のキャンペーンは，GRP3000％を目標に計画」というような表現が使われる。

　また，メディアの露出とコストの投入の関係をみる指標にCPM（1000単位当たりの媒体料金）がある。この場合もフリークエンシーのCPMでチェックしておくことが合理的である。テレビやラジオのCMの場合，GRP，リーチとフリークエンシー，CPMは専門機関が提供しているテレビの視聴率データを活用して計算することが多い。他方，印刷媒体のリーチ，フリークエンシーはテレビやラジオのようにシンジケートデータがないため，広告主や広告会社，または媒体社が自らリーダーシップ調査を実施し，広告が市場で記憶されているかどうか測定する。

　さらに，入口調査として，広告メッセージが市場に，送り手の意図どおりに届いているか否かを測定することも必要である。テレビCMの場合，専門機関によるシンジケートデータが存在し，首都圏居住者をサンプル対象として年複

数回調査が実施され，CMの評価や商品の購入意図などが調べられている。新聞広告，雑誌広告については，このようなシンジケートデータがないため各新聞社，雑誌社が独自で行なっている調査システムに参加するか，必要ならば，自らが調査をしてチェックする必要がある。このような調査はコピーテストと呼ばれ，広告の再認，広告への好意度，広告から受けるイメージ，情報伝達の程度，情報満足度などが調査される。新聞広告のコピーテストの方法に，スプリットランという方法がある。これは，1つの輪転機で2種類の記事や広告を1部おきに，他の紙面は同一のまま印刷することができる性質を生かし，2つの異なった広告を掲載した新聞を作成し配達する。これにより，2つの広告が同一地域に無作為に均等に配達されることになる。その後，コピーテストを行なえば，2種類のうち，どちらの広告が送り手の意図に合致しているかわかる。

　2）**出口調査**　　これは，広告による変化を測定する段階だが，大きく分けてコミュニケーション効果と販売に及ぼす効果（販売効果）が調査の対象となる。コミュニケーション効果の測定の場合，その基本的考え方はDAGMARに基づくものが多い。先述したように旧DAGMARでは5つ，改訂版DAGMARでは9つのコミュニケーションスペクトラムを設定し，目標による広告管理を行なっていく。そして，それぞれのコミュニケーションスペクトラムにどのような変化が起きたかを測定することで広告の効果をチェックする。

　他方，DAGMARの考え方は多くの広告関係者の同意を得ているのはたしかであるが，実務家の間では，それでもなお広告の効果を売上で測定したい，という願望が強くあるのも事実である。そのため，さまざまな広告の販売効果の調査法も開発されている。

　販売効果の測定手法の1つは市場実験である。広告投入の有無，あるいは広告の投入量を実験変数として市場実験を行なう。たとえば，広告される商品の環境がよく似た地域を選んで，そこに異なった量の広告を投入して，売上に差があらわれるか調べる。市場の単位は都道府県単位が設定される。それは，広告の媒体である民放テレビやラジオは県域放送が基本であり，新聞の場合もほぼすべての都道府県に「県紙」と呼ばれる地方紙があり，その配布エリアがほぼ都道府県単位と一致しているからである。測定方法は，パネル店を設定してその店での売上をチェックする方法や，パネル世帯を設定してその世帯での購

買行動を調査するという方法が考えられる。あるいは，パネル店やパネル世帯を設定せずに，1回の販売店調査や，世帯調査で販売効果を推定することもできる。

　ただし，市場実験で広告効果を厳密にチェックするには，大規模な実験が必要となる。そのため，近年ではPOS関連データの整備により，スキャン・パネル・データによるシングルソースデータを用いた分析が販売効果の把握のために利用されている。また，新聞や雑誌の通信販売，テレビ・ラジオショッピング，テレホンショッピング，ダイレクトメールによる販売などの広告のように，販売効果を直接測定するしくみも存在する。このような広告はダイレクト・レスポンス広告と呼ばれ，直接消費者に届き，消費者行動が購買行動や資料請求などの行為としてすぐにあらわれるため，広告の効果を販売のレベルでかなり厳密に把握できると考えられている。さらに，インターネットの広告もクリック数やECサイトによる売上高などを厳密に把握することができるため，その注目度が高まり，2009年度には広告費で新聞を上回るまでに至っている（日経広告研究所，2010）。

4　広告情報処理モデルの展開

　1）フィッシュバイン・モデル　　フィッシュバイン・モデル（Fishbein, 1963）は，多属性態度モデルのもっとも一般的で妥当なモデルである（杉本，1982）。多属性態度モデルは，ブランドに対する態度を記述したり予測したりする一連のモデルで，消費者にとって選択基準となる複数の製品属性に対する価値や評価の側面と，選択対象となるブランドに対する期待や信念の側面が統合されることによって態度が形成されると想定している。このモデルにより，広告の送り手にとって，受け手の態度がいかにして形成されるのか，また，どのような広告により態度が変化するのかを予測可能であると考えられる。

　このモデルは，（1）属性の「良い－悪い」についての評価と，（2）選択肢がその属性をもつことについての信念の強さの積和により選択肢の「好き－嫌い」についての全体的態度を予測する。評価や信念の測定では5段階や7段階の評定値が，両極尺度（−2〜0〜2あるいは−3〜0〜3のような正負の両方向をもつ尺度）によって尺度化される。たとえば，ノートパソコンの購買に関して，

ある人は価格，ハードディスクの容量，重量の3つの属性で意思決定を行なうとする。その人は，価格が安いことに，7段階尺度で「かなり良い（＋2点）」という評価を行ない，ハードディスクが大きいことについて「非常に良い（＋3点）」，重量が重いことに「やや悪い（－1点）」という評価をしたとする。また，パソコンAの価格は「やや高そうだ（－1点）」と思い，ハードディスクは「かなり大容量だ（＋2点）」と思い，重量は「やや軽そうだ（－1点）」と思っているとする。この場合，フィッシュバイン・モデルでは，評価値と信念の強さの積和は（＋2）×（－1）＋（＋3）×（＋2）＋（－1）×（－1）＝5となる。フィッシュバイン・モデルでは，同様にして，評価値と信念の強さの値の積和を選択肢ごとに求め，もっとも高い値の選択肢がもっとも高い態度得点をもち，もっとも好まれると予測する。

このモデルでは，消費者に提示され考慮された属性がすべて十全に処理されるということを仮定している。しかし，日常的な購買場面において，多属性態度モデルが仮定するような綿密な情報処理を多くの消費者が行なっているとは考えにくい。特に，人間の情報処理能力には限界があるため，処理すべき情報が多すぎると情報過負荷状態が生じ，多属性態度モデルの結果とは一致しない結果が得られることになる。ジャコビーら（Jacoby et al., 1974）による，ブランド選択に際して与える情報量の選択の正確さへの影響を調べる実験の結果では，消費者に与えられる情報量が24までは，多属性態度モデルと一致した意思決定

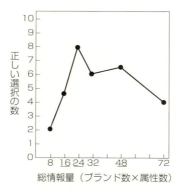

図10-2　ブランド選択の正確さ (Jacoby et al., 1974)

をする傾向が強く,情報量が増えるほど正しい選択率が上昇していた。しかし,それ以上情報が増えると正しい選択率は低下し,多属性態度モデルと一致しない意思決定をすることが示された(図10-2参照)。このように,消費者が情報過負荷状態の場合,フィッシュバイン・モデルのような多属性態度モデルには予測の限界があると考えられる(竹村,1997)。また,このことから,消費者の限られた情報処理能力の範囲内で処理できるようなメッセージを適切に広告に含むべきであるということも示唆される。

2) **精緻化見込みモデル** このモデルは,ペティとカシオッポ(Petty & Cacioppo, 1986)により提出されたモデルで,メッセージの中に示された論拠を吟味する可能性(精緻化見込み)の違いにより,情報処理方略が異なるとするモデルである。このモデルは,受け手の関与の違いや広告媒体の特性のちがいにより,どのようなメッセージを広告に含むことが有効か示唆を与えるものと考えられる(図10-3参照)。

精緻化見込みは,受け手がメッセージを考えようとする動機とそれを考えることができる能力に依存している。宣伝されている製品を近い将来購入する予

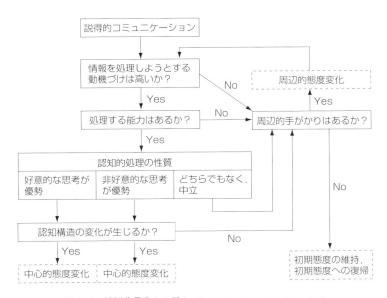

図10-3 精緻化見込みモデル(Petty & Cacioppo, 1986; 山口,1998)

定がある場合は，そうでない場合に比べて広告メッセージに強い関心が向けられる。すなわち，考えようとする動機が高まっている状態といえる。しかし，与えられたメッセージが過度に専門的であったり，また受け手の製品に関する知識が十分でなかったりする場合には，メッセージの精緻な処理ができなくなる。広告メッセージの受け手に考えようとする動機と能力があれば，広告メッセージ内に示された説得的コミュニケーションは精緻化されるが，逆に動機と能力がなければ精緻化されない。

　そして，精緻化見込みの違いにより説得のされ方が異なるが，その説得による態度変化には中心的ルートと周辺的ルートの2つのルートが仮定されている。精緻化見込みが高い場合，中心的ルートを経て態度変化が起こる。この場合，メッセージの本質である製品の価格や基本的性能など重要な製品属性に関する態度の変化に影響する。一方，精緻化見込みが低い場合，周辺的ルートを経て態度変化が起こる。メッセージの本質とは関係ないBGM，タレント，演出，雰囲気など広告表現のために用いられている要因が態度変化に影響を与える。一般に，中心的ルートを経た方が態度は強固で安定すると考えられている。これらは，同じ広告に接触したとしても，消費者の関与の違いが異なった情報処理を生み出すことを示唆している。

　また，一般にテレビCMと活字広告とでは，テレビCMの方が受け手の関与が低いことが知られている（Krugman, 1965）。そのため，テレビCMにより知名率を上昇させることはできても，態度変化まで生じさせるのは難しく，たとえ起こったとしてもその変化は周辺的ルートを経たものとなると考えられる。したがって，その態度変化を持続的なものとするためには，その後の購買行動による強化が必要となる。そのため，テレビ広告は，安価でくりかえし購買行動が起こる製品クラス（たとえば，食品，飲料，化粧品など）において，その広告投入量が多くなっている。逆に，活字広告の場合，受け手の関与が高いためメッセージが精緻化されやすく，態度変化も中心的ルートを経て起こりやすいことから，慎重に購買行動が進められる保険，不動産などの広告投入量が多くなっている（日経広告研究所，2010）。

　3）潜在的な記憶や態度を想定した効果モデル　　従来，広告の効果測定では，その広告の内容や製品をどれだけ再生または再認できるかといった記憶テストが

用いられてきた。しかし，この記憶テストの結果からでは，製品に対する態度や購買意図が正確に予測できないという事態が数多く発生してきた。その理由として考えられるのが，広告が潜在的な記憶に与える影響である。潜在的な記憶とは，消費者が広告に接触したことやその内容を思い出せない場合でも，記憶の痕跡が残っている状態のことである。そしてこれは，広告への接触後に行なわれる判断や選択課題において，消費者自身が接触の経験やその影響を意識することなしに影響を及ぼすのである（Fennis & Stroebe, 2010）。

　たとえば，ヨウ（Yoo, 2008）によるインターネットのバナー広告を用いた実験では，参加者は意識的にバナー広告をみるように教示された群（意識的接触群），同じバナー広告を示されるが単にウェブサイトの内容を理解するようにと教示された群（無意識的接触群），そして，バナー広告を含まないウェブサイトを見せられた群（統制群）とに分けられた。そして，ウェブサイトへの接触後，語彙完成課題テストと再認テスト，さらに製品への態度測定が行なわれた。その結果，意識的接触群と無意識的接触群は，語彙完成課題テストでは統制群に比べて成績が良く，宣伝された製品に対してもポジティブな態度を示した。しかし，再認テストでは無意識的接触群は意識的接触群に比べ有意に成績が低く，統制群とも変わりがなかった。この無意識的接触群のウェブサイトの見方は，われわれが普段インターネットに接触する際の見方とほぼ同じであると考えられる。また，その他のメディアによる多くの広告についても，われわれは意識的にみるというよりは，「偶然」目にすることの方が多い。したがって，このような意識されない接触による広告の効果を想定し効果モデルに組み入れることが，広告効果を正確に把握する上でますます重要になると思われる。

　また，近年は，広告の製品への態度に及ぼす影響についても，潜在的な態度の重要性が指摘されるようになり，その測定手法も開発されてきた。潜在的な態度とは，人が意識することなくいだく対象への評価で，それはほとんどコントロールしないままに反応や行動に影響を及ぼす（Fennis & Stroebe, 2010）。そのため，偏見や自己といった，社会的望ましさの影響を受けやすい対象への態度を測定する際に，この潜在的な態度を測定する手法が広く使われるようになってきた。潜在的な態度の測定方法としては，IAT（Implicit Association Test; Greenwald et al., 1998）やAMP（Payne et al., 2005）などが有名である。し

かし，この方法で測定される態度は，対立する二者の好悪の比較や，対象の好悪の評価に限定されるため，実際のマーケティング場面でどのように応用するかは，検討の余地が残る。

4. さまざまな広告

1 比　較　広　告

比較広告とは，公正取引委員会が作成した「比較広告に関する景品表示上の考え方」によると，「自己の供給する商品またはサービスについて，これと競合関係にある特定の商品等を比較対象として示し，商品または取引条件に関して，客観的に測定または評価することによって比較する広告」と定義されている。

この比較広告は，アメリカ，カナダではテレビや新聞などで頻繁に目にするが，日本では，他社の商品を名指しでする比較広告はほとんどなかった。しかし，1987年に，公正取引委員会から比較広告の利用を促すためのガイドラインが発表され，日本でもテレビCMや新聞広告でみられるようになった。近年は，ヨーロッパやアジアでも比較広告の利用が促されてきている。

これまで比較広告の広告効果に関する研究は相当数なされているが，その有効性については一貫した結果を示していないようにみえる。これに対し，グリウェルら（Grewal et al., 1997）による比較広告に関する研究結果に対するメタ分析では，(1) 比較広告は商品名などの訴求内容の再生成績を向上させる。特に，比較対象となる競合商品が市場で優位な立場にある場合に訴求内容の再生成績を向上させる，(2) 比較広告は情報源としての信頼性に乏しく，広告に対して非好意的な態度が形成されやすい，(3) 比較広告は訴求された商品・サービスの購買を促す，(4) 市場へ新規参入する商品が比較広告を行なう場合，比較広告は自社商品へ好意的な態度を形成させやすく，特に，比較対象となる競合商品が市場で優位な立場にある場合に自社商品に好意的な態度が形成されやすい，(5) 比較広告への信頼性を高めることにより，自社商品へ好意的な態度が形成されやすい，(6) 比較対象となる競合商品が市場第1位にある場合，比較広告は自社商品の購入意図を高める，と結論づけている。

4. さまざまな広告　243

　日本では，印刷媒体を用いた架空の広告を用いた研究（石橋・中谷内，1991;
濱，1991）で，比較広告は対象者の注意を引くが，反感を買いやすく，広告主
のイメージが低下することが示された。秋山・小嶋（1992）では，アメリカの
比較広告CMを用いて印象評定をさせたところ，印刷媒体での結果と同様に，
注意は引くが広告主への信頼感が低下することが示されている。このように，
比較広告が消費者からの反感を買いやすいことが，比較広告の利用が差し控え
られる一因と考えられうる。しかし，この現象は日本だけではなく，実は比較
広告が多くなされているアメリカでも同様にみられている。比較広告の利用に
より，消費者からの反感を弱めるためには，両面提示（7章参照），新規参入商
品で比較広告を利用する，客観的な比較基準を設定するなど，消費者に対して
誠実に情報を提供しているという態度をみせることが必要であろう。

2　タイアップ広告

　タイアップ広告（またはタイイン広告）とは，媒体社も含めた複数社の協力
による広告のことを指す。たとえば，複数の広告主が共同で1つの広告を制作
したり，番組提供しているスポンサー以外の広告主がCMを流したり，媒体社
と協力して広告紙・誌面を作成したりするケースがこれに当たる。具体的には，
番組制作への協力，メーカーと販売店の共同，新聞や雑誌の編集タイアップな
どがある。編集タイアップでなされる広告は，記事体広告とも呼ばれ，みた目
は編集記事と区別しにくいため，区別できるよう欄外に「全面広告」「広告の
ページ」と記されるのが普通である。

　また，タイアップ広告と混同されやすい広告手法にホストセリングがある。
アメリカ連邦通信委員会（FCC）によると[3]，ホストセリングとは「番組と番
組以外の素材を子どもが区別するのに混乱をきたす可能性のある登場人物
（キャラクター）による推奨」のことで，例として番組に登場したキャラクター
を用いてテーマパークやレストランを番組内のCMで宣伝することなどがあげ
られている。また，類似の手法として「番組長のコマーシャル（program-length
commercial）」があり，「製品と結びついた番組の中で放映される当該製品の広

3）http://www.fcc.gov/cgb/consumerfacts/childtv.html（2010年10月26日検索）

告」と定義されている。この例として，番組に登場したキャラクターの人形や，番組に登場したキャラクターがおまけについた食品のCMを番組内で放映することがあげられている。これらの手法は，子どもの保護の観点からアメリカ合衆国では12歳以下の子どもを対象とした番組内での使用が禁止されているが，日本の場合，明確な規制はなされておらず，多くの子ども向け番組でこの手法が利用されている。また，日本では，タレントを起用したCMが多く，狭義のホストセリングではないが，ドラマやバラエティなどの番組に出演しているタレントが番組内のCMに登場するという例も数多くみられている。

3　広告と感情

　一般に，人はポジティブな感情を好み，その状態を維持しようとするが，ネガティブな感情を喚起するものは回避しようとする（PNA：Positive-Negative Asymmetry; Clark & Isen, 1982）。そのため，接触してもらうことにより効果をもつ広告は，ポジティブな感情を喚起するものが多い。しかし，実際には恐怖喚起アピール（7章参照）を用いた広告が存在し，説得効果をあげている（Keller, 1999）。また，感情の質にかかわらず，強度の感情状態の方が広告メッセージの想起数が多いことを示した研究（Srull, 1983）や，TV番組と同時に示された広告情報に対して，ポジティブな感情状態にある受け手よりもネガティブな感情状態にある受け手の方が，広告情報を精緻に処理するといった広告効果におけるネガティブ感情の優位性を示す研究もある（Batra & Stayman, 1990）。

　広告はそれ単独で接触されることは少なく，新聞，雑誌，テレビといったメディアに挿入された形で消費者に届く。したがって，広告に接触する段階で，それが挿入されているメディアの内容（記事や番組）により何らかの感情が喚起された状態である場合が想定される。そのような場合，挿入された記事や番組が広告と関連性がある場合と関連性がない場合とで，広告の情報処理が異なることが予想される。また，広告が喚起する感情は，強度の強い情動といったものではなく，比較的強度の弱いムードである可能性が高い。このことから，喚起されたムードのポジティブ／ネガティブおよびその感情の広告との関連性の有無により広告効果が異なることを，田中（2004）は架空の紙面広告を用い

て実証した。すなわち，感情の源泉が広告と関連のある場合にはポジティブ感情の方が広告内容をより記憶していたが，感情の源泉が広告と無関連な場合にはネガティブ感情の方がより広告内容を記憶していたのである。また，田中・村田（2005）では，映像広告とBGMを用いた実験により，同様の結果を得ている。しかし，情緒的アピールを用いた広告は，広告内容の再生には有効だが，説得効果は弱いという調査結果もあり（Agres, 1987），広告と感情との関連性は，まだ明らかにされていない部分が多い。

心理学で用いられる統計の基礎知識ガイド

　皆さんが，もし，実際に産業・組織心理学の研究に着手することになったら，この領域に関するさまざまな知識を集めることと同様に，統計的な手法を用いることが必ず求められてきます。これは産業・組織の領域にとどまる傾向ではなく，心理学全般にわたっていえることです。それは現在，心理学が単なる思弁によって進められているのではなく，データの記述による説明が欠かせないものとなっているからです。そこでここでは，ほんの基礎的なものばかりではありますが，統計的な手法について解説していきます。なお，ここで紹介するのは心理学的な統計の知識として求められることのうちのほんのわずかにすぎませんから，本格的な手法について学ぶ必要が生じたら，たくさんのよい解説書が市販されていますので，そちらで改めて学習するようにして下さい。

1　平　均　値

　平均値については，すでに小・中学生のうちに学習したことと思いますが，ここで改めて整理しておきましょう。たとえばある集団について，つぎのようなデータがあるとします。

$$52 \quad 39 \quad 42 \quad 67 \quad 97 \quad 28 \quad 24 \quad 38$$

これらの平均値を求める場合，みなさんは次のような手続きをとりますね。

$$平均値 = \frac{52+39+42+67+97+28+24+38}{8} = \frac{387}{8} = 48.375$$

さて，平均値の式を専門的な形で表記すると，次のようになります。

248 特論1 心理学で用いられる統計の基礎知識ガイド

$$\overline{X} = \frac{\Sigma X_i}{N}$$

ここで，上記の式の中で用いられている文字と記号を整理しましょう。

> $\overline{X}$ ：（エックスバー）；平均値
>
> N ：データの数→さきほどの例では8
>
> Σ ：（シグマ）；加算記号
>
> X_i ：（エックスアイ）；それぞれのデータ
>
> →さきほどの例では52，39……38

Σ になじみのない方のために，少し説明しておきましょう。Σ は「たしあわせる」ことを意味する記号です。ですから，ΣX_i というのは，「X_i の値をすべてたしあわせる」ことを意味しています。以上の4つの文字と記号は，この後も引き続き登場しますから，ここで慣れておくようにして下さい。

2 標 準 偏 差

次に学習してほしいのは標準偏差（standard deviation，頭文字をとってSDとも呼ばれる）です。簡単にいうと，標準偏差はデータの散らばり具合を示す指標で，個々の値が平均値からどれだけはなれているか，その標準的な値を示すものです。上の例をひき続き使い，またもう2つ，8つのデータからなるデータの集まりを加えて考えてみましょう。

例1：	52	39	42	67	97	28	24	38
例2：	50	49	49	46	47	45	49	52
例3：	100	2	3	69	97	6	89	21

実はこの3例，計算してみると，いずれも平均値は48.375になります。だからといって，この3つのデータの集まりが同じような性質をもっている，とはいえないことはいうまでもありません。データの散らばり具合に大幅な違いがみられるからです。

標準偏差の公式は，次のように表されます。

$$\sigma = \sqrt{\frac{\Sigma(X_i - \overline{X})^2}{N}} \quad {}^{1)}$$

式中の文字と記号は前述の平均値の式中のものと同じ意味なので，ここではくりかえしません。標準偏差は通常，σ（シグマ）で示されます。

この式を使って上記3例の標準偏差を求めてみましょう[2]。

例1
$$\sigma = \sqrt{\frac{\Sigma(X_i - \overline{X})^2}{N}}$$

$$= \sqrt{\frac{(52 - 48.375)^2 + (39 - 48.375)^2 + \cdots + (38 - 48.375)^2}{8}} \fallingdotseq 22.28$$

例2
$$\sigma = \sqrt{\frac{\Sigma(X_i - \overline{X})^2}{N}}$$

$$= \sqrt{\frac{(50 - 48.375)^2 + (49 - 48.375)^2 + \cdots + (52 - 48.375)^2}{8}} \fallingdotseq 2.12$$

例3
$$\sigma = \sqrt{\frac{\Sigma(X_i - \overline{X})^2}{N}}$$

$$= \sqrt{\frac{(100 - 48.375)^2 + (2 - 48.375)^2 + \cdots + (21 - 48.375)^2}{8}} \fallingdotseq 41.62$$

平均値がまったく同じであっても，標準偏差の値がバラバラになっていることがわかると思います。標準偏差はその値が大きいほど，散らばり具合が大きいとみなされます。ゆえに，例2の散らばりがもっとも小さく，例3の散らばりがもっとも大きいのです。

---

1) 標準偏差を2乗したもの，すなわちこの公式にルート計算を加えない値は分散と呼ばれる。

2) $\sqrt{\dfrac{\Sigma(X_i - \overline{X})^2}{N}}$ を展開し，$\sqrt{\dfrac{1}{N}\Sigma X_i{}^2 - \dfrac{2}{N}\overline{X} \times \Sigma X_i + \overline{X}^2}$ とすると，手計算でも比較的容易にSD算出が可能であるが，実用上はわずらわしさをさけるため，コンピュータ・ソフトを使っての計算がほとんどである。

3 正規分布

実際にデータを集め，その結果をグラフにしたとしましょう。X軸にあたるのは条件（独立変数），Y軸はその条件下での結果（従属変数）です。特に集めたデータ数が多くなると，多くの場合，そのグラフの形状が釣鐘のような形になることが知られています。その大まかな特徴は（1）左右対称である（2）中央に山が1つある（3）両すそがなだらかに広がっている，ことです。このようなデータの分布のことを正規分布といいます。図1がその例です。

横軸の中心点が平均値にあたります。そしてこの中心のところがちょうど山の頂点になっていますね。このようにもっとも度数が多く集まった階級のことをモード（最頻値）といいます。つまり正規分布においては，平均値とモードは同じ値になります。また，データを大きい順（小さい順）に並べた時，ちょうど真ん中の順位に相当する階級をメディアン（中央値）といいますが，正規分布は左右対称ですから，真ん中の順位とはすなわち平均値となります。まわりくどくなりましたが，つまり，正規分布上では，平均値＝モード＝メディアンになります。

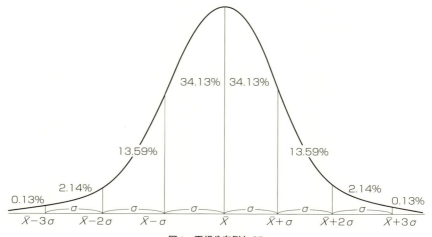

図1　正規分布例とSD

正規分布がなぜ重要かというと，まず第一に心理学で用いられる多くの検定 [t検定，F検定，χ^2（カイ2乗）検定など] の手続きの原点が，この正規分布にあるからです。検定についてはこの本では詳しくは述べませんが，研究上非常に重要になってきますので，関連書を一読しておくとよいでしょう。

正規分布はまた，前の項目であげた標準偏差（SD）を用いると，分布の中の特定の値が全体の中でどのあたりに位置するのか，その目安を示すものとなります。

図1では，横軸にσごとに目盛りがふってあります。中心は$\bar{X}$（平均値）です。横軸に沿って右に行くとプラス方向，左に行くとマイナス方向となっています。注目してほしいのは，目盛りとグラフとの間の垂直線で仕切られた領域の面積です。%は，正規分布のグラフ全体を100とした場合，その領域がだいたいどのくらいの面積比率であるかを示したものです[3]。実は正規分布とSDの値との間にはこのような一定の関係があります。これが重要な特徴であり，こ

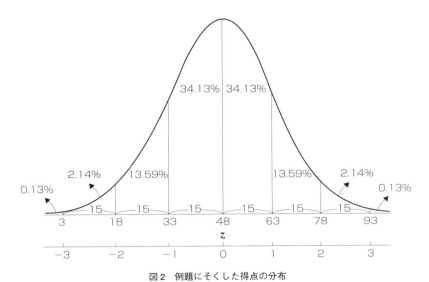

図2　例題にそくした得点の分布

---

3) 図1の面積の%をすべてたしあわせると，99.98となり，100にはならない。これはz値が$-\infty$～∞の値をとるためである。言い換えれば，正規分布のすそは横軸に対し漸近的にはなるが決して接触しないため，実際には100%にはなりえないのである。

252 特論1　心理学で用いられる統計の基礎知識ガイド

の特徴をもとに，前述の検定の作業が行なわれます。

　例題を使って考えてみましょう。あるテストをある集団に行なったところ，平均は48点，SDは15だったとします。そして，このテストの得点の分布が，正規分布になっているとしましょう。この場合，図2のようになります。

　これをみると，33点から63点の中に収まるのは全体の68.26％（34.13％×2）の人であり，18点から78点には95.44％（34.13％×2＋13.59％×2）の人，さらには3点から93点の間には99.72％（34.13％×2＋13.59％×2＋2.14％×2）の人が該当することがわかるかと思います。そして，93点より高い人，そして3点より低い人は，それぞれ，全体のうち0.13％程度であることもみてとれるでしょう。

　図2には横軸の下にもう1本，目盛りのついた尺度があります。これについては次の項目で説明します。

4　標準化と標準正規分布

　上記のテストの例をもう少し広げましょう。かりにA子さんという人がこのテストを受け，結果66点だったとします。そうなると，A子さんが上位15.86％（0.13％＋2.14％＋13.59％）に入っていることは，図2からわかると思います。ここでは，得点（素点）を別の指標に変換するやり方を説明します。

　図2では，横軸の目盛りはSDである15ごとに進んでいますが，その目盛りを1に換算し，加えて，中心部の平均値の部分を0としてみます。このためには得点から平均の値を引き，これをSDで割ればよいのです。計算式で示すと次のようになります。

$$z = \frac{X_i - \mu}{\sigma}$$

σ：SD
X_i：ある正規分布におけるある得点（素点とも呼ばれる）
μ（ミュー）：ある正規分布における平均値[4]

4）平均値の文字 $\overline{X}$ が前出しているが，ここでは違う文字 μ が使われている点に注意するように。

このように，平均を0，SDを1とする変換を標準化といいます。標準化された値は，小文字のzを使って示され，これはz値（z得点，標準得点）と呼ばれています。それでは，A子さんの得点66点を標準化してみましょう。

$$z = \frac{X_i - \mu}{\sigma} = \frac{66 - 48}{15} = 1.2$$

さきほどは後回しにしていましたが，図2の中の，一番下にある尺度をみて下さい。中心を0として，目盛りが1ずつ進んでいますね。これが標準化された後の尺度です。さきほどの例では$z = 1.2$が算出されました。1.2の値が尺度上のどのあたりにくるか，見当をつけてみて下さい。そしてそこから正規分布の横軸まで垂直に上がってみましょう。そのあたりが66にあたるようになっていませんか？

以上をまとめると，z値は平均が0，SDが1の正規分布をなします。この形態の正規分布は特別に標準正規分布と呼ばれています。

5 偏 差 値

ひき続きA子さんの例を使いましょう。ここでは過去みなさんがなじんだことがあるであろう偏差値について説明します。偏差値はZ値（ここでのZは大文字）とも呼ばれ，平均を50，SDを10として，次の式で算出されます。

$$Z = S'(z) + M$$
$$\begin{cases} S' : 標準偏差 \\ M : 分布の平均値 \end{cases}$$

ここに，A子さんの得点と，平均 = 50，SD = 10を代入すればよいのです。

$$Z = 10 \times 1.2 + 50 = 62$$

ゆえに，A子さんの偏差値は62となります。

254　特論1　心理学で用いられる統計の基礎知識ガイド

6　相　関　係　数

　がらっと変わって，ここでは，2つの事象の関連性を示す指標である相関係数について説明します。また例題を用意しましたので，これに沿って進めていきます。ある10人の生徒に対し，2つのテスト（算数と理科）を実施し，以下のような結果を得たとします。算数の得点がX，理科の得点がYです。IDは，各生徒に便宜的にふった番号とみなして下さい。

ID	1	2	3	4	5	6	7	8	9	10
X	100	100	95	81	77	75	71	68	51	49
Y	95	80	63	98	76	91	70	69	48	50

　このように，両変数が量的変数の場合は，ピアソンの積率相関係数を使うのが有効です[5]。

$$r = \frac{\Sigma(X_i - \overline{X})(Y_i - \overline{Y})}{\sqrt{\Sigma(X_i - \overline{X})^2 \Sigma(Y_i - \overline{Y})^2}}$$

　手計算の場合は，この式に直接数値を代入するよりも，次にあげる「簡便計算式」（山内，1998）のほうが手間がかかりません[6]。

$$r = \frac{N\Sigma X_i Y_i - \Sigma X_i \Sigma Y_i}{\sqrt{[N\Sigma X_i{}^2 - (\Sigma X_i)^2][N\Sigma Y_i{}^2 - (\Sigma Y_i)^2]}}$$

　相関係数は，$-1 \leqq r \leqq +1$の間におさまります。プラスの値の場合は正の相関，マイナスがついた場合は負の相関，そして0に近いと無相関と呼ばれます。この3つを，相関図に示された点の現れ方で比べてみましょう。図3をみて下さい。

5）両変数が「順序尺度（順位尺度）」のときは，スピアマンの順位相関係数が，より適切な場合もある。
6）実用上は相関係数を手計算で算出することは少ない。コンピュータ・ソフトを用いての計算がほとんどである。

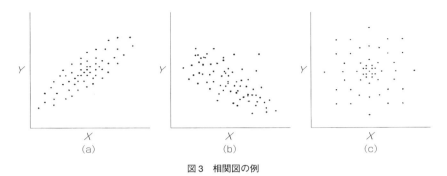

図3　相関図の例

相関図（散布図ともいう）とは，一方の変数をX軸，もう一方をY軸にプロットした2次元のグラフのことです。図3はそれぞれ，(a) が正の相関 (b) が負の相関 (c) が無相関にあたります。それぞれの点の散らばり方の違いがだいたい把握できましたか？

なお，相関係数が算出された場合，その判断のだいたいの目安は，次のようにいえると思います。

$$-1.0 \leq r < -0.7 \quad 強い負の相関あり$$
$$-0.7 \leq r < -0.4 \quad 比較的強い負の相関あり$$
$$-0.4 \leq r < -0.2 \quad 弱い負の相関あり$$
$$-0.2 \leq r \leq +0.2 \quad ほとんど相関なし（無相関）$$
$$+0.2 < r \leq +0.4 \quad 弱い正の相関あり$$
$$+0.4 < r \leq +0.7 \quad 比較的強い正の相関あり$$
$$+0.7 < r \leq +1.0 \quad 強い正の相関あり$$

では実際に算数と理科の得点間の相関係数を算出してみましょう。簡便計算式を用います。

$$r = \frac{N\Sigma X_i Y_i - \Sigma X_i \Sigma Y_i}{\sqrt{[N\Sigma X_i^2 - (\Sigma X_i)^2][N\Sigma Y_i^2 - (\Sigma Y_i)^2]}}$$

$$= \frac{10 \times 58660 - 767 \times 740}{\sqrt{[10 \times 61807 - 588289][10 \times 57520 - 547600]}} \stackrel{7)}{\fallingdotseq} 0.66$$

256　特論1　心理学で用いられる統計の基礎知識ガイド

＋0.66という値が算出されたということは，算数と理科の得点の間には「比較的強い正の相関がある」ということができるでしょう。

7　因　子　分　析

　最後に心理学の研究場面で盛んに用いられている因子分析（factor analysis）について簡単にふれておきましょう。因子分析は多くの変数の相関関係を少数の因子に要約するための探索的な方法で，多変量解析の1つとして数えられています。

　因子分析にはいくつか方法がありますが，「主因子法」というやり方が一般的です。主因子法によって解を求めた後，因子軸の回転（バリマックス回転など）を行ない，これによっていくつかの因子を抽出し，それぞれの因子が変数を支配する程度（因子負荷量）をまとめ，そこから各因子の内容を吟味し解釈した上で因子の命名を行なう，という手続きをふんでいきます。一連の作業にあたっては，コンピュータ上で操作する統計パッケージ（たとえばSASやSPSS）を用いるのが主流となっています。

　因子分析結果を読む上で最低限必要と思われることがらを実例を引用して説明しておきましょう。表は，ある論文に収録された「職務ストレッサー測定項目」を因子分析した結果を一部改変したものです[8]。因子分析を用いた論文には，かたちの上では若干異なるものの，このような表が挿入されています。

　左の列に連なっているのは「質問項目」です。因子分析では項目（変数）それぞれに対する回答のデータをまとめなおします。一連の手続きの結果，複数の質問項目にまたがって影響を及ぼしている潜在的な要因，因子が見いだされます。それぞれの項目（変数）と因子との関連が表のかたちで示されるのです。

　例だと因子の数は3つです。表の上側に「F1，F2，F3」とありますが，Fは

7）簡便計算式を使うときは，それぞれの文字に代入する数値をあらかじめ算出しておくとよい。参考・引用文献の1つにあげた山内（1998）のp.73に，これらを算出するための表の例が掲載されている。今回の例題に対し代入された数値はすべて，このフォーマットにしたがい，算出されたものである。

8）福岡欣治・内山伊知郎・中村健壽・安田英理佳・加藤宏美　企業秘書におけるストレスとソーシャルサポート　──予備的検討──　静岡県立大学短期大学部研究紀要第12-1号　1998年度　139-152.から一部改変のうえ抜粋。

257

表　因子分析の結果

項目内容	F1	F2	F3	共通性
第1因子：情報と将来展望の乏しさ				
16.部署内での仕事上の意思の疎通がうまくいっていない	.80	−.06	.06	.63
13.仕事に将来性が感じられない	.78	.03	−.26	.66
15.担当部署内の人間関係がうまくいっていない	.78	−.07	−.00	.60
14.仕事を通じて自分の成長が期待できない	.68	.05	.07	.48
17.職務を円滑に行なうための情報交換が十分でない	.67	.23	.03	.52
9.責任分担や自分の役割がはっきりしない	.66	−.18	.36	.59
5.自分の能力が発揮できない	.62	−.09	−.03	.39
7.要求される仕事の指示内容が相互に矛盾している	.47	.09	.23	.29
第2因子：職務の非専門性				
8.本来の業務以外のことで仕事が中断される	−.06	.68	.05	.46
19.上役への気配りが大変である	−.16	.61	.18	.42
24.能力に見合った昇進や昇格の可能性が少ない	.21	.60	−.20	.45
20.上役に本来の職務以外の仕事を要求される	.03	.58	.11	.35
25.賃金が安すぎる	.31	.57	−.21	.47
11.組織の意思決定に参加できない	.15	.57	.01	.36
22.職場の物理的環境が悪い	−.19	.50	−.04	.27
第3因子：仕事の量的・質的負担				
3.与えられている責任が重すぎる	−.00	−.05	.78	.61
1.能力以上のことを要求される	.12	−.04	.68	.49
10.仕事の量が多すぎる	−.18	.35	.64	.58
21.労働時間が長すぎる	.05	−.10	.56	.33
6.複数の命令系統から仕事を要求される	.30	.28	.41	.33
因子寄与	4.21	2.83	2.43	
因子寄与率（%）	21.05	14.15	12.15	

因子の英単語factorのイニシャルです。それぞれの列を縦に降りて下さい。F1は項目No.16～No.7において，F2はNo.8～No.22において，F3はNo.3～No.6において，それぞれ値が他の2つの因子に比べ大きいことがわかるでしょう。値が大きいということはその因子から項目が受ける影響がより大きいことを意味します。

　引用した研究ではF1（第1因子）で大きな値となった項目群は「情報と将来展望の乏しさ」を，F2（第2因子）は「職務の非専門性」を，そしてF3（第3因子）は「仕事の量的・質的負担」を反映していると解釈されています。項目群の解釈の結果である因子名の命名は研究者の主観に依存します（このあたりのことも必要であれば専門書で確認して下さい）。

258 　特論1　心理学で用いられる統計の基礎知識ガイド

　さて，表中の値はそれぞれの因子と項目（変数）がどのくらい関連をもっているかを示しています。値が大きいということは両者の関連が強いということです。それぞれの値のことを因子負荷とか因子負荷量といいます。因子負荷量は一般に＋1.0～－1.0の値をとります。因子負荷量が正の場合，＋1に近いほど項目がその因子をよく説明している，寄与が高いということができます。一方，負の場合は，－1に近いほどその項目内容とは逆の意味で因子との関連が強いとみることができるでしょう。

　因子負荷量をみれば各項目（変数）と因子との関連の程度をつかむことはできますが，これらの項目（変数）全体として各因子を説明している程度，すなわち各因子に寄与している程度を示す指標が因子寄与です。因子の縦の列ごとに因子負荷量を2乗し足し合わせて算出されます[9]。あげられている全因子の因子寄与を足すと理論上では最大，項目（変数）の数になります（この例であれば20）。因子寄与を因子寄与の最大値で割ってパーセント表示したのが因子寄与率です。

　右端にある共通性はそれぞれの項目（変数）があげられている全因子によってどれだけ説明できているかを示す指標です。さきほどとは逆に表を横にみていきます。項目ごとに因子負荷量を2乗し足し合わせて算出されます[10]。それぞれ最大値は原則的には1です。

---

9) 表のデータを使って実際にF1～F3の因子寄与を算出し，表中のそれぞれの因子寄与の値と合わなくて，おかしいと感じた人もいるかもしれない。それは表記が小数第2位までとなっているためで，第3位以下が実際にはあるのである（－.00という値でその点に気づいた人もいるであろう）。

10) 表のデータを使って実際に各項目（変数）の共通性を算出し，表中のそれぞれの値と合わなくて，おかしいと感じた人もいるかもしれない。それは9）にあげたのと同じ原因による。

産業・組織心理学史

　本論では，アメリカと日本における産業・組織心理学の歴史を考察する上で，重要と思われるトピックスのうち，いくつかを簡単に紹介しよう。まず，アメリカ産業心理学の始祖といわれるミュンスターベルク（Hugo Münsterberg）の業績から書きおこすことにする。

　一般的には，ヴィルヘルム・ヴント（Wilhelm Wundt）が1879年にプロイセンのライプツィヒ（Leipzig）大学に心理学実験室を設けたことをもって，科学的心理学のディシプリンの誕生といわれることが多い。彼のもとには多くの気鋭の研究者が集まり，1年以上そこで学んだ末学位を取得し，そしてライプツィヒを離れていった。その中には新たな心理学教室開設を実現していった者もいた。ミュンスターベルクもまた，そんな経歴をもつ1人である。プロイセンのダンツィヒで生まれた彼は，ライプツィヒで実験心理学的な訓練を受けた後，ドイツ・フライブルク大学の実験室を創設した。

1. アメリカ

1　ミュンスターベルク

　ミュンスターベルクが産業心理学にかかわるようになるのは，アメリカに渡ってからのことであった。1892年にサヴァティカル（研究のために一定期間与えられる長期休暇）ではじめてハーヴァード大学を訪れた後，1897年から『心理学原理』の著者として高名なウィリアム・ジェームズ（William James）の後を受けて，本格的に同大学の研究室を指揮するようになった。ハーヴァード大への招聘は2つの理由から行なわれた。第一に，ジェームズの関心はその

写真1 ミュンスターベルク Archives of the History of American Psychology（University of Akron）所蔵

頃すでに哲学の領域に移っており，心理学教育や実験室の運営の意志はもはやなくなっていた。加えて，機能主義（意識の生活的機能を，いろいろな条件下において明らかにしようとする立場）者であるジェームズは構成主義（意識を分析してその構成要素を発見し，その結合の状態と法則とを明らかにしようとする立場）に異を唱える人物を後任に望んでいた。ミュンスターベルクはヴントの弟子ではあったが，ヴントがこころの一般法則を追究するために，人それぞれの個人差にあまり関心を向けなかったのに対し，早くからその重要性を認識していた。その点では機能主義者と同様の考えの持ち主であった。

1907年を境にミュンスターベルクは応用研究への「劇的な転向」（Landy, 1997）をなし，一般の人にまでその名を知られた心理学者となっていた。たとえばこの年，ハリー・オーチャード（Harry Orchard）裁判において，オーチャードの自白に対して，言語連想，クロノスコープ，ガルバノメーターなどを駆使し，虚偽検出（嘘発見 lie detection）のテストを実施した。

ビジネスの領域の問題に着手するようになったのは1909年（Benjamin Jr., 1997）からである。アメリカの工場主1000人に対し従業員に必要な心的特性が何であるか回答を求めたり，電話交換手，市電運転手らに適性検査を実施した。あるいは，労働者の疲労の傾向，回復のスピード，学習能力，理解の範囲，忘却，仕事のリズム，正確さ，耐久性，事故を起こす傾向などを実験的に研究し

た。彼は伝統的な心理学的方法を産業の実践的な問題に応用することに関心があり，心理学は人間の生活向上に貢献するものであると確信していた。

それを説いたのが1912年の『心理学と経済生活』（ドイツ語，Psychologie und Wirtschaftsleben），1913年の『心理学と産業能率』（英語，Psychology and Industrial Efficiency）である。彼は自身のめざす学を「精神技術学」[1]と称し，その目標を次の3つの部門に分けている。

①the best possible man （最適の人）
②the best possible work （最良の仕事）
③the best possible effect （最高の効果）

それぞれ①人事，職業，②労働，作業，人間工学，③販売・広告，購買・消費，の問題にあたり，そのテーマと分類法は現代に通ずるものである。なお，ミュンスターベルクの源流には，ドイツにおいて19世紀後半から20世紀にかけて発達した「経済心理学」（Wirtschaftspsychologie）があったことを付言しておこう。

2　スコットと広告心理学

ミュンスターベルクが英語版の『心理学と産業能率』を出したのは1913年であったが，1910年以前に，すでにアメリカのビジネス界にその名を知られた心理学者がいた。主にシカゴ郊外のノースウェスタン大学で教鞭を取っていたスコット（Walter Dill Scott）である。彼もまたヴントの下で学んだ人物である。

1903年，『広告の理論』（The Theory of Advertising）の中で，彼は観念連合，暗示などの心理学的な現象に言及しながら，効果的な広告活動について論じている。さらに，1908年の『広告心理学』（The Psychology of Advertising）では，能率増進をはかるにあたり用いられるべき心理学的手法（模倣，競争，忠誠，集中など）を解説している。

スコットはまた，1916年にカーネギー技術研究所（Carnegie Institute of Technology）の中に設けられたBureau of Salesmanship Researchの責任者に

1）「精神技術学」の語は，ドイツの心理学者シュテルンが，Psychotechnikとして，1903年，Beiträge zur Psychologie der Aussageで使用している。Spillmann & Spillmann（1993）による。

写真2 スコット　Archives of the History of American Psychology（University of Akron）所蔵

なった。カーネギー技術研究所には前年の1915年に応用心理学部門が設けられ，その所長にはビンガム（Walter VanDyke Bingham）が座っていたが，ある調査依頼に対応するため，新たにスコットが招かれたのであった。

1917年4月にドイツに宣戦布告することでアメリカが第一次大戦に参戦すると，2人は陸軍へのサービスも行なうようになった。特にスコットはCommittee on the Classification of Personnel of the War Departmentにおいて，兵士や司令官の分類や適正な人員配置の仕事にあたった。リーヒー（Leahey, 1997）によると，スコットの委員会では350万人近くを分類し，83の軍務に対し熟達度を測るためのテストを開発したという。ブリングマンら（Bringman et al., 1997）によれば，Bureau of Salesmanship Researchで用いていたRating Scale for Selecting Salesmenを部分的に改訂し，Rating Scale for Selecting Captainsとして使用した，とある。

その時の経験がもとになって，終戦後の1919年，スコット・カンパニーが設立され，ビジネスへのコンサルティング・サービスが行なわれるようになった。

スコット・カンパニーの他にも実業界には心理学者主宰の研究機関が存在した。行動主義者として有名なワトソンは，1920年に大学での研究生活からしりぞくと，ニューヨークの広告業界で大成功をおさめた。マッキーン・キャッテルたちは，Psychological Corporationを1921年に設立し，ビジネス・コミュニティからの依頼に応じた。1926年にはIndustrial Psychology Monthlyという一般向け雑誌が出されるようになっていた。

3 作業研究：テイラーの科学的管理法とギルブレス夫妻の動作研究

　作業における無理，無駄，むらを低減させ，作業の能率化と生産性向上をはかるために行なわれる作業分析を総称して，作業研究（work study）という。ここでは，古典的な作業研究であるテイラーとギルブレス夫妻の研究を概観しよう。

　テイラー（Frederick Winslow Taylor）は心理学者ではなく，もとはフィラデルフィア州にあるミッドベール製鋼会社の工場のエンジニアであり，最終的に経営者となった人物である。彼のもっともよく知られた著書は『科学的管理法の原理』（Principles of Scientific Management, 1911）である。彼の発想の原点は会社のためにアウトプットを増大し，かつ労働者の賃金をあげるにはどうすればよいか，にあった。

　たとえばテイラーは，銑鉄の積み下ろし作業についている労働者たちに，作業時間と休憩時間のはさみ方を指導したところ，1日当たりの作業量は平均12.5トンから47トンへと上昇した。一方でコストは1トンあたり9.2セントから3.9セントへと減った（Muchinsky, 1990）。会社は大幅な能率増進に成功したわけである。従業員たちの賃金も上昇した。テイラーのやり方は，1日の適正な仕事量を時間計測を基礎として割り出そうとすること，そしてストップウォッチを用いて各要素動作の所要時間を測定した上で作業の標準時間を決定することから，時間研究（time study）と呼ばれる。

　これに対し，同じ頃ギルブレス夫妻（Frank Bunker Gilbreth and Lillian Moller Gilbreth）は動作研究（motion study）を行なった。建築現場で煉瓦積み作業をしている職人たちの作業方法の観察を通し，作業には「唯一最善の作業方法」があるものと考え，最終的に「動作経済の原則」を導き出した。その原則とは，作業の無駄を排除して合理的動作をするためには，疲労の少ない動作をし，不必要な動作をはぶき，最短距離の動作を行なえばよい，というものである。また次のような独自の作業分析方法が提起された。作業者の一連の作業を，探す，つかむ，運ぶ，組み合わせる，などの要素動作に分割し，おのおのの要素動作を，サーブリッグ（therblig）と呼ばれる記号で示しながら，作業

264　特論2　産業・組織心理学史

の流れを記述するというやり方である。彼らの用いた技法には，動作を映画に
とり，その正確な所要時間を画面に記録していく微細動作研究，作業者の身体
部位に豆電球をつけて運動軌跡を写真にとる運動図法などがある。

　能率増進に対しそれを産業界における1つの進展ととらえる向きもあった一
方で，特にテイラーのやり方は痛烈な批判にさらされることになった。当時深
刻な失業問題を抱えていたアメリカにあって，従業員の大幅な削減も可能とな
るような彼の主張は，労働者たちにはあまりにも受けいれがたいものであった
こともまた，事実であった。

4　2度の世界大戦と心理学

　戦争は時として発達のための触媒となるといわれる。この見解は心理学には
あてはまるものであろう。産業心理学が大学というアカデミーの中からとり出
されたのは，まさに第一次大戦の折であった（Katzell & Austin, 1992）。

　1）第一次世界大戦　　当時アメリカ心理学会（American Psychological
Association, APA）の会長であったヤーキズ（Robert Mearns Yerkes）は，アメ
リカの参戦をうけ，戦時下での心理学の応用を考えた。彼は心理学がいかに戦
時において自国のために助けになるか，有益なものとなるのかを訴え続けた。
聴覚の問題や，動機づけ，レクリエーション，身体障害による心理学的諸問題
などへの心理学者によるとりくみが当初彼の構想にあったが，実際には前述の
スコットのケースと，陸軍の新兵への心理テストによるアセスメントくらいが，
軍に採用された顕著な例であった[2]。

　さて，アセスメントのためのテストを開発するにあたり，ヤーキズを中心に，
当時第一線で活躍していたメンタルテスト研究者たちが集まった。たとえば
ゴッダード，ターマン，ホイップルらである。既存の各種知能検査がレビュー
され，その成果としてアーミーアルファと呼ばれる集団式テストの開発にい
たった。また，徴兵される人々のうちの30％が読み書きができなかった
（Muchinsky, 1990）ことから，これに対処するべく文字を使用しないアーミー

---

[2]　Katzell & Austin（1992），Landy（1997），Leahey（1997）によると，スコットとヤーキズは双
　　方，陸軍に席があったものの，戦時における心理学の応用の仕方をめぐり意見がくいちがってい
　　た。

写真3 ヤーキズ　Archives of the History of American Psychology（University of Akron）所蔵

ベータも作られた。テストプログラムが終了する1919年1月まで（Leahey, 1997）に1,726,000人[3]がテストされたという。

　テストプログラムに対しては軍の内外から多くの批判がよせられた。軍は認可はしたものの，いささか懐疑的だったといわれる（Leahey, 1997）。一方で，この時の一連の動きは，その後のテストブームの火付け役となり，アメリカ心理学は新しい局面をむかえることとなった。

　2）第二次世界大戦　　第一次大戦の時と比較し，心理学に対する軍の評価は好意的であったといわれる。新兵を，その軍務遂行能力に従い分類することを目的としたArmy General Classification Testが開発された。開発にあたったのは前出のビンガムである。これとは別に，その後の心理学の展開を考察する上でもう1つ重要なのは，この時期に軍事作業の効率をあげるためにはどうすればよいかが重要な研究テーマとなったことである。すなわち人間工学，あるいはエルゴノミックスと呼ばれる分野の研究がこの時重用されたのであった。

---

　3) 陸軍のテストプログラムのもとテストを受けた新兵の人数は，文献によってまちまちであるが，ここではMuchinskyを引用した。

写真4　集団テストを受ける兵士たち（1917年10月 Camp Lee にて）　Archives of the History of American Psychology（University of Akron）所蔵

5　ホーソン研究

　ホーソン研究は，それまでの産業心理学に，より心理的，社会的要因からの影響を考慮する視座を与えたという意味で画期的なものであった。

　実験の舞台となったのはアメリカのベル式電話機製造会社である Western Electric Company のホーソン（Hawthorne）工場である。発端は1924年の実験の失敗にあった。その実験とは，照明の強度の増減を物理的な条件として，生産能率の変動を調査するものであった。しかし，両者の間には関連性は認められなかった。

　その後1927～1932年にわたって当時ハーヴァード大学のビジネススクールに席のあったメイヨー（Elton Mayo）の指導でさらなる研究が企画・実行された。これは次の3段階からなるものであった。

　まず，継電器組立作業をとおし，休憩時間の長さと生産能率との関係を明らかにしようとした。作業時間を短くすると，単位時間あたりの生産能率は高まった。これについては，作業時間の短縮によって疲労が減少したゆえの結果である，と当初は考えられたが，もとの標準作業時間にもどしてみても生産能

率は依然として上昇した。そこで出された結論は，生産能率には，従業員のモラール，態度，感情などが大きく影響を及ぼしている，というものであった。

次に，1928～30年にかけて従業員に対し面接調査が行なわれた。作業や待遇についてどう感じているか，会社の方針についてどう考えているか，という質問がなされた。最終的には約21,000人分のデータが集められ，分析の結果，従業員の行動は彼ら自身の態度，感情，信念などを離れては理解できないし，さらには，その態度や感情は職場の中の人間関係や仲間集団の状況抜きには理解できない，といった結論が得られた。

そして第3段階では，バンク捲線作業観察が行なわれた。バンクとは自動電話に使う配電盤であり，9名の配線工，3名のハンダ工，2名の検査工のグループがその組立てを行なう作業が観察された。焦点となったのは，作業集団内の人間関係の構造や，非公式集団の形成過程とその維持，そしてその非公式集団から成員がどのような影響を受けるか，であった。この観察から，従業員は会社の定めた公式集団の規律だけでなく，非公式集団からの統制力にも動かされるものであることが明らかになった。

その他，研究の過程で従業員のパフォーマンスは研究者たちの介入がはじまるに従い上昇し持続することが発見された。研究者たちはその原因を，従業員たちの「自分は注目されている」という意識や，「研究者たちに良い印象を与えよう」という欲求にあるものと考えた。この現象は「ホーソン効果」と名づけられた。

ホーソン研究が画期的だったのは，その新しい発想法ゆえだけではなかった。方法論的な側面においての進展もあった。従来のフィールドスタディとは異なり，行動科学者によって企画されており，不完全ではあるが，実験的，統計的コントロールの努力が払われたのである。もちろん，テイラーやギルブレスたちもフィールド実験を行なってはいたのだが，研究デザインやデータ分析の点で洗練されたものではなかった。彼らは行動科学ではなく経営学の伝統のもとでキャリアをつんでいたのである。

6　レヴィンの貢献

ホーソン研究を契機に，職場における「人間関係」のあり方の重要性が指摘

写真5 レヴィン　Archives of the History of American Psychology（University of Akron）所蔵

されるようになったが，産業心理学の中に心理，社会的な視座を提供したもう1つの動きとして，レヴィンの功績をあげることができる。

　ゲシュタルト心理学の系譜をくむ社会心理学者として有名なレヴィン（Kurt Lewin）の関心は広範にわたるものであり，1920年代にはテイラー主義と科学的管理法の効用と限界に関する論文を執筆し，1939年には産業環境の改善をはかるため，実際に現場研究にのりだしたりもした。後者，すなわち，ハーウッド製造会社（Harwood Manufacturing Company）のヴァージニア工場での諸研究には，リーダーシップに関するものも含まれるが，そのもとになったのは，アイオワでのレヴィン，リピット（Ronald Lippitt），ホワイト（Ralph White）による有名なリーダーシップの2様式（独裁的，民主的）に関する実験研究であった。

　彼は弟子たち，たとえば，フレンチ（John R. P. French Jr.）やバヴェラス（Alex Bavelas）などとともに，協同と競争，集団構造，コミュニケーションパターンといった，グループ・ダイナミックスの側面を扱った研究を遂行した。その他，集団凝集性，集団圧力，集団規範，成員の動機づけといった，彼ら一派が扱ったテーマと諸概念はいずれも，組織内での人間行動を探究する上で，重要な切り口として考えられるものばかりである。1945年には集団力学研究センター（Research Center for Group Dynamics）をマサチューセッツ工科大学に設立した。同センターは1947年にレヴィンが亡くなると，ミシガン大学に移管されている。

レヴィンたちの功績において注目すべきもう1つの側面は，彼らの研究が実験室内でのデータ収集にとどまるものではなく，それが実験室の枠外での現場研究にまで拡張されたことである。「よい理論ほど実際に役に立つものはない」と主張したことからもわかるように，レヴィンは理論と実践を統合することに努力した人である。彼のとったアクション・リサーチというやり方——社会的な諸問題の実践的解決をめざし，厳密な実験下での実験研究と，現実のフィールドで行なわれる現場研究とを連結し，相互循環的に推進しようという試み——は，少なからず欠点を抱えてはいるが，その理念は現在もなお説得力をもっている。

7 「産業・組織心理学」

ベンジャミン・ジュニア（Benjamin Jr., 1997）によると，産業・組織心理学は，その初期段階には応用心理学の一部に含まれていたが，当時まだ一定の名称はなく，「ビジネス心理学」とか「経済心理学」と呼ばれていた。

マチンスキー（Muchinsky, 1990）は，産業心理学（industrial psychology）という領域がアイデンティティを獲得するようになったのは，ヴィテルス（Morris Viteles）の著書『産業心理学』（Industrial Psychology）が出版された1932年頃からであると指摘する。その一方で，それとほぼ同時代に行なわれていたホーソン研究などを契機に，職場における社会的・組織的な要因にアメリカの心理学者たちは目を向けるようになった。このような社会学的な見地を含んだ「組織心理学」（organizational psychology）が定着するのはだいたい1960年代後半であったといわれる。現在はこの両者の研究枠組みと特質をあわせもつような「産業・組織心理学」（industrial-organizational psychology; I-O psychology）という名称が広く使用されている。

8 制度的進展

1）学会組織　1910年頃から産業心理学的な仕事に就く研究者たちはすでに存在しており，彼らは知識交流のための定期的な会合を望んでいた。アメリカには当時すでにアメリカ心理学会（APA）が組織され，応用心理学関連の部門も承認されてはいたが，あまり歓迎されていなかったといわれる。そこで新た

な組織を作ろうという気運がニューヨーク州を中心に生じ，これがアメリカ全土の組織として最初に結実したのは，1937年にミネアポリスで開催された第一回アメリカ応用心理学会（American Association for Applied Psychology, AAAP）であった。AAAPは全4セクションから構成され，このうちの1つ，セクションDとして，Industrial and Business Section が設けられた。

　AAAPは第二次大戦終結の1945年，再編成されたアメリカ心理学会（APA）に吸収された。新生APAには全19の部門が設けられ，その第14番目の部門として，Division of Industrial and Business Psychology が組織された。同部門は1962年に Division of Industrial Psychology，1973年に Division of Industrial and Organizational Psychology と改称し，さらには1983年に法人化し，Society for Industrial and Organizational Psychology（SIOP）となり，現在に至っている。

　国際学会として，国際応用心理学会大会（International Congress of Applied Psychology）がある。1920年に第1回大会が開催されて以来，2010年までに27回を数えている。日本でも1990年に第22回大会が開催された。

　2）専門雑誌　産業心理学の領域を扱う最初の専門誌といえるのは，1917年にスタンレー・ホールの唱導によって生まれた Journal of Applied Psychology である。同誌は2010年現在で95巻を数え，なおも継続中である。SIOPでは，The Industrial-Organizational Psychologist という，雑誌と同等のボリュームと内容を誇るニューズレターを定期的に発行している。前述の国際応用心理学会大会を主催する国際応用心理学連合（International Association of Applied Psychology; IAAP）は，機関誌として Applied Psychology: International Review と Applied Psychology: Health and Well-Being を出している。

2. 日　本

1　能率研究：上野陽一と産業能率研究所

　わが国では1910年代からアメリカの産業心理学に関する専門書の翻訳が活発に行なわれた。たとえば，テイラーの前掲書は星野行則によって翻訳され，『学理的事業管理法』として出版された（1913）。そして能率増進運動が積極的に

2. 日　　本　271

写真6　日本産業能率研究所時代の上野陽一（左から2人目）産能大学　提供

展開されるようになったが，この領域において，研究を実践したわが国のパイオニアの1人が上野陽一である。彼は東京帝国大学（現，東京大学）で心理学を学び，卒業後，「心理学通俗講話会」の運営や雑誌『心理研究』の編集・発行にたずさわっていた。彼の関心はもともと心理学全般にあったが，1920（大正9）年頃を境に，能率の研究に没頭するようになった。

彼の活動のうちよく知られたものに小林商店（現，ライオン株式会社），中山太陽堂，福助足袋の各工場において，作業改善・能率改善に努めたことがあげられよう。たとえば，小林商店のライオン歯磨き工場では次のような初歩的な作業研究が行なわれた。

上野はまず，工場で数カ月間，手作業で行なわれる粉歯磨きの袋詰め作業を観察することからはじめた。女工たちは粉歯磨きを，①内袋に詰める，②口を折る，③②を外袋に入れる，④口を折る，⑤封紙を貼る，⑥ダースごとに箱に入れて，十文字に糸を掛ける，⑦⑥を木箱に入れて一梱をこしらえる，という過程にのって，作業を行なっていた。

次に上野は，ストップウォッチを使い標準時間を算定し，そのデータに基づき，作業台の配置を変更した。現在でいう流れ作業の導入である。上野（1967）によると，これはフォードの進行式組立作業方式を真似たものであるという。

そして，中程度の能力をもつ15名の女工が選ばれ，これが一組の対象とされ本格的に研究が始められた。休憩時間を，午前午後，それぞれ10分[4]，1回ず

写真7　日本産業能率研究所（東京麻布，1933年頃と思われる）産能大学　提供

つはさんだ。すると，休憩時間を導入することによって労働時間は短縮されたにもかかわらず，産出量は20％アップ，半製品は減少し，所要面積を約30％節約するのに成功したのである。かくして，工場内で個人単位で構成されていた方式は，グループ単位にあらためられ，休憩挿入も実施されるにいたったのであった。ただし，この能率向上によってもたらされる利益を資本家や消費者だけでなく，労働者たちにも配分すべきという上野の提案は，会社側に受けいれられなかった。

　また，上野は1922（大正11）年に東京に拠点を置く協調会[5]内に設立された産業能率研究所の所長をつとめた。その活動目標・活動計画として，①講演・講習，②出版，③相談部（相談，資料の供覧），④実施部（コンサルテーションのための技師派遣），⑤技師養成部（技師に必要な知識の付与と実習），⑥適性検査部（中小企業の人員採用での適性検査の代行業務），⑦器具機械製作部（適性検査用器具の製作研究），⑧実験研究部（生理学，心理学の実験機械の設置による所員の研究推進）などが掲げられていた。協調会の一部としての研究所は

4）資料によっては15分となっている。たとえば斎藤（1983）。
5）協調会は，第一次大戦後，急激に高まった労農運動に対処するため，床次竹次郎，徳川家達，渋沢栄一などが発起人となってできた団体。半官半民の調査機関。

1925（大正14）年3月末に廃止されたが，翌4月から新たに日本産業能率研究所として再出発した。また，同じ1925年には大阪に府立の産業能率研究所が設立された。

2　倉敷労働科学研究所

　産業能率研究所が設立されるのとほぼ時を同じくして，岡山県倉敷には，「倉敷労働科学研究所」という，やや趣を異にする研究機関が誕生した。1921（大正10）年7月のことである。研究所に資金を提供したのは倉敷紡績株式会社の社長，大原孫三郎という人物であった。

　大原は1919（大正8）年に，「大原社会問題研究所」という労働問題解決のための研究機関を，私財を投じてつくっていた。この中に社会衛生研究のための一部門が設けられ，そこには暉峻義等，心理学者桐原葆見，生理学の石川知福が席を置いていた。これが「倉敷労研」の母体となった。倉敷労研の初代所長は暉峻が務めた。

　彼らが手を組むようになって間もない頃，会社の工場で働く女工たちの昼夜交替作業を対象に，労働が心身機能や態度に及ぼす影響の研究が行なわれた。おりしも女工哀史の時代である。まだ幼い少女たちが換気も行き届かない悪条件下で1日12時間労働についていた。それを目のあたりにした彼らのめざした研究は，当時主流の能率優先のあり方とは一線を画したものであった。

　暉峻はある論文の中で，科学的管理法に対し，次の4つの欠点をあげ批判を加えている。第1に労働者の選択の仕方に対してである。労働者を何日かのあいだ，一定の作業に従事させて，その適否をみるという方法は，生理学的・心理学的な方法で労働者の選定を行なっていないという。第2に，作業標準時間の測定の方法で，そこには不確実な主観的判断が混在しているゆえに，観察者によって結果が変わる可能性があり，科学がもっとも重要視する確実性において弱点が見いだされるという。第3の欠点として，労働者の過労に対し注意を怠っていて，疲労の生理的現象にほとんど無関心である点をあげ，第4として，テイラーイズムは理想的生産能力の発揮を目標としているが，合理的労働というのは生産能力の高いことだけではないと指摘する。

　つまり，テイラーの主張は，人間の「合理的労働」の理想からいえば遠くか

写真8 桐原葆見，暉峻義等，石川知福（左から．大正9年）『労働科学研究所60年史話』より転載

写真9 創立当時の倉敷労働科学研究所『労働科学研究所60年史話』より転載

け離れている，と批判している．暉峻同様，桐原も，能率の学が人間性を忘れた合理主義だとしてこれに異を唱えた．研究所の名称に使用されている「労働科学」とはヒューマニズムの思想によって支えられるものであった．

この「労働科学」という名称は，医学と心理学を主軸とする労働と生活に関する生物学的研究という内容をうまく表現するような，包括的な名称として，暉峻たちによって用意されたものである．イオテイコ（Josefa Ioteyko）の著書 The Science of Labour and its Organization（原題 La Science du travail et son organisation, 1917）にならったといわれる．

なお，いろいろな文献によると，経営側の大原もまた労働者たちの健康改善に心を痛めていたことがよくみてとれるのだが，一方で大原自身は倉敷労研に「科学的工場管理法」の研究を期待していたようである．科学的管理法を工場経

営にうまく応用することによって，当時の深刻な不況を打開しようともくろんでいたのである。しかし，暉峻たちの業績とはすなわち，科学的管理法への批判を出発点とするものであり，すなわち，皮肉なことに，大原は自分の経営する企業の中からまさに鬼子のような研究所を生んでしまったわけであった。

後年，研究所は大原の手を離れ，関東に移された。大原記念労働科学研究所の名称で，財団法人として現在も活動は続けられている。

3 大学における研究制度の充実

上野陽一は1916（大正5）年に早稲田大学広告研究会の講師をひき受け，また1919（大正8）年には同大学の商科の正規カリキュラムとして「広告心理学」を講義するようになった。東京商科大学（一橋大学の前身）では，経済学出身の高垣寅次郎が，1922〜33（大正11〜昭和8）年頃，「経済心理学」を担当していた。このように，大正の頃から産業心理学的な教育が大学カリキュラムの中に取り入れられていた例をあげることはできるが，心理学者が制度（設備面や教育面）の充実に直接たずさわった初期の代表例が，名古屋高等商業学校の試みである。

大正末期から昭和初期にかけての名古屋高等商業学校（名古屋大学経済学部の前身）の教育カリキュラムには，同校の校長渡辺龍聖の方針により，産業心理学（渡辺は「商工心理」と呼んだ）的な特色が強く打ち出されている。実際にその運営をまかされたのは古賀行義であった。

古賀自身が『心理学研究』誌上に寄稿した短い紹介文（1926）によると，古賀はイギリス等への留学からの帰国後，心理学実験室設置の任にあたり，室数5つの実験室を設けた[6]。心理学実験のために購入した機械器具は大正14（1925）年末の時点で主要なもので100点あまり，その過半数は外国製品であった。600名あまりの学生の心性検査，名古屋市電の中の広告百数枚に対する品等法的研究，高等小学校生徒六百数十名に対する職業指導の基礎的研究，名古屋市および市付近の紡績工場・製糸工場の作業能検査などが実施された。その他，同校

---

6) 古賀（1926）の『心理学研究』論文では実験室の名称についてはとくにふれられていない。一方『名古屋大学五十年史』には「商工心理学教室」という名前が登場している。これが古賀が「実験室」として説明しているものと同一であるかの判断は現時点ではついていない。

には能率研究教室（能率実践工場）が1926（大正15）年につくられている。これは印刷業を材料として産業能率や商工心理，原価計算の実習教育を意図して計画されたものであった。

4　専門学会の誕生

わが国には応用研究の組織として早くから（日本）応用心理学会が開催・組織されていた。1984（昭和59）年の日本応用心理学会第51回大会（富士短大）でのシンポジウム「産業心理学の動向と展望」を機に，翌1985年に産業・組織心理学会の設立総会が開催された。産業・組織心理学会は現在，年1回の研究大会をもち，また機関誌として『産業・組織心理学研究』を刊行している。

3. 産業・組織心理学　略年表

西暦	産業・組織心理学関連	心理学関連	一般事項（政治・経済・社会・文化・科学技術）
1903	スコット『広告の理論』	東京帝国大学（現、東京大学）に心理学実験室できる	ライト兄弟、フライヤー号で初飛行
1903	文献上に初めて「産業心理学」(industrial psychology) という名称現われる。ブライアン (Bryan, W. L.) の論文中に。ただしこれは印刷ミスであった(注)		日露戦争（～1905）
1904			パヴロフ、ノーベル医学・生理学賞
1905		ビネー・シモン検査初版	
1908	スコット『広告心理学』	マクドゥーガル『社会心理学入門』	フォード社、T型自動車発売、ベストセラーに
1908	パーソンズ、ボストンに青少年のための職業相談所開設		
1909			フォード社、生産車種をT型フォードに限定する 日本、工場法公布
1911	テイラー『科学的管理法の原理』		
1911	フランク・ギルブレス『動作研究』		
1912	ミュンスターベルグ『心理学と経済生活』（ドイツ語）	ウェルトハイマーの仮現運動の研究	中華民国成立
1913	ミュンスターベルグ『心理学と産業能率』（英語）	ワトソン『行動主義者からみた心理学』	フォード社、流れ作業を導入
1913	星野行則がテイラーの『科学的管理法の原理』の日本語版『学理的事業管理法』を出す		
1914	リリアン・ギルブレス『経営管理の心理学』		第一次世界大戦（～1918）

(注) Muchinsky, P. M. の Psychology applied to work (1990) による。

西暦	産業・組織心理学関連	心理学関連	一般事項（政治・経済・社会・文化・科学技術）
1914	スターチ (Starch, D.)『広告：その原理・実際・技術』		フォード社、1日8時間労働を導入
1914	松本亦太郎『精神的動作』		
1915	カーネギー技術研究所（現カーネギー・メロン大学）に、応用心理学部門できる。所長はビンガム		
1915	鈴木久蔵がミュンスターベルクの『心理学と産業能率』の日本語版『心理学と産業能率』を出す		
1916	スコット、カーネギー技術研究所応用心理学部門の、Bereau of Salesmanship Researchの責任者に（〜1917）		日本、工場法施行
1916	上野陽一、早稲田大学広告研究会の講師		
1917	Journal of Applied Psychology 創刊		
1917	ムッシオ (Muscio, B.)『産業心理学講義』	フロイト『精神分析入門』	第一次世界大戦にアメリカ参戦
1917	アメリカ陸軍新兵に対するテスト（アーミーアルファ、アーミーベータ等）の開発と施行（〜1919）	ケーラー『類人猿の知恵試験』	ロシア10月革命
1918	日本、海軍内に実験心理学応用調査会（〜1921 のち海軍教育本部内に臨時適性検査研究部）		
1919	スコット・カンパニー設立		
1919	上野陽一、早稲田大学商科で『広告心理学』を講義		

西暦	産業・組織心理学関連	心理学関連	一般事項（政治・経済・社会・文化・科学技術）
1920	第1回国際応用心理学会がスイス・ジュネーブで開催		アメリカでラジオ実験放送
1921	リップマン (Lippmann, O.)『経済心理学』（ドイツ語）	ロールシャッハテスト発表される	
1921	ムーア (Moore, B. V.), 産業心理学の分野でアメリカ最初の博士号取得（ペンシルヴァニア・ステート・カレッジ）		
1921	マッキーン・キャッテルら, Psychological Corporation を設立		
1921	倉敷労働科学研究所設立		
1921	田中寛一『人間工学』		
1922	Journal of Personnel Research 創刊		
1922	東京, 協調会に産業能率研究所		
1922	高垣寅次郎, 東京商科大学（一橋大学の前身）で「経済心理学」担当（～1933頃）		ソビエト連邦成立
1923	スターチ (Starch, D.)『広告の諸原理』		
1923	リジンスキー (Lysinski, E.)『経営の心理学』（ドイツ語）		関東大震災
1924	古賀行義, 留学から帰国し, 名古屋高等商業学校に着任。商工心理を研究するための実験室設置にあたる		
1924	ホーソン研究の端緒となる失敗実験		
1924	渡辺徹・本田親二・栗林宇一による「東京市立小学校児童智能検査に関する報告, 報告5,『日本心理学雑誌』（東京）に発表		

西暦	産業・組織心理学関連	心理学関連	一般事項（政治・経済・社会・文化・科学技術）
1925	協調会内の産業能率研究所廃止され、日本産業能率研究所が誕生		
1925	大阪に府立の産業能率研究所設立		
1925	名古屋高等商業学校に能率研究教室（能率実践工場）つくられる		
1926	バート (Burtt, H. E.)『雇用心理学の原理』		
1926	Industrial Psychology Monthly 創刊		
1926	淡路円治郎「軍隊性能検査」、『心理学研究』に発表	日本、『心理学研究』創刊	
1927	ストロング職業興味検査	日本心理学会第一回大会	
1927	Journal of Personnel Research 誌, Personnel Journal に		
1927	ホーソン研究にメイヨーらが参加する（～1932)		
1927	ギーゼ (Giese, F.)『経済心理学の方法』（ドイツ語）		
1927	関西の応用心理学会、第1回目の会合		
1928			ソ連の5カ年計画
1929	バート (Burtt, H. E.)『心理学と産業能率』	ベルガー、脳波の測定	ニューヨーク市場、株価大暴落（世界
1929	マイヤーズ (Myers, C. S.)『産業心理学』	ラシュレー『脳の機構と知能』	恐慌のはじまり）
1930	ペンシルヴァニア・ステート・カレッジで、産業・組織心理学領域の学位を授与するようになる（ムーアの下）		

西暦	産業・組織心理学関連	心理学関連	一般事項（政治・経済・社会・文化・科学技術）
1931	東京帝大で第一回応用心理学会	トールマン『動物およびヒトにおける目的的行動』	満州事件
1932	ヴィテルス（Viteles, M.）『産業心理学』		ナチス，ドイツの第一党に 5.15事件
1932	海軍技術研究所内に実験心理班設置		
1933			ルーズベルト大統領，ニューディール政策
1934	第一回目の東西の応用心理学会合同大会（日本）	モレノ『誰が生き残るか』で，ソシオメトリーの研究	
1935	ホポック（Hoppock, R.）『職務満足』	レヴィン『パーソナリティの力学説』ローレンツ，刻印づけの研究コフカ『ゲシュタルト心理学の原理』マレーとモーガン，TAT発表	
1936	倉敷労働科学研究所，大原孫三郎の手を離れ，東京へ移転（〜1937）	チューリングマシン	2.26事件
1937	Journal of Consulting Psychology 創刊		
1937	第一回アメリカ応用心理学会（AAAP）の開催		
1938	桐原葆見『産業心理学』	スキナー『生活体の行動』	
1939	『職業辞典』の初版（アメリカ労働省）	レヴィン，リピット，ホワイトによるリーダーシップの2様式，Journal of Social Psychology 誌上に発表	
1939	レヴィン，ハーウッド製造会社でアクションリサーチ開始	ケーラー『心理学における力学説』	第二次世界大戦（〜1945）
1940		ロジャース『カウンセリングと心理療法』	
1942	ティフィン（Tiffin, J.）『産業心理学』		
1942	河出書房の叢書『現代心理学』の第8，9巻として『産業心理学』（〜1944）		

西暦	産業・組織心理学関連	心理学関連	一般事項（政治・経済・社会・文化・科学技術）
1943		ハル『行動の原理』	
1945	財団法人労働科学研究所再建		
1945	集団力学研究センター、MITに設立		
1945	再編成されたアメリカ心理学会内に第14番目の部門 Division of Industrial and Business Psychology 誕生		
1946	タヴィストック人間関係研究所（イギリス、Tavistock Institute of Human Relations）	ハイダーのバランス理論, Journal of Psychology 誌上に発表	
1946	日本大学で応用心理学会復興第一回大会		
1947	サイモン『経営行動』	ピアジェ『知能の心理学』	
1948	ギゼリとブラウン (Ghiselli, E. E., & Brown, C. W.)『人事・産業心理学』	ウィーナー『サイバネティクス』	
1948	Human Relations 創刊	ストッグディルによるリーダーシップ特性理論, Journal of Psychology 誌上に発表	
1949	シャパニス、ガーナー、モーガン (Chapanis, Garner, & Morgan)『応用実験心理学』	カッチとクレッチ、集団規範の機構の研究 クラッブ『行動の機構』	中華人民共和国成立 ドイツの東西分裂
1949	タワン・カレッジの応用実験心理学研究所による『人間工学データハンドブック』		
1950	フライヤーとヘンリー (Fryer, D. H., & Henry, E. R.)『応用心理学ハンドブック』	エステス、学習理論に対する数学的アプローチの基礎を創始 ロジャース『クライエント中心療法』	朝鮮戦争（～1953）
1951	ミラーとフォーム (Miller, D. C., & Form, W. H.)『産業社会学』		

西暦	産業・組織心理学関連	心理学関連	一般事項（政治・経済・社会・文化・科学技術）
1952			アメリカ、第一回水爆実験
1953		チェリーによる選択的注意の研究、*Journal of the Acoustical Society of America* 誌上に発表 ニューカムのA-B-Xモデル、*Psychological Review* 誌上に発表 ホブランド、ジャニス、ケリー「コミュニケーションと説得」	日本、占領の終結 ソ連、水爆実験
1954	ベロウズ（Bellows, R. M.）「人事心理学」	マズロー「人間性の心理学」	ビキニ水爆実験で第5福竜丸被災
1955	*Administrative Science Quarterly* 創刊		
1956	アメリカ電話電信会社（AT & T）にアセスメントセンター方式導入	ブルーナー、グッドナウ、オースティン「思考の研究」 ダートマス大学における人工知能のセミナー	ハンガリー事件
1957	アージリス「組織とパーソナリティ」	セリエ「現代生活とストレス」 チョムスキー「文法の構造」 スキナー「言語行動」	スプートニクの成功
1957	スーパー「職業生活の心理学」		
1958	マーチとサイモン「組織」	フェスティンガー「認知的不協和理論」	
1958	日本応用心理学会産業心理部会（編）「産業心理用ハンドブック」		
1959	ハーツバーグ、モウスナー、スナイダーマン「仕事への動機づけ」	エリクソン「アイデンティティとライフサイクル」	
1960	マクレガー「企業の人間的側面」で、X理	ホワイトとリピットのリーダーシップ	

西暦	産業・組織心理学関連	心理学関連	一般事項（政治・経済・社会・文化・科学技術）
1960	論, Y理論	研究, *Group Dynamics* (2nd ed.) に発表	
1961	リピット, ワトソン, ウェストレイ『計画された変革のダイナミクス』	ミラー, ギャランター, プリブラム『プランと行動』で社会的交換／ホーマンズ『社会行動』理論	
1961	リッカート『経営の行動科学』		
1962	APA 第14部門, Division of Industrial Psychology と改称	マズロー『完全なる人間』／ヒューベルとウィーゼル, 視覚の特徴抽出に関与する細胞の存在を明らかにする	
1963	APA第14部門のニューズレター, *The Industrial Psychologist* 刊行		ケネディ暗殺
1963	サイアートとマーチ『企業の行動理論』		
1964	ヴルーム『仕事とモチベーション』		アメリカ, 公民権法成立
1964	ブレイクとムートン『マネジリアル・グリッド』		
1964	カーンら『組織のストレス』		
1965	バス『組織心理学』	アダムスの衡平理論, *Advances in Experimental Social Psychology* のなかで発表	アメリカ, 北ベトナムへの爆撃開始
1965	シェイン『組織心理学』		
1965	カッツとカーン『組織の社会心理学』		
1965	マーチ (March, J. G.)編『組織ハンドブック』	ホール『かくれた次元』でプロクセミックス	
1966	三隅二不二『新しいリーダーシップー集団指導の行動科学』		中国, 文化大革命

西暦	産業・組織心理学関連	心理学関連	一般事項（政治・経済・社会・文化・科学技術）
1966	Organizational Behavior and Human Performance 創刊		
1966	ハーツバーグ『仕事と人間性』で、職務満足の2要因理論		
1966	ベニス『組織の変革』		
1967	フィードラー『リーダーシップの有効性の理論』で、状況即応モデル	ナイサー『認知心理学』	EC発足
1967	『組織科学』創刊		
1967	リッカート『組織の行動科学』で、組織とリーダーシップに関する研究		
1968	ポーターとローラー『管理態度とパフォーマンス』で、期待理論		
1968	ロック、目標設定理論を Organizational Behavior and Human Performance 誌上で発表		アメリカ、イギリス、ソ連などが核拡散防止条約に調印
1968	リトウィンとストリンガー『動機づけと組織風土』		
1968	エヴァンによる組織風土形成モデル		
1969	ブレイクとムートン『動態的組織づくり』		
1969	ハーシーとブランチャード『組織行動の管理』		
1969	ベニス『組織開発』		アポロ11号月面着陸成功
1969	ベックハード『組織開発：戦略とモデル』		
1969	ブレイクとムートン『グリッド方式による組織づくり』		

西暦	産業・組織心理学関連	心理学関連	一般事項（政治・経済・社会・文化・科学技術）
1970			日本、核拡散防止条約調印
1971	山田雄一（編）『組織心理学』	シェパードとメッツラー、心的回転の研究	
1971	ジャニス『ストレスとフラストレーション』		
1972	ジャニス『集団思考の犠牲』	プリブラム『脳の言語』	
1972	アルダーファーのERG理論	リンゼイとノーマン『情報処理心理学入門』	
1973	APA第14部門, Division of Industrial and Organizational Psychologyと改称。これにともないニューズレターもThe Industrial-Organizational Psychologistに ローラー『給与と組織効率』		ウォーターゲート事件
1973		フロイデンバーガー、「バーンアウト」を指摘	
1974		フリードマンとローゼンマン『タイプA性格と心臓病』 デシ『内発的動機づけ』	
1975			ベトナム社会主義共和国成立
1976	ダンネット（編）『産業・組織心理学ハンドブック』		
1976	ホール『組織内キャリア』		
1977	ハーシーとブランチャード『組織行動の管理』第3版		
1977	『組織行動研究』創刊		
1978	シャイン『キャリア・ダイナミックス』		

3. 産業・組織心理学 略年表

西暦	産業・組織心理学関連	心理学関連	一般事項（政治・経済・社会・文化・科学技術）
1979		第一回認知科学会議（カリフォルニア大学）	イラン革命
1980		カーンら，社会的コンボイ・モデル	イラン・イラク戦争（～1988）
1981		ニューマン（編）『認知科学の展望』	
1982	ジャニス『集団思考』第2版	ナイサー『観察された記憶』 マー『ヴィジョン』	
1983	APA第14部門が法人化。Society for Industrial and Organizational Psychology (SIOP) となる		
1984	日本応用心理学会第51回大会（富士短大）でシンポジウム「産業心理学の動向と展望」	ラザルスとフォルクマン『ストレス・評価・対処』	
1985	産業・組織心理学会の設立総会開催		
1985	*Organizational Behavior and Human Performance* 誌，*Organizational Behavior and Human Decision Processes* に	ラメルハート，マクレランドら『PDPモデル』	
1986			日本，男女雇用機会均等法施行 チェルノブイリ原発事故
1987	『産業・組織心理学研究』創刊		
1989			米ソ首脳，東西冷戦の終結を宣言
1990	第22回国際応用心理学会大会が日本・京都で開かれる		東西ドイツ統一
1991	ホフステッド (Hofstede, G.) 『文化と組織』		ソ連消滅
1992		アメリカ心理学会100周年	

参考文献

第1章 ─────────────────────────────

Adams, J. S. （1965）. Inequity in social exchange. In L. Berkowitz （Ed.）, *Advances in experimental social psychology* （Vol.2）. New York: Academic Press.

Alderfer, C. P. （1972）. *Existence, relatedness, and growth: Human needs in organizational settings*. New York: Free Press.

Atkinson, J. W. （1957）. Motivational determinants of risk-taking behavior. *Psychological Review*, **10**, 209-232.

Bandura, A. （1986）. *Social foundations of thought and action: A social cognitive view*. Englewood Cliffs, NJ: Prentice-Hall.

Bandura, A. （1991）. Social cognitive theory of self-regulation. *Organizational Behavior and Human Decision Processes*, **50**, 248-287.

Bies, R. J., & Moag, J. F. （1986）. Interactional justice: Communication criteria of fairness. In R. J. Lewicki, B. H. Sheppard & M. H. Bazerman （Eds.）, *Research on negotiations in organizations* （Vol. 1）. Greenwich, CT: JAI Press. pp. 43-55.

Deci, E. L. （1971）. Effects of externally mediated rewards on intrinsic motivation. *Journal of Personality and Social Psychology*, **18**, 105-115.

Deci, E. L. （1975）. *Intrinsic motivation*. New York: Plenum Press. （安藤延男・石田梅男（訳）（1980）. 内発的動機づけ 誠信書房）

Deci, E. L., & Ryan, R. M. （1985）. *Intrinsic motivation and self-determination in human behavior*. New York: Plenum Press.

Herzberg, F. （1966）. *Work and the nature of man*. Cleveland, OH: World Publishing. （北野利信（訳）（1968）. 仕事と人間性 東洋経済新報社）

Herzberg, F., Mausner, B., & Snyderman, B. B. （1959）. *The motivation to work*. New York: Wiley. （西川一廉（訳）（1965）. 作業動機の心理学 日本安全衛生協会）

金井壽宏 （2006）. 働くみんなのモティベーション論 NTT出版

Kanfer, R. （1992）. Work motivation: New directions in theory and research. In C. L. Cooper & I. T. Robertson （Eds.）, *International review of organizational psychology* （Vol.7）. Chichester, UK: Wiley. pp.1-53.

Klein, H. J. （1989）. An integrated control theory model of work motivation. *Academy of Management Journal*, **14**, 150-172.

Leventhal, G. S. （1980）. What should be done with equity theory? New approaches to the study of fairness in social relationships. In K. J. Gergen, M. S. Greenberg & R. H. Willis （Eds.）, *Social exchange: Advances in theory and research*. New York: Plenum Press.

Locke, E. A. （1976）. The nature and causes of job satisfaction. In M. D. Dunnette （Ed.）, *Handbook of industrial and organizational psychology*. Chicago, IL: Rand McNally.

290 参 考 文 献

Locke, E. A., & Latham, G. P. （1990a）. *A theory of goal setting and task performance*. Englewood Cliffs, NJ: Prentice-Hall.

Locke, E. A., & Latham, G. P. （1990b）. Work motivation: The high performance cycle. In U. Kleinbeck, H. Quast, H. Thierry & H. Hacker （Eds.）, *Work motivation*. Hillsdale, NJ: Erlbaum.

Maslow, A. H. （1954）. *Motivation and personality*. New York: Harper & Row. （小口忠彦（監訳）（1987）. 人間性の心理学　産能大学出版部）

Mayo, G. E. （1933）. *The human problems of an industrial civilization*. New York: The Macmillan Company. （村本栄一（訳）（1967）. 産業文明における人間問題　日本能率協会）

McClelland, D. C. （1961）. *The achieving society*. Princeton, NJ: Van Nostrand. （林　保（監訳）（1971）. 達成動機　産業能率短期大学出版部）

McGregor, D. （1960）. *The human side of enterprise*. New York: McGraw-Hill. （高橋達男（訳）（1970）. 企業の人間的側面　産能大学出版部）

三隅二不二 （1987）. 働くことの意味　有斐閣

Murray, E. J. （1964）. *Motivation and emotion*. Englewood Cliff, NJ: Prentice-Hall. （八木冕（訳）動機と情緒　岩波書店）

Nadler, D. A., & Lawler Ⅲ, E. E. （1977）. Motivation: A diagnostic approach. In J. R. Hackman, E. E. Lawler Ⅲ & L. W. Porter （Eds.）, *Perspectives on behavior in organizations*. New York: McGraw Hill.

Porter, L. W., & Lawler Ⅲ, E. E. （1968）. *Managerial attitudes and performance*. Homewood, IL: Dorsey.

Ryan, R. M., & Deci, E. L. （2000）. When rewards compete with nature: The undermining of intrinsic motivation and self-regulation. In C. Sansone & J.M. Harackiewicz （Eds.）, *Intrinsic and extrinsic motivation: The search for optimal motivation and performance*. New York: Academic Press. pp. 13-54.

Smith, P. C., Kendall, L. M., & Hulin, C. L. （1969）. *The measurement of satisfaction in work and retirement*. Skokie, IL: Rand McNally.

武沢真一・三隅二不二・松井賚夫 （1974）. 欧米諸国における QWL 問題　QWL レポート 1　日本 QWL 委員会

Taylor, F. W. （1911）. *Scientific management*. New York: Harper. （上野陽一（訳）（1969）. 科学的管理法　産業能率短期大学出版部）

Thibaut, J., & Walker, L. （1975）. *Procedural justice: A psychological analysis*. Hillsdale, NJ: Erlbaum.

Vroom, V. H. （1964）. *Work and motivation*. New York: Wiley. （坂下昭宣他（訳）（1982）. 仕事とモチベーション　千倉書房）

Walton, R. E. （1973）. Quality of working life: What is it? *Sloan Management Review*, 15, 11-21.

Walton, R. E. （1975）. Criteria for quality of working life. In L. E. Davis & A. B. Cherns （Eds.）, *The quality of working life* （Vol.1）. New York: Free Press.

Weiss, H., Davis, R., England, G., & Lofquist, L. （1967）. *Manual for the Minnesota*

Satisfaction Questionnaire. Industrial Relations Centre, University of Minnesota.

第2章

Adams, J. S. （1965）. Inequity in social exchange. In L. Berkowitz （Ed.）, *Advances in experimental social psychology* （Vol.2）. New York: Academic Press. pp.267-299.

足木圭蔵 （1988）. 仕事の管理と革新　若林　満・松原敏浩（編）　組織心理学　福村出版　pp.205-229.

Bass, B. M., & Vaughan, J. A. （1968）. *Training in industry: The management of learning*. Belmont, CA: Wadsworth. （伊吹山太郎・田中秀穂（訳）　（1968）. 教育訓練　ダイヤモンド社）

Bandura, A. （1977）. *Social learning theory*. Englewood Cliffs, NJ: Prentice-Hall. （原野広太郎（監訳）社会的学習理論：人間理解の教育と基礎　金子書房）

Beer, M., Spector, B., Lawrence, P. R., Mills, D. Q., & Walton, R. E. （1984）. *Managing human assets: The groundbreaking Harvard Business School program*. New York: Free Press. （梅津裕良・水谷榮二（訳）　（1990）. ハーバードで教える人材戦略　日本生産性本部）

Bender, I. E., & Hastorf, A. H. （1950）. The perception of persons: Forcasting another person's response on three personality scales. *Journal of Abnormal and Social Psychology*, **45**, 556-561.

Bies, R. J., & Moag, J. S. （1986）. Interactional justice: Communication criteria of fairness. In R. J. Lewicki, B. H. Sheppard & M. A. Bazerman （Eds.）, *Research on negotiation in organizations* （Vol.1）. Greenwich, CT: JAI Press. pp.43-55.

Burke, R., & Greenglass, E. R., （1987）. Work and family. In C. L. Cooper & I. Robertson （Eds.）, *International review of industrial and organizational psychology*. Chichester, UK: John Wiley and Sons. pp. 273-320.

Deutsch, M. （1975）. Equity, equality, and need: What determine which value will be used as the basis of distributive justice ? *Journal of Social Issues*, **31**, 137-149.

遠藤公嗣 （1999）. 日本の人事査定　ミネルヴァ書房

Evans, P., & Bartolome, F. （1986）. The dynamics of work-family relationships in managerial lives: Evidence for the compensation hypothesis. *International Review of Applied Psychology*, **5**, 9-21.

Ferris, G. R., Rosen, S. D., & Barnum, D. T. （Eds.）. （1995）. *Handbook of human resources management*. Oxford, UK: Blackwell.

Fiedler, F. E., Warrington, W. G., & Blaisdell, F. J. （1952）. Unconscious attitudes as correlates of sociometric choice in a social group. *Journal of Abnormal and Social Psychology*, **47**, 790-796.

Fried, Y., & Ferris, G. R. （1987）. The validity of the job characteristics: A review and meta-analysis. *Personnel Psychology*, **40**, 287-322.

古川久敬 （1988）. 組織デザイン論: 社会心理学的アプローチ　誠信書房

Gergen, K. J. （1969）. *The psychology of behavior exchange*. Reading, MA: Addison-Wesley.

292　参 考 文 献

（清水　洵（訳）　社会交換の心理学　誠信書房）

Gerhart, B. （1995）. Payment systems. In N. Nicholson （Ed.）, *The Blackwell encyclopedic dictionary of organizational behavior*. Cambridge, MA: Blackwell. pp. 405-409.

Gerhart, B., & Milkovich, G. T. （1992）. Employee compensation: Research and practice. In M. D. Dunnette & L. M. Hough （Eds.）, *Handbook of industrial and organizational psychology* （Vol.3）. Palo Alto, CA: Consulting Psychologists Press. pp.481-569.

Greenberg, J. （1986）. Determinants of perceived fairness in performance evaluations. *Journal of Applied Psychology*, **71**, 340-342.

Guest, D. （1995）. Human resource management. In N. Nicholson （Ed.）, *The Blackwell encyclopedic dictionary of organizational behavior*. Cambridge, MA: Blackwell. pp.216-218.

Hackman, J. R., & Oldham, G. R., （1975）. Development of the job diagnostic survey. *Journal of Applied Psychology*, **60**, 159-170.

井手　亘 （1986）. 直接的交換関係における公正さの規範　人間科学論集（大阪府立大学）, **18**, 66-99.

石田英夫 （1985）. 日本企業の国際人事管理　日本労働協会

Ivancevich, J. M. （1998）. *Human resource management* （7th ed.）. Boston, MA: Irwin.

岩出　博 （2002）. 森　五郎（監修）LECTURE　労務管理（3訂版）　泉文堂

Jones, E. E., & Nisbett, R. E. （1972）. The actor and the observer: Divergent perceptions of the causes of behavior. In E. E. Jones et al. （Eds.）, *Attribution: Perceiving the causes of behavior*. New York: General Learning Press. pp. 79-94.

Kelley, H. H. （1967）. Attribution theory in social psychology. In D. Levine （Ed.）, *Nebraska symposium on motivation* （Vol.15）. Lincoln, NE: University of Nebraska Press. pp. 192-238.

熊沢　誠 （1993）. 新編　日本の労働者像　筑摩書房

熊沢　誠 （1997）. 能力主義と企業社会　岩波書店

倉田良樹 （1993）. 人事制度　津田真澂（編著）　人事労務管理　ミネルヴァ書房　pp.83-106.

Leventhal, G. S. （1980）. What should be done with equity theory ?: New approach to the study of fairness in social relationships. In K. Gergen, M. Greenberg & R, Willis （Eds.）, *Social exchange: Advances in theory and research*. New York: Plenum Press. pp.27-55.

Lincoln, J. R., & McBride, K. （1987）. Japanese industrial organization in comparative perspecitve. *Annual Review of Sociology*, **13**, 289-312.

Lind, E. A., & Tyler, T. R. （1988）. *Social psychology of procedural justice*. New York: Plenum. Press.

Locke, E. A., & Latham, G. P. （1990）. *A theory of goal setting and task performance*. Englewood Cliffs, NJ: Prentice Hall.

三隅二不二（編） （1987）. 働くことの意味　有斐閣

中島義明他（編） （1999）. 心理学辞典　有斐閣

O'Driscoll, M. P. （1996）. The interface between job and off-job roles: Enhancement and conflict. In C. L. Cooper & I. Robertson （Eds.）, *International review of industrial and organizational psychology*. Chichester, UK: John Wiley and Sons. pp. 279-306.

小野公一 （1993）. 職務満足感と生活満足感 白桃書房

Robbins, S. P. （2005）. *Essentials of organizational behavior* （8th ed.）. Englewood Cliffs, NJ: Prentice-Hall. （高木晴夫（訳）（2009）. 組織行動のマネジメント 新版 ダイヤモンド社）

厚生労働省（編） （2009）. 平成21年版 労働経済白書

Ross, L. （1977）. The intutive psychologist and its shortcomings: Distortions in the attribution process. In L. Berkowitz （Ed.）, *Advances in experimental social psychology* （Vol.10）. pp.174-221.

Sheppard, B. H., & Lewicki, R. J. （1987）. Toward general principles of managerial fairness. *Social Justice Research*, 1, 161-176.

清水 勤 （1991）. 会社人事入門 日本経済新聞社

白井泰四郎 （1992）. 現代日本の労務管理 （第2版） 東洋経済新報社

Staines, G. L. （1980）. Spillover versus compensation: A review of the literature on the relationship between work and nonwork. *Human Relations*, 33, 111-129.

Taft, R. （1955）. The ability to judge people. *Psychological Bulletin*, 52, 1-21.

Tagiuri, R. （1969）. Person perception. In G. Lindzey & E. Aronson （Eds.）, *Handbook of social psychology* （2nd ed.）. Reading, MA: Addison-Wesley. pp.395-449.

田尾雅夫 （1999）. 組織の心理学 新版 有斐閣

Thibaut, J., & Walker, L. （1978）. A theory of procedure. *California Law Review*, 66, 541-566.

Trist, E. L., & Bamforth, K. W. （1951）. Some social and psychological consequences of the long-wall method of coal getting. *Human Relations*, 4, 1-38.

Wall, D. T., & Clegg, C. W. （1995）. Job design. In N. Nicholson （Ed.）, *The Blackwell encyclopedic dictionary of organizational behavior*. Cambridge MA.: Blackwell. pp.265-268.

山岸俊男 （1990）. 社会的ジレンマのしくみ：「自分ひとりぐらいの心理」の招くもの サイエンス社

Zedeck, S., & Mosier, K. （1990）. Work in the family and employing organization. *American Psychologist*, 45, 240-251.

第3章

Allport, G. W. （1937）. *Personality: A psychological interpretation*. New York: Holt.

安藤瑞夫 （1986）. 採用選考と面接 安藤瑞夫（編） 新版産業心理学 有斐閣 pp.40-57.

Asch, S. E. （1946）. Forming impressions of personality. *Journal of Abnormal and Social Psychology*, 41, 258-290.

Binet, A. （1911）. *Les idées modernes sur les enfants*. Paris: Flammarion. （波多野完治（訳）（1961）. 新しい児童観 明治図書）

Bingham, W. V. D. （1939）. *Aptitudes and aptitude testing*. New York: Harper.

Boyatzis, R. E. （1982）. *The competent manager: A model for effective performance*. New York: Wiley Interscience.

Cattell, R. B. （1986）. *The handbook for the 16 personality factor questionnaire*. Champaign,

294　参 考 文 献

IL: Institue for Personality and Ability Testing.

Center for Creative Leadership　(1997).　*Skillscope for managers Trainer's: guide*. Greensboro, NC: Center for Creative Leadership.

Dunnette, M. D.　(1966).　*Personnel selection and placement*. Belmont, CA: Wadsworth.（豊原恒男・北村忠雄(訳)　(1969).　採用と配置　ダイヤモンド社)

Edwards, M. R., & Ewen, A. J.　(1996).　*360°feedback*. New York: American Management Association.

French, W. L.　(1978).　*The personal management process*（4th ed.）. Boston, MA: Houghton Mifflin.

Gardner, H.　(1983).　*Frames of mind:The theory of multiple intelligences*. New York: Basic Books.

Gatewood, R. D., & Field, H. S.　(1994).　*Human resource selection*（3rd ed.）. Fort Worth, TE: Harcourt Brace College Publishers, Drydern Press.

Goffin, R. D., Rothstein, M. G., & Johnston, N. G.　(1996).　Personality testing and the assessment center: Incremental validity for managerial selection. *Journal of Applied Psychology*, 81, 746-756.

Guilford, J. P.　(1959a).　*Personality*. New York: McGraw-Hill.

Guilford, J. P.　(1959b).　Three faces of intellect. *American Psychologist*, 14, 469-479.

Hathaway, S. R., & Mckinley, J. C.　(1943).　*The Minnesota Multiphasic Personality Inventory*（Rev. ed.）. Minneapolis, MN: University of Minnesota Press.

林　伸二　(1993).　人材を活かす業績評価システム　同友館

肥田野直　(1967).　知能　八木　晃(編)　心理学Ⅱ　培風館　pp.105-108, pp.130-155.

Holland, J. L.　(1973).　*Making vocational choices: A theory of careers*. Englewood Cliffs, NJ: Prentice-Hall.

Holland, J. L.　(1985).　*Making vocational choice: A theory of vocational personalities and work environments*（2nd ed.）. Englewood Cliffs, NJ: Prentice-Hall.

今川民雄　(1988).　対人知覚と社会的認知　斎藤　勇(編)　対人社会心理学重要研究集 5　誠信書房　pp.7-13, pp.25-28.

今城志保・藤村直子　(2000).　職務遂行行動の測定ツール　大沢武志・芝　祐順・二村英幸(編)　人事アセスメントハンドブック　金子書房　pp.340-354.

井上俊哉　(2000).　興味・指向・意欲などの測定　大沢武志・芝　祐順・二村英幸（編）人事アセスメントハンドブック　金子書房　pp.279-293.

Jung, C. G.　(1921).　*Psychological types*. London: Routledge & Kegan Paul.

Kelley, H. H.　(1950).　The warm-cold variable in first impressions of persons. *Journal of Personality*, 18, 431-439.

Kretschmer, E.　(1955).　*Körperbau und Charakter*, 21/22. Aufl. Berlin: Springer.（相馬　均(訳)　(1961).　体格と性格　文光堂)

正田　亘　(1981).　適性　藤永　保他(編)　新版心理学事典　平凡社　p.604.

McClelland, D. C.　(1973).　Testing for competence rather than for intelligence. *American Psychologist*, 28, 1-14.

MPI研究会(編)　(1969).　新性格検査法―モーズレイ性格検査　誠信書房

村上宣寛・村上千恵子　（1999）．性格は五次元だった（性格心理学入門）　培風館

中西信男　（1961）．職業への適応　森清善行・長山泰久（編）　心理学8産業心理　有斐閣　pp.101-129.

日本MMPI研究会（編）　（1969）．日本版MMPIハンドブック　三京房

日本労働研究機構　（2003）．VPI職業興味検査第3版手引　日本文化科学社

二村英幸　（1998）．人事アセスメントの科学　産能大学出版部

二村英幸　（2000）．採用選考における人事アセスメント　大沢武志・芝　祐順・二村英幸（編）　人事アセスメントハンドブック　金子書房　pp.69-92.

岡村一成　（1994）．組織成員の選抜　岡村一成（編著）　産業・組織心理学入門（第2版）　福村出版　pp.30-45.

大村政男・花沢成一・佐藤　誠　（1985）．新訂心理検査の理論と実際　駿河台出版社

大村政男・松原達哉　（1989）．質問紙法　本明　寛・大村政男（編）　現代の心理臨床（応用心理学講座10）　福村出版　pp.84-106.

大沢武志　（1989）．採用と人事測定—人材選抜の科学—　朝日出版社

Rorschach, H.　（1921）．*Psychodiagnostik*. Bern, Switzerland: Hans Huber.（東京ロールシャッハ研究会（訳）（1968）．精神診断学　牧書店）

佐野勝男・槙田　仁　（1960）．精研式文章完成テストの手引　金子書房

佐野勝男・槙田　仁・関本昌秀　（1987）．新・管理能力の発見と評価　金子書房

Spearman, C.　（1904）．"General intelligence" objectively determined and measured. *American Journal of Psychology*, 15, 201-293.

Spearman, C.　（1927）．*The abilities of man*. London: Macmillan.

Spencer, L. M. Jr., & Spencer, S. M.　（1993）．*Competence at work*. New York: John Wiley & Sons.

Sternberg, R. J.　（1985）．*Beyond IQ: A triarchic theory of human intelligence*. New York: Cambridge University Press.

住田勝美・林　勝造・一谷　彊　（1964）．改訂版PFスタディ使用手引　三京房

Super, D. E.　（1957）．*The psychology of careers*. New York: Harper.

Terman, L. H.　（1916）．*The measurement of intelligence*. Boston, MA: Houghton Mifflin.

Thorndike, E. L.　（1921）．Intelligence and its measurement: A symposium. *Journal of Educational Psychology*, 12, 124-127.

Thurstone, L. L.　（1947）．*Multiple-factor analysis*. Chicago, IL: University of Chicago Press.

戸川行男　（1953）．TAT日本版試案絵画絵覚検査解説　金子書房

外島　裕　（1990）．性格診断法　関　忠文・大村政男（著者代表）　心理学アスペクト　福村出版　pp.87-89.

外島　裕・片岡大輔・田中堅一郎　（1993）．アセスメントセンター技法によるディメンジョン評定と質問紙法によるパーソナリティ特性との関連　産業・組織心理学研究, 7, 3-10.

外島　裕　（1997）．アセスメントセンター方式とその応用　人事管理（No.321）　日本人事管理協会, 14-19.

外島　裕　（1999）．職務遂行行動のアセスメントと行動開発　人事管理（No.331）　日

296　参 考 文 献

本人事管理協会, 2-8.

辻岡美延　（1979）．　新性格検査法・―Y-G性格検査実施・応用・研究手引―　日本心理
テスト研究所

辻平治郎（編）　（1998）．　5因子性格検査の理論と実際　北大路書房

内田勇三郎　（1964）．　内田クレペリン精神検査手引　日本精神技術研究所

Warren, C. H.　（1935）.　*Dictionary of psychology*. Boston, MA: Houghton Mifflin. p.18.

Wechsler, D.　（1958）.　*The measurement and appraisal of adult intelligence* （4th ed.）.
Baltimore, MD: Williams & Wilkins.

Woodworth, R. S.　（1917）.　*Personal data sheet.*

第4章 ―――――――――――――――――――――――――――――――――――――

Abrams, D., Wetherell, M., Cochrane, S., Hogg, M. A., & Turner, J. C.　（1990）.　Knowing
what to think by knowing who you are: Self-categorization and the nature of norm forma-
tion. *British Journal of Social Psychology*, **29**, 97-119.

Coch, L., & French, J. R. P., Jr.　（1948）.　Overcoming resistance change. *Human Relations*,
1, 512-532.

Englich, B., & Mussweiler, T.　（2001）.　Sentencing under uncertainty: Anchoring effects in
the courtroom. *Journal of Applied Social Psychology*, **31**, 1535-1551.

Englich, B., Mussweiler, T., & Strack, F.　（2006）.　Playing dice with criminal sentences: The
influence of irrelevant anchors on experts' judicial decision making. *Personality and Social
Psychology Bulletin*, **32**, 188-200.

Esser, J. K.　（1998）.　Alive and well after 25 years: A review of groupthink research.
Organizational Behavior and Human Decision Processes, **73**, 116-141.

Festinger, L.　（1954）.　A theory of social comparison processes. *Human Relations*, **7**, 117-140.

Gigerenzer, G., Todd, P. M., & ABC Research group （Eds.）.　（1999）.　*Simple heuristics that
make us smart*. New York: Oxford University Press.

池田謙一　（1993）．　社会のイメージの心理学――ぼくらのリアリティはどう形成される
か――　サイエンス社

池上知子　（1998）．　集団と個人　池上知子・遠藤由美　グラフィック社会心理学　サイ
エンス社

Ingham, A. G., Levinger, G., Graves, J., & Peckham, V.　（1974）.　The Ringelmann effect:
Studies of group size & group performance. *Journal of Experimental Social Psychology*, **10**,
371-384.

Jackson, J. M.　（1960）.　Structural characteristics of norms. In G. E. Jensen （Ed.）,
Dynamics of instructional group. Chicago, IL: University of Chicago Press.

Janis, I. L.　（1972）.　*Victims of groupthink*. Boston, MA: Houghton Mifflin.

Kahneman, D., & Tversky, A.　（1979）.　Prospect theory: An analysis of decisions under risk.
Econometrica, **47**, 263-291.

亀田達也　（1997）．　合議の知を求めて　共立出版

亀田達也　（2010）．　グループとしての協調行為　亀田達也・村田光二　複雑さに挑む社

会心理学　改訂版　有斐閣　pp.101-134.

狩野素朗（1985）．個と集団の社会心理学　ナカニシヤ出版

Latané B., Williams, K., & Harkins, S. （1979）. Many hands make light in the work: The causes and consequences of social loafing. *Journal Personality and Social Psychology*, 37, 822-832.

Lichtenstein, S., Slovic, P., Fischhoff, B., Layman, M., & Combs, B. （1978）. Judged frequency of lethal events. *Journal of Experimental Psychology: Human Learning and Memory*, 4, 551-578.

Moscovici, S., & Zavalloni, M. （1969）. The group as a polarizer of attitudes. *Journal of Personality and Social Psychology*, 12, 125-135.

Northcraft, G. B., & Neale, M. A. （1987）. Amateurs, experts, and real estate: An anchoring-and-adjustment perspective on property pricing decisions. *Organizational Behavior and Human Decision Processes*, 39, 84-97.

Osborn, A. F. （1957）. *Applied imagination*. New York: Scribner.

Plous, S. （1993）. *The psychology of judgment and decision making*. New York: McGraw-Hill.

Shaw, W. （1932）. Comparison of individuals and small groups in the rational solution of complex problems. *American Journal of Psychology*, 44, 491-504.

Sherif, M. （1935）. A study of some social factors in perception. *Archives of Psychology*, 27, 1-60.

Shubik, M. （1971）. The dollar auction game: A paradox in noncooperative behavior and escalation. *Journal of Conflict Resolution*, 15, 109-111.

Simon, H. A. （1956）. Rational choice and the structure of the environment. *Psychological Review*, 63, 129-138.

Staw, B. M. （1976）. Knee deep in the big muddy: A study of escalating commitment to a chosen course of action. *Organizational Behavior and Human Performance*, 16, 27-44.

Staw, B. M., & Ross, J. （1987）. Behavior in escalation situation: Antecedents, prototypes, and solutions. In L. L. Cummings & B. M. Staw （Eds.）, *Research in organizational behavior* （Vol. 9）. Greenwich, CT: JAI Press. pp.39-78.

Stoner, J. A. F. （1961）. A comparison of individual and group decisions involving risk. *Industrial management Review*, 3, 8-23.

Stroebe, W., Diehl, M., & Abakoumkin, G. （1996）. Social compensation and the Kohler effect: Toward a theoretical explanation of motivation gains in group productivity. In E. Witte & J. H. Davis（Eds.）, *Understanding group behavior* （Vol.2）. Mahwah, NJ: Lawrence Erlbaum Associates. pp.37-65

Taylor, D. W., Berry, P. C., & Block, C. H. （1958）. Does group participation when using brainstorming facilitate or inhibit creative thinking? *Administrative Science Quartely*, 3, 23-47.

Taylor, D. W., & Faust, W. L. （1952）. Twenty questions: Efficiency in problem solving as a function of size of group. *Journal of Experimental Psychology*, 44, 360-368.

Tversky, A., & Kahneman, D. （1973）. Availability: A heuristic for judging frequency and probability. *Cognitive Psychology*, 5, 207-232.

298 参 考 文 献

Tversky, A., & Kahneman, D. （1974）. Judgment under uncertainty: Heuristics and biases. *Science*, **185**, 1124-1131.

Tversky, A., & Kahneman, D. （1981）. The framing of decisions and the psychology of choice. *Science*, **211**, 453-458.

Tversky, A., & Kahneman, D. （1982）. Judgments of and by representativeness. In D. Kahneman, P. Slovic & A. Tversky（Eds.）, *Judgment under uncertainty: Heuristics and biases*. New York: Cambridge University Press. pp.84-98.

Wallack, M. A., Kogan, N., & Bem, D. J. （1962）. Group influence on individual risk taking. *Journal of Abnormal and Social Psychology*, **65**, 75-86.

Zajonc, R. B. （1965）. Social facilitation. *Science*, **149**, 269-274.

第5章 ───────────────────────────────

Bass, B. M. （1998）. *Transformational leadership: Industry, military, and educational impact*. Mahwah, NJ: Lawrence Erlbaum Associates.

Bass, B. M., & Avolio, B. J. （1993）. *Improving organizational effectiveness: Through transformational leadership*. Thousand Oaks, CA: Sage Publications.

Bhal, K. T., & Ansari, M. A. （1996）. Measuring quality of interaction between leaders and member. *Journal of Applied Social Psychology*, **26**, 945-972.

Blake, R. P., & Mouton, J. S. （1964）. *The managerial grid*. Houston, TX: Gulf Publishing. （上野一郎（訳）（1965）. 期待される管理者像 産業能率短期大学出版部）

Brown, M. E., & Treviño, L. K. （2006）. Ethical leadership: A review and future directions. *The Leadership Quarterly*, **17**, 595-616.

Brown, M. E., Trevino, L. K., & Harrison, D. A. （2005）. Ethical leadership: A social learning perspective for construct development and testing. *Organizational Behavior and Human Decision Processes*, **97**, 117-134.

Conger, J. A., & Kanungo, R. A. （1987）. Towards a behavioral theory of charismatic leadership in organizational settings. *Academy of Management Review*, **12**, 637-647.

Day, D. V. （2000）. Leadership development: A review in context. *The Leadership Quarterly*, **11**, 581-613.

Dinh, J. E., Lord, R. G., Gardner, W. L., Meuser, J. D., Linden, R. C., & Hu, J. （2014）. Leadership theory and research in the new millennium: Current theoretical trends and changing perspectives. *The Leadership Quarterly*, **25**, 36-62.

Fiedler, F. E. （1967）. *A theory of leadership effectiveness*. New York: McGraw-Hill. （山田一雄（訳） 1970 新しい管理者像の探求 産業能率短期大学出版部）

Fiedler, F .E. （1978）. The contingency model and the dynamics of the leadership process. In L. Berkowitz （Ed.）, *Advances in Experimental Social Psychology* （Vol.11）. New York: Academic Press. pp. 59-112.

淵上克義 （2002）. リーダーシップの社会心理学 ナカニシヤ出版

Gardner, W. L., Avolio, B. J., Luthans, F., May, D. R., & Walumbwa, F. （2005）. "Can you see the real me?" A self-based model authentic leader and follower development. *The*

Leadership Quarterly, **16**, 343-372.

Gerstner, C. R., & Day, D. V. （1997）. Meta-analysis review of leader-member exchange theory: Correlates and construct issues. *Journal of Applied Psychology*, **82**, 827-844.

Graen, G. B., & Uhl-Bien, M. （1995）. Relationship-based approach to leadership: Development of leader-member exchange （LMX） theory of leadership over 25 years: Applying a multi-level multi-domain perspective. *The Leadership Quarterly*, **6**, 219-247.

Greenleaf, R. K., Spears, L. C., & Convey, S. R. （2002）. *Servant leadership: A journey into the nature of legitimate power and greatness*. New York: Paulist Press. （金井壽宏（監修）・金井真弓（訳） （2008）. サーバントリーダーシップ 英知出版）

Hersey, P., & Blanchard, K. H. （1977）. *Management of organizational behavior* （3rd ed.）. Englewood Cliffs, NJ: Prentice-Hall. （山本成二・水野 基・成田 攻（訳） （1978）. 行動科学の展開 人的資源の活用 生産性出版）

House, R. J. （1971）. A path-goal theory of leadership. *Administrative Science Quarterly*, **16**, 321-338.

House, R. J. （1977）. A 1976 theory of charismatic leadership. In J. G. Hunt & L.L. Larson （Eds.）, *Leadership: The cutting edge*. Carbondale, IL: Southern Illinois University Press. pp.189-207.

池田 浩 （2014）. リーダーシップ 下山晴彦（編集代表） 誠信心理学辞典［新版］ 誠信書房 pp.621-623.

池田 浩 （2017a）. 個人特性とリーダーシップ 坂田桐子（編著） 社会心理学におけるリーダーシップ研究のパースペクティブⅡ ナカニシヤ出版 pp.63-80.

池田 浩 （2017b）. サーバント・リーダーシップ 坂田桐子（編著） 社会心理学におけるリーダーシップ研究のパースペクティブⅡ ナカニシヤ出版 pp.109-124.

角山 剛 （2011）. 産業・組織 （キーワード心理学シリーズ12） 新曜社

Jermier, J .M., & Kerr, S. （1997）. "Substitutes for leadership: Their meaning and measurement"–Contextual recollections and current observations. *The Leadership Quarterly*, **8**, 95-101.

Kalshoven, K., Den Hartog, D. N., & De Hoogh, A. H. B. （2011）. Ethical leadership at work questionnaire （ELW）: Development and validation of a multidimensional measure. *The Leadership Quarterly*, **22**, 51-69.

Kerr, S., & Jermier, J. M. （1978）. Substitutes for leadership: Their meaning and measurement. *Organizational Behavior and Human Performance*, **22**, 375-403.

Lord, R. G. （1985）. An information approach to social perceptions, leadership and behavioral measurement in organization. In L. L. Cummings & B. M. Staw （Eds.）, *Research in organizational behavior* （Vol. 7）. Greenwich, CT: JAI Press. pp.87-128.

Lord, R. G., DeVader, C. L., & Allinger, G. M. （1986）. A meta-analysis of the relation between personality traits and leadership perceptions: An application of validity generalization procedures. *Journal of Applied Psychology*, **71**, 402-410.

McCauley, C. D., Van Velsor, E., & Ruderman, M. N. （2010）. Introduction: Our view of leadership development. In C. D. McCauley & E. Van Velsor （Eds.）, *The center for creative leadership handbook of leadership development* （3rd ed.）. San Francisco, CA: Jossey-Bass. pp.1-

300 参考文献

26.

Meindl, J. R. (1990). On leadership: An alternative to the conventional wisdom. In B. M. Staw & L. L. Cummings (Eds.), *Research in organizational behavior* (Vol. 12). Greenwich: CT, JAI Press. pp. 159-203

三隅二不二 (1986). リーダーシップの科学 指導力の科学的診断法 講談社

Neider, L. L., & Schriesheim, C. A. (2011). The authentic leadership inventory (ALI): Development and empirical tests. *The Leadership Quarterly*, 22, 1146-1164.

Offerman, L. R., Kennedy, J. K., & Wirtz, P. W. (1994). Implicit leadership theories: Content, structure, and generalizability. *The Leadership Quarterly*, 5, 43-58.

Podsakoff, P. M., Niehoff, B. P., MacKenzie, S., & Williams, M. L. (1993). Do substitutes for leadership really substitute for leadership? An empirical examination of Kerr and Jermier's situational leadership model. *Organizational Behavior and Human Decision Processes*, 54, 1-44.

坂田桐子 (2008). リーダーシップ研究の新たな潮流 坂田桐子・淵上克義 (編著) 社会心理学におけるリーダーシップ研究のパースペクティブⅠ ナカニシヤ出版 pp.1-22.

Stogdill, R. M. (1948). Personal factors associated with leadership: A survey of the literature. *Journal of Psychology*, 25, 35-71.

田中堅一郎 (2013). リーダー発達過程における自己概念の変容についての社会心理学的考察 立教大学心理学研究, 55, 79-88.

ホワイト, R. K.・リピット, R. (1960). 三種の「社会的風土」におけるリーダーの行動と成員の反応 カートライト, D.・ザンダー, A.(編) 三隅二不二・佐々木 薫(訳編) 1970 グループ・ダイナミックスⅡ [第2版] 誠信書房 pp.629-661. (Cartwright, D., & Zander, A. (1960). *Group dynamics: Research and theory* (2nd ed.). London: Tavistock Publications.)

山口裕幸 (1994). 企業組織の活性化過程 齋藤 勇・藤森立男(編) 経営産業心理学パースペクティブ 誠信書房 pp.104-116.

山口裕幸 (2011). 職場集団におけるリーダーシップ 田中堅一郎(編著), 産業・組織心理学エッセンシャルズ (改訂三版) ナカニシヤ出版 pp. 127-157.

第6章

American Psychological Association. (2019). The road to resilience.
<https://www.apa.org/helpcenter/road-resilience.aspx> (2019年1月10日検索)

Barrera Jr., M. (1986). Distinctions between social support concepts, measures, and models. *American Journal of Community Psychology*, 14, 413-445.

Cannon, W. B. (1935). Stresses and strains of lomocostasis. *American Journal of Medical Sciences*, 19, 1-14.

De Dreu, C. K. W., & Weingart, L. R. (2003). Task versus relationship conflict, team performance and team member satisfaction: A meta-analysis. *Journal of Applied Psychology*, 88 (4), 741-749.

Greenhaus, J. H., & Beutell, N. J. （1985）. Sources of conflict between work and family roles. *Academy of Management Review*, **10**, 76-88.

Grawitch, M. J., Gottschalk, M., & Munz, D. C. （2006）. The path to a healthy workplace: A critical review linking healthy workplace practices, employee well-being, and organizational improvements. *Consulting Psychology Journal*, **58**, 129-147.

House, J. S. （1981）. *Work stress and social support*. Reading, MA: Addison-Wesley.

Hurrell Jr., J. J., & McLaney, M. A. （1988）. Exposure to job stress: A new psychometric instrument. *Scandinavian Journal of Work Environment & Health*, **14**, 27-28.

Karasek, R. （1979）. Job demands, job decision latitude, and mental strain: Implications for job redesign. *Administrative Science Quarterly*, **24**, 285-307.

Karasek, R., & Theorell, T. （1990）. Healthy work: Stress, productivity, and the reconstruction of working life. New York: Basic Books.

厚生労働省 （2017）. ストレスチェック制度の実施状況　厚生労働省労働基準局 <https://www.mhlw.go.jp/stf/houdou/0000172107.html> （2018年12月10日検索）

Kuroda, S., & Yamamoto, I. （2016）. Does mental health matter for firm performance? Evidence from longitudinal Japanese firm data. *RIETI Discussion Paper*, No.16-E-016, Research Institute of Economy, Trade and Industry.

Lazarus, R. S. （1966）. *Psychological stress and the coping process*. New York: McGraw-Hill.

Lazarus, R. S., & Folkman, S. （1984）. *Stress, appraisal, and coping*. New York: Springer. （本明　寛・春木　豊・織田正美（監訳）（1991）. ストレスの心理学―認知的評価と対処　実務教育出版）

Leka, S., Griffiths, A., & Cox, T. （2004）. *Work organization & stress: Systematic problem approaches for employers, managers and trade union representatives*. （Protecting Workers' Health Series, No. 3.）. Geneva, Switzerland: World Health Organization.

前田　聰 （1989）. タイプA行動パターン　心身医学, **29**, 517-524.

Maslach, C., & Jackson, S. E. （1981）. The measurement of experienced burnout. *Journal of Occupational Behavior*, **2**, 99-113.

Masten, A. S., Best, K. M., & Garmezy, N. （1990）. Resilience and development: Contributions from the study of children who overcome adversity. *Development and Psychopathology*, **2**, 425-444.

岡田邦夫 （2015）. 「健康経営」推進ガイドブック　経団連出版

岡田邦夫・高橋千枝子 （2015）. これからの人と企業を創る健康経営―健康経営評価と企業価値創造　健康経営研究会

Rosenman, R. H., Swan, G. E., & Carmelli, D. （1988）. Definition, assessment, and evolution of the Type A behavior pattern. In B. K. Houston & C. R. Snyder （Eds.）, Wiley series on health psychology/behavioral medicine. *Type A behavior pattern: Research, theory, and intervention*. Oxford,UK: John Wiley & Sons. pp.8-31.

坂野雄二(監修)・嶋田洋徳・鈴木伸一(編著) （2004）. 学校，職場，地域におけるストレスマネジメント実践マニュアル　北大路書房

佐藤　豪 （1996）. タイプA行動パターンとストレス反応 行動医学研究, **3**(1), 8-15.

Selye, H. （1936）. A syndrome produced by diverse nocuous agents. *Nature*, **138**(3479), 32.

302 　参 考 文 献

Schaufeli, W. B., & Taris, T. W. （2014）. A critical review of the Job Demands-Resources model: Implications for improving work and health. In G. F. Bauer & O. Hammig （Eds.）, *Bridging occupational, organizational and public health: A transdisciplinary approach.* Dordrecht, The Netherlands: Springer. pp.43-68.

Schaufeli, W. B., Salanova, M., Gonzalez-Roma, V., & Bakker, A. B. （2002）. The measurement of engagement and burnout and: A confirmative analytic approach. *Journal of Happiness Studies*, **3**, 71-92.

島津明人（2010）. 職業性ストレスとワーク・エンゲイジメント　ストレス科学研究, **25**, 1-6.

島津明人（2014）. ワーク・ライフ・バランスとメンタルヘルス：共働き夫婦に焦点を当てて　日本労働研究雑誌, **56**（12）, 75-84.

Siegrist, J. （1996）. Adverse health effects of high effort-low reward conditions at work. *Journal of Occupational Health Psychology*, **1**, 27-43.

第7章

Adams, S. （1965）. Inequity in social exchange. In L. Berkowitz （Ed.）, *Advances in experimental social psychology* （Vol.2）. New York: Academic Press. pp. 267-299.

Allen, N. J., & Meyer, J. P. （1990）. The measurement and antecedents of affective, continuance and normative commitment to the organization. *Journal of Occupational Psychology*, **63**, 1-18.

青木修次（1997）. 異文化間葛藤と解決　大渕憲一（編）　紛争解決の社会心理学（現代応用社会心理学講座3）　ナカニシヤ出版　pp.300-320.

Bazerman, M. H., & Carroll, J. S. （1987）. Negotiator cognition. In L. L. Cummings & B. M. Staw （Eds.）, *Research in organizational behavior* （Vol.9）. Greenwich, CT: JAI Press. pp.248-288.

Cialdini, R. B. （2009）. *Influence: Science and practice* （5th ed.）. Needham Heights, MA: Allyn & Bacon.（社会行動研究会（訳）（2014）. 影響力の武器―なぜ人は動かされるのか―　第三版　誠信書房）

Dozier, J. B., & Miceli, M. P. （1985）. Potential predictors of whistle-blowing: A prosocial behavior perspective. *Academy of Management Review*, **10**, 823-836.

藤森立男（1994）. 職場集団のダイナミクス　岡村一成（編著）　産業・組織心理学入門（第2版）　福村出版　pp.76-89.

福野光輝・大渕憲一（1997）. 交渉における認知的歪み　大渕憲一（編）　紛争解決の社会心理学（現代応用社会心理学講座3）　ナカニシヤ出版　pp.119-141.

Greenberg, J., & Baron, R. A. （1995）. *Behavior in organizations: Understanding and managing the human side of work* （5th ed.）. Englewood Cliffs, NJ: Prentice - Hall.

花田光世（1991）. オピニオン・サーベイによる経営人事革新　ダイヤモンド・ハーバード・ビジネス, **10**（3）, 81-94.

Joyce, E. J., & Biddle, G. C. （1981）. Anchoring and adjustment in probabilistic inference in auditing. *Journal of Accounting Research*, **19**, 120-145.

Kabanoff, B. （1991）. Equity, equality, power, and conflict. *Academy of Management Review*, 16, 416-441.

Karambayya, R., Brett, J. M., & Lytle, A. （1992）. Effects of formal authority and experience on third-party roles, outcomes, and perceptions. *Academy of Management Journal*, 35, 426-438.

加藤　司　（2003）. 大学生の対人葛藤方略スタイルとパーソナリティ，精神的健康との関連性について　社会心理学研究, 18, 78-88.

Kipnis, D., Schmidt, S. M., & Wilkinson, I. （1980）. Intraorganizational influence tactics: Explorations in getting one's way. *Journal of Applied Psychology*, 65, 440-452.

久保真人　（1997）. 職場の人間関係と葛藤　大渕憲一（編）　紛争解決の社会心理学（現代応用社会心理学講座3）　ナカニシヤ出版　pp.207-223.

Lewin, K. （1951）. *Field theory in social science*. New York: Harper & Brothers.（猪股佐登留（訳）（1956）. 社会科学における場の理論　誠信書房）

Messick, D. M., Bloom, S., Boldizar, J. P., & Samuelson, C. D. （1985）. Why we are fairer than others. *Journal of Experimental Social Psychology*, 21, 480-500.

Morrison, E. W., & Phelps, C. C. （1999）. Taking charge at work: Extrarole efforts to initiate workplace change. *Academy of Management Journal*, 42, 403-419.

Mowday, R. T., Steers, R. M., & Porter, L. W. （1979）. The measurement of organizational commitment. *Journal of Vocational Behavior*, 14, 224-247.

Neale, M. A., Huber, V., & Northcraft, G. A. （1987）. The framing of negotiators: Contextual versus task frames. *Organizational Behavior and Human Decision Processes*, 39, 228-241.

Neale, M. A., & Northcraft, G. A. （1986）. Expert, amateurs, and refrigerators: Comparing expert and amateurs negotiators in novel task. *Organizational Behavior and Human Decision Processes*, 38, 305-317.

Near, J. P., & Miceli, M. P. （1987）. Whistle-blowers in organizations: Dissidents or reformers? In L. L. Cummings & B. M. Staw （Eds.）, *Research in organizational behavior* （Vol.9）. Greenwich, CT: JAI Press. pp. 321-368.

西田豊昭　（1997）. 企業における組織市民行動に関する研究 ―企業内における自主的な行動の原因とその動機―　経営行動科学, 11, 101-122.

小川一夫（監修）（1995）. 改訂新版　社会心理学用語辞典　北大路書房

岡本浩一・王　晋民・本田ハワード素子　（2006）. 内部告発のマネジメント　コンプライアンスの社会技術（組織の社会技術4）　新曜社

大渕憲一　（1991）. 対人葛藤と日本人　高橋順一・中山　治・御堂岡　潔・渡邊文夫（編）異文化へのストラテジー　川島書店　pp. 161-180.

Organ, D. W. （1988）. *Organizational citizenship behavior: The good soldier syndrome*. Lexington, MA: Lexington Books.

Organ, D. W., & Konovsky, M. （1988）. Cognitive versus affective determinants of organizational citizenship behavior. *Journal of Applied Psychology*, 74, 157-164.

Podsakoff, P. M., MacKenzie, S. B., Moorman, R. H., & Fetter, R. （1990）. Transformational leader behaviors and their effects of followers' trust in leader, satisfaction, and organizational citizenship behaviors. *Leadership Quarterly*, 1, 107-142.

Prein, H. (1987). Strategies for third party intervention. *Human Relations*, 40, 699-720.

Rahim, M. A. (1983). A measure of styles of handling interpersonal conflict. *Academy of Management Journal*, 26, 368-376.

Rahim, M. A., & Bonoma, T. V. (1979). Managing organizational conflict: A model for diagnosis and intervention. *Psychological Reports,* 55, 439-445.

坂田哲人・志水聡子 (2003). 情緒的コミットメントが若年層の就業意識に及ぼす影響 ―ソシアルキャピタル理論の応用を通じて― 産業・組織心理学会第19回大会発表論文集, 32-35.

Schmidt, W. H. (1974). Conflict: A powerful process for (good or bad) change. *Management Review*, 63, 4-10.

関本昌秀・花田光世 (1985). 11社4539名の調査分析に基づく帰属意識の研究 (上) ダイヤモンド・ハーバード・ビジネス, 10(6), 84-96.

関本昌秀・花田光世 (1986). 11社4539名の調査分析に基づく帰属意識の研究 (下) ダイヤモンド・ハーバード・ビジネス, 11(1), 53-62.

千賀 肇 (1993). タイ人とアメリカ人マネジメントとのコンフリクト・マネジメント 渡辺文夫(編) 異文化間コンフリクト・マネジメント (現代のエスプリ308) 至文堂 pp. 162-171.

Sheppard, B. H. (1984). Third party conflict intervention: A procedural framework. In B. M. Staw & L. L. Cummings (Eds.), *Research in organizational behavior* (Vol.6). Greenwich, CT: JAI Press. pp. 141-190.

Smith, C. A., Organ, D. W., & Near, J. P. (1983). Organizational citizenship behaviors: Its nature and antecedents. *Journal of Applied Psychology*, 68, 653-663.

Spitzmuller, M., Van Dyne, L., & Illies, R. (2008). Organizational citizenship behavior: A review and extension of its nomological network. In J. Barling & C. Cooper (Eds.), *The SAGE handbook of organizational behavior* (Vol. 1): *Micro approaches*. Thousand Oakes, CA: Sage Publications. pp. 106-123.

高石光一・古川久敬 (2009). 経営革新促進行動に関する研究―職務自律性の影響過程について― 産業・組織心理学研究, 23, 43-59.

田中堅一郎 (2002). 日本版組織市民行動尺度の研究 産業・組織心理学研究, 15, 77-88.

田中堅一郎 (2004). 従業員が自発的に働く職場をめざすために 組織市民行動と文脈的業績に関する心理学的研究 ナカニシヤ出版

Thomas, K. (1976). Conflict and conflict management. In M. D. Dunnette (Ed.), *Handbook of industrial and organizational psychology*. Chicago, IL: Rand McNally.

Thompson, L. L. (1990). An examination of naive and experienced negotiators. *Journal of Personality and Social Psychology*, 59, 82-90.

Thompson, L. L. (1991). Information exchange in negotiation. *Journal of Experimental Social Psychology*, 27, 161-179.

Thompson, L. L., & DeHarpport, T. (1994). Social judgment, feedback, and interpersonal learning in negotiation. *Organizational Behavior and Human Decision Processes*, 58, 327-345.

Thompson, L. L., & Loewenstein, G. （1992）. Egocentric interpretations of fairness and interpersonal conflict. *Organizational Behavior and Human Decision Processes*, **51**, 176-197.

Turner, J. C., Hogg, M., Oakes, P., Wetherell, M., & Reicher, S. （1987）. *Rediscovering the social group: A self-categorization theory.* Oxford, UK: Blackwell. （蘭　千壽・磯崎三喜年・内藤哲雄・遠藤由美(訳) （1995）. 社会集団の再発見　自己カテゴリー化理論　誠信書房）

Tversky, A., & Kahneman, D. （1981）. The framing of decisions and the psychology of choice. *Science*, **211**, 453-458.

Wade-Benzoni, K. A., Okumura, T., Brett, J. M., Moor, D. A., Tenbrusel, A. E., & Bazerman, M. H. （2002）. Cognitions and behavior in asymmetric social dilemmas: A comparison of two cultures. *Journal of Applied Psychology,* **87**, 87-95.

渡辺文夫(編) （1992）. 国際化と異文化教育（現代のエスプリ 299）至文堂

山岸俊男 （1993）. 因果スキーマとしての異文化間コンフリクト　渡辺文夫(編)　異文化間コンフリクト・マネジメント（現代のエスプリ 308）至文堂　pp.27-34.

Yukl, G., & Falbe, C. M. （1990）. Influence tactics and objectives in upward, downward, and lateral influence attempts. *Journal of Applied Psychology*, **75**, 132-140.

第8章

Bartlett, F. C. （1932）. Remembering: *A study in experimental and social psychology.* Cambridge, UK: Cambridge University Press.

中央労働災害防止協会安全衛生情報センター （2006）. 労働安全衛生マネジメントシステムに関する指針
<http://www.jaish.gr.jp/anzen/hor/hombun/hor1-2/hor1-2-58-1-0.htm>（2018年8月18日検索）

中央労働災害防止協会(編) （2016）. ゼロ災運動推進者ハンドブック（改訂第3版）中央労働災害防止協会

芳賀　繁 （2000）. 失敗のメカニズム　日本出版サービス

芳賀　繁 （2007）. 違反とリスク行動の心理学　三浦利章・原田悦子(編著) 事故と安全の心理学：リスクとヒューマンエラー　東京大学出版会

芳賀　繁 （2018）. ヒューマンエラーとは何か　芳賀　繁(監修) ヒューマンエラーの理論と対策　株式会社エヌ・ティー・エス　pp.3-5.

芳賀　繁 （2020）. 失敗ゼロからの脱却―レジリエンスエンジニアリングのすすめ―（KADOKAWA）角川書店

芳賀　繁・赤塚　肇・白戸宏明 （1996）. 「指差呼称」のエラー防止効果の室内実験による検証 産業・組織心理学研究, **9**, 107-114.

Hawkins, F. H. （1987）. *Human factors in flight.* Brookfield, VT: Gower Publishing. （黒田勲(監修) 石川好美(監訳) （1992）. ヒューマンファクター：航空分野を中心として　成山堂書店）

Heinrich, H. W., Peterson, D., & Roos, N. （1980）. *Industrial accident prevention: A safety management approach* （5th ed.）. New York: McGraw-Hill. （総合安全工学研究所（訳）

（1982）．産業災害防止論　海文堂）

Hollnagel, E.　（2014）．　Safety-I and Safety-II: *The past and future of safety management*. Farnham, UK: Ashgate.（北村正晴・小松原明哲（監訳）（2014）．Safety-I & Safety-II 安全マネジメントの過去と未来　海文堂）

Hollnagel, E., Woods, D., & Reveson, N.　（2006）．*Resilience engineering: Concepts and percepts*. Aldershot, UK: Ashgate.（北村正晴（監訳）（2012）．レジリエンス・エンジニアリング―概念と指針　日科技連）

International Atomic Energy Agency（2006）．　Application of the management system for facilities and activities. *Safety Standards Series No. GS-G-3.1*. Vienna, Austria: International Atomic Energy Agency.

国土交通省（2006）．　運輸安全マネジメント <http://www.mlit.go.jp/unyuanzen/unyuanzen_tk_000030.html>（2018年11月23日検索）

国土交通省（2018）．　適性診断の受診，自動車総合安全情報 <http://www.mlit.go.jp/jidosha/anzen/03safety/instruction.html>（2018年3月24日検索）

厚生労働省（2018）．　平成29年における労働災害発生状況について <https://www.mhlw.go.jp/bunya/roudoukijun/anzeneisei11/rousai-hassei/dl/17-kakutei.pdf>（2018年8月18日検索）

正田　亘（1981）．　適性，藤永　保他（編）新版心理学事典　平凡社　p.604.

三井化学岩国大竹工場レゾルシン製造施設事故調査委員会（2013）．　事故調査委員会報告書 <https://www.mitsuichem.com/jp/release/2013/pdf/130123_02.pdf>（2018年10月31日検索）

日本医療機能評価機構（2018）．　医療事故情報収集等事業第54回報告書 <http://www.med-safe.jp/pdf/report_54.pdf>（2018年10月31日検索）

西田　豊（2017）．　安全風土と安全文化：概念，測定と理論，醸成について *INSS Journal*, 24（RV-1），21-31.

Norman, D. A.　（1981）．　Categorization of action slips. *Psychological Review*, 88, 1-15.

大橋智樹（2013）．　適性―歴史を踏まえ，統合的にとらえ直す　篠原一光・中村隆宏（編）心理学から考えるヒューマンファクターズ　有斐閣

Rasmussen, J.　（1986）．*Information processing and human-machine interaction: An approach to cognitive engineering.* Amsterdam: North-Holland.（海保博之他（訳）（1990）．インターフェースの認知科学　啓学出版）

Reason, J.　（1990）．*Human error*. Cambridge, UK: Cambridge University Press（十亀　洋（訳）（2014）．ヒューマンエラー　海文堂出版）

Reason, J.　（1997）．*Managing the risks of organizational accidents*. Fahnham, UK: Ashgate.（塩見　弘（監訳）（1999）．組織事故　日科技連）

Sanders, M. S., & McCormick, E. J.　（1987）．*Human factors in engineering and design*（6th ed.）．　New York: McGraw-Hill.

Salvendy, G.　（Ed.）．（1987）．*Handbook of human factors*. New York: Wiley.

重森雅嘉（2009）．発生メカニズムに基づいた行為・判断スリップの分類　心理学評論，**32**, 186-206.

重森雅嘉（2018）．ヒューマンエラーの認知的発生メカニズム　芳賀　繁（監修）ヒューマンエラーの理論と対策　株式会社エヌ・ティー・エス　pp.23-34

梅田　聰・小谷津孝明（1998）．展望的記憶研究の理論的考察　心理学研究，**69**, 317-333.

第9章

Arthur, M. B., Hall, D. T., & Lawrence, B. S.（Eds.）．（1989）．*Handbook of career theory*. New York: Cambridge University Press.

Arthur, M. B., & Rousseau, D. M.（1996）．*The boundaryless career*. New York: Oxford University Press.

Bandura, A.（1971a）．*Psychological modeling: Conflicting theories*. Chicago, IL: Aldine-Atherton.（原野広太郎・福島脩美（訳）（1975）．モデリングの心理学―観察学習の理論と方法　金子書房）

Bandura, A.（1971b）．*Social learning theory*. New York: General Learning Press.（原野広太郎・福島脩美（訳）（1974）．人間の行動の形成と自己制御　金子書房）

Baruch, Y.（2006）．Career development in organizations and beyond: Balancing traditional and contemporary viewpoints. *Human Resource Management Review*, **16**(2), 125-138.

Baruch, Y., & Bozionelos, N.（2010）．Career issues. In S. Zedeck（Ed.），*APA handbook of industrial and organizational psychology*, **2**, 67-113.

Benson, G. S., Finegold, D., & Mohrman, S. A.（2004）．You paid for the skills, now keep them: Tuition reimbursement and voluntary turnover. *Academy of Management Journal*, **47**(3), 315-331.

Cangemi, J. P., & Guttschalk, G. E.（1986）．What employees really want from their jobs. *Psychology: A Quarterly Journal of Human Behavior*, **23**, 57-61.

キャリアコンサルティング協議会（2018）．労働者等のキャリア形成における課題に応じたキャリアコンサルティング技法の開発に関する調査・研究事業 報告書 <https://www.mhlw.go.jp/file/06-Seisakujouhou-11800000-Shokugyounouryokukaihatsukyoku/0000199636.pdf>（2018年11月5日検索）

DeFillippi, R. J., & Arthur, M. B.（1994）．The boundaryless career: A competency-based perspective. *Journal of Organizational Behavior*, **15**(4), 307-324.

DeFillippi, R. J., & Arthur, M. B.（1996）．Boundaryless contexts and careers: A competency-based perspective. In M. B. Arthur & D. M. Rousseau（Eds.），*The boundaryless career: A new employment principle for a new organizational era*. New York: Oxford University Press. pp.116-131.

Fang, R., Duffy, M. K., & Shaw, J. D.（2011）．The organizational socialization process: Review and development of a social capital model. *Journal of management*, **37**(1), 127-152.

Granovetter, M. S.（1973）．The strength of weak ties. *American Journal of Sociology*, **78**(6), 1360-1380.

Greenhaus, J. H.（2003）．Career dynamics. In W. C. Borman, D. R. Ilgen & R. J. Klimoski

(Eds.), *Comprehensive handbook of psychology. Industrial and organizational psychology* (Vol. 12). New York: Wiley. pp.519-540.

Guichard, J. （2005）. Life-long self-construction. *International Journal for Educational and Vocational Guidance*, 5, 111-124.

Hall, D. T. （2002）. *Careers in and out of organizations*. Thousand Oaks, CA: Sage.

Herr, E. L., & Cramer, S. H. （1988）. *Career guidance and counseling through the life span: Systematic approaches*. Glenview, IL: Scott, Foresman.

Heslin, P. A. （2003）. Self-and other-referent criteria of career success. *Journal of Career Assessment*, 11（3）, 262-286.

Heslin, P. A. （2005）. Conceptualizing and evaluating career success. *Journal of Organizational Behavior: The International Journal of Industrial, Occupational and Organizational Psychology and Behavior*, 26（2）, 113-136.

Hughes, E. C. （1958）. *Men and their work*. Glencoe, IL: Free Press.

今城志保（2014）. 中高年ホワイトカラーの転職の実態と課題 経営行動科学, 27（2）, 137-157.

Krumboltz, J. D. （1979）. A social learning theory of career decision making. In A. M. Mitchell, G. B. Jones & J. D. Krumboltz （Eds.）, *Social learning and career decision making*. Cranston, RI: Carroll Press.

Krumboltz, J. D. （2009）. The happenstance learning theory. *Journal of Career Assessment*, 17（2）, 135-154.

Lazarus, R. S., & Folkman, S. （1984）. *Stress, coping and appraisal*. New York: Springer. （本明　寛・春木　豊・織田正美（監訳）（1991）. ストレスの心理学　実務教育出版）

Mirvis, P. H., & Hall, D. T. （1994）. Psychological success and the boundaryless career. *Journal of Organizational Behavior*, 15（4）, 365-380.

Mitchell, G. B., Jones, & J. D. Krumboltz, （Eds.）. （1979）. *Social learning and career decision making*. Cranston, RI: Carroll Press.

Mitchell, K. E., Al Levin, S., & Krumboltz, J. D. （1999）. Planned happenstance: Constructing unexpected career opportunities. *Journal of Counseling & Development*, 77（2）, 115-124.

Nevill, D. D., & Super, D. E. （1986）. *The values scale: Theory, application, and research* （manual）. Palo Alto, CA: Consulting Psychologists Press.

日本経団連（2006）. 主体的なキャリア形成の必要性と支援のあり方―組織と個人の視点のマッチング
<https://www.keidanren.or.jp/japanese/policy/2006/044/index.html>（2018年11月5日検索）

岡田昌毅（2007）. ドナルド・スーパー　―自己概念を中心としたキャリア発達―　渡辺三枝子（編）新版キャリアの心理学　ナカニシヤ出版　pp. 23-46.

Parsons, F. （1909）. *Choosing a vocation*. Boston, MA: Houghton-Mifflin.

Richardson, M. S. （2009）. Intentionality and identity processing: A social constructionist investigation using student journal. *Journal of Vocational Behavior,* 74, 63-74.

労働政策研究・研修機構（2017）. 日本企業における人材育成・能力開発・キャリア管理

労働政策研究報告書, 196.

Savickas, M. （2011）. *Career counseling*. Washington, DC: American Psychological Association. （日本キャリア開発研究センター（監修）乙須敏紀（訳）（2015）. サヴィカス　キャリア・カウンセリング理論　福村出版）

Savickas, M. L., Nota, L., Rossier, J., Dauwalder, J. P., Duarte, M. E., Guichard, J., Soreci, S., Van Esbroeck, R., & Van Vianen, A. E. （2009）. Life designing: A paradigm for career construction in the 21st century. *Journal of Vocational Behavior*, **75**（3）, 239-250.

Schein, E. H. （1978）. *Career dynamics: Matching individual and organizational needs*. Reading, MA: Addison-Wesley. （二村敏子・三善勝代（訳）（1991）. キャリア・ダイナミックス　白桃書房）

Schein, E. H. （1990）. *Career anchors: Discovering your values*. San Francisco, CA: Jossey-Bass/Pfeiffer. （金井壽宏（訳）（2003）. キャリア・アンカー　白桃書房）

Schein, E. H. （1995）. *Career survival: Strategic job and role planning*. San Diego, CA: Pfeiffer. （金井壽宏（訳）（2003）. キャリア・サバイバル 白桃書房）

Schlossberg, N. K. （1995）. *Counseling adults in transition: Linking practice with theory*. New York: Springer.

Sullivan, S. E. （1999）. The changing nature of careers: A review and research agenda. *Journal of Management*, **25**（3）, 457-484.

Sullivan, S. E., & Baruch, Y. （2009）. Advances in career theory and research: A critical review and agenda for future exploration. *Journal of Management*, **35**（6）, 1542-1571.

Suls, J., & Wheeler, L. （2000）. A selective history of classic and neo-social comparison theory. In J. Suls & L. Wheeler （Eds.）, *Handbook of social comparison*. Boston, MA: Springer. pp. 3-19

Super, D. E. （1957）. *The psychology of careers: An introduction to vocational development*. New York: HarperCollins.

Super, D. E. （1980）. A life-span, life-space approach to career development. *Journal of Vocational Behavior*, **16**（3）, 282-298.

Super, D. E. （1985）. Coming of age in middletown: Careers in the making. *American Psychologist*, **40**（4）, 405-414.

Super, D. E. （1990）. A life-span, life-space approach to career development. In D. Brown, L. Brooks & Associates （Eds.）, *Career choice and development* （2nd ed.）. San Francisco, CA: Jossey-Bass. pp.197-261.

梅澤　正（2001）. 職業とキャリア—人生の豊かさとは　学文社

渡辺　三枝子（2007）. 新版　キャリアの心理学—キャリア支援への発達的アプローチ　ナカニシヤ出版

渡辺　三枝子・ハー, E. L.（2001）. キャリアカウンセリング入門　ナカニシヤ出版

山本　寛（2014）. 働く人のためのエンプロイアビリティ　創成社

第10章

Agres, S. J. （1987）. *Rational, emotional and mixed appeals in advertising: Impact on recall and persuasion.* Annual Conference of the American Psychological Association. New York: August.

秋山　学（2000）．比較広告と消費行動　竹村和久（編）　消費行動の社会心理学　消費する人間のこころと行動　北大路書房　pp.96-107.

秋山　学・小嶋外弘（1992）．比較広告における訴求形式が広告・広告主のイメージに及ぼす影響　広告科学, **24**, 19-26.

Batra, R., & Stayman, D. M. （1990）. The role of mood in advertising effectiveness. *Journal of Consumer Research*, **17**, 203-214.

Bickman, L. （1974）. The social power of a uniform. *Journal of Applied Social Psychology*, **4**, 47-61.

Campbell, R. H. （1969）. *Measuring the sales and profit results of advertising: A managerial approach.* New York: Association of National Advertisers. （八巻俊雄（訳）（1971）．広告効果の測定法　日本経済新聞社）

Cialdini, R. B., Cacioppo, J. T., Bassett, R., & Miller, J. A. （1978）. Low-ball procedure for producing compliance: Commitment then cost. *Journal of Personality and Social Psychology*, **36**, 463-476.

Cialdini, R. B., Vincent, J. E., Lewis, S. K., Catalan, J., Wheeler, D., & Darby, B. L. （1975）. Reciprocal concessions procedure for inducing compliance: The door-in-the-face technique. *Journal of Personality and Social Psychology*, **31**, 206-215.

Clark, M. S., & Isen, A. M. （1982）. Toward understanding the relationship between feeling states and social behavior. In A. Hastorf & A. M. Isen （Eds.）, *Cognitive social psychology.* New York: Elsevier. pp.73-108.

Colley, R. H. （1961）. *Defining advertising goals for measured advertising results.* New York: Association of National Advertisers. （八巻俊雄（訳）（1966）．目標による広告管理　ダイヤモンド社）

Dutka, S. （1995）. *DAGMAR: Defining advertising goals for measured advertising results.* Lincolnwood, IL: Business Books.

Fennis, B. M., & Stroebe, W. （2010）. *The psychology of advertising.* New York: Psychology Press.

Fishbein, M. （1963）. An investigation of the relationships between beliefs about an object and the attitude toward that object. *Human Relations*, **16**, 223-240.

Freedman, J. L., & Fraser, S. C. （1966）. Compliance without pressure: The foot-in-the-door technique. *Journal of Personality and Social Psychology*, **4**, 195-203.

御領　謙・菊地　正・江草浩幸（1993）．最新認知心理学への招待　心の働きとしくみを探る　サイエンス社

Greenwald, A. G., McGhee, D. E., & Schwartz, J. L. K. （1998）. Measuring individual differences in implicit cognition: The implicit association test. *Journal of Personality and Social Psychology*, **74**, 1464-1480.

Grewell, D., Kavanoor, S., Fern, E. F., Costley, C., & Barnes, J. （1997）. Comparative versus noncomparative advertising: A meta-analysis. *Journal of Marketing*, **61**（October）, 1-15.

濱　保久（1991）．商品・企業イメージに及ぼす比較広告の相互作用効果　心理学研究,

62, 39-45.

石橋優子・中谷内一也 （1991）. 比較広告効果についての検討 社会心理学研究, 7, 71-79.

Jacoby, J., Speller, D. E., & Kohn, C. A. （1974）. Brand choice behavior as a function of information load. *Journal of Marketing Research*, 11, 63-69.

Keller, P. A. （1999）. Converting the unconverted: The effect of inclination and opportunity to discount health-related fear appeals. *Journal of Applied Psychology*, 84, 403-415.

Krugman, H. （1965）. The impact of television advertising: Learning without involvement. *Public Opinion Quarterly*, 29, 349-356.

Kunst-Wilson, W. R., & Zajonc, R. B. （1980）. Affective discrimination of stimuli that cannot be recognized. *Science*, 207, 557-558.

丸岡吉人 （2000）. 消費者の価値意識 竹村和久（編） 消費行動の社会心理学 消費する人間のこころと行動 北大路書房 pp.26-38.

日経広告研究所（編） （2010）. 広告白書2010 日本経済新聞出版社

Palda, K. S. （1964）. *The measurement of cumulative advertising effects*. Englewood Cliffs, NJ: Prentice-Hall.

Payne, B. K., Cheng, C. M., Govorun, O., & Stewart, D. （2005）. An inkblot for attitudes: Affect misattribution as implicit measurement. *Journal of Personality and Social Psychology*, 89, 277-293.

Petty, R. E., & Cacioppo, J. T. （1986）. The elaboration likelihood model of persustion. In L. Berkowitz （Ed.）, *Advances in experimental social psychology* （Vol.19）. New York: Academic Press. pp.123-205.

（財）流通経済研究所（編） （2003）. POS・顧客データの分析と活用 同文舘出版

（株）SASインスティチュートジャパン （2001）. データマイニングがマーケティングを変える！ PHP研究所

Srull, T. K. （1983）. Affect and memory: The impact of affective reactions in advertising on representation of product information in memory. *Advances in Consumer Research*, 10, 520-525.

杉本徹雄 （1982）. 多属性態度モデルの妥当性研究 実験社会心理学研究, 22, 37-48.

竹村和久 （1997）. 消費者の情報探索と選択肢評価 杉本徹雄（編著） 消費者理解のための心理学 福村出版 pp.56-72.

田中知恵 （2004）. 関連感情がメッセージの精緻化に及ぼす影響：印刷媒体広告を用いた情報処理方略の検討 社会心理学研究, 20, 1-16.

田中知恵・村田光二 （2005）. 感情状態が広告の精緻化に及ぼす影響：TV広告を用いた検討 広告科学, 46, 104-117.

豊田秀樹 （2001）. 金鉱を掘り当てる統計学 データマイニング入門 講談社

山口 勧 （1998）. 態度の変容 末永俊郎・安藤清志（編） 現代社会心理学 東京大学出版会 pp.44-56.

Yoo, C. Y. （2008）. Unconscious processing of web advertising: Effects on implicit memory, attitude toward the brand, and consideration set. *Journal of Interactive Marketing*, 22, 2-18.

312　参 考 文 献

Zajonc, R. B. （1968）. Attitudinal effects of mere exposure. *Journal of Personality and Social Psychology, Monograph Supplement,* **9,** 1-27.

Zajonc, R. B. （1980）. Feeling and thinking: Preference need no inference. *American Psychologist,* **35,** 151-175.

特論1

松尾太加志・中村知靖　（2002）.　誰も教えてくれなかった因子分析　北大路書房

山内光哉　（1998）.　心理・教育のための統計法（第2版）　サイエンス社

吉田寿夫　（1998）.　本当にわかりやすいすごく大切なことが書いてあるごく初歩の統計の本　北大路書房

特論2

安藤瑞夫（編）　（1986）.　新版産業心理学　有斐閣

馬場昌雄　（1974）.　組織心理学の発展と問題点　経済集志, **44,** 591-600.

馬場昌雄　（1985）.　産業心理学の歴史的展望　経済集志, **54,** 988-997.

馬場昌雄　（1995）.　産業・組織心理学の黎明期　経済集志, **64,** 791-801.

裴　富吉　（1997）.　労働科学の歴史—暉峻義等の学問と思想—　白桃書房

Benjamin Jr., L. T. （1997）. A history of division 14 （The society for industrial and organizational psychology.） In D. A. Dewsbury （Ed.）, *Unification through division: Histories of the divisions of the American Psychological Association* （Vol. II）. Washington, DC: American Psychological Association. pp.101-126.

Bringmann, W. G., Lück, H. E., Miller, R., & Early, C. E. （Eds.）. （1997）. *A pictorial history of psychology*. Carol Stream, IL: Quintessence Publishing.

Katzell, R. A., & Austin, J. T. （1992）. From then to now: The development of industrial-organizational psychology in the United States. *Journal of Applied Psychology,* **77,** 803-835.

古賀行義　（1926）.　名古屋高等商業学校心理学研究室　心理学研究, **1,** 362-363.

Landy, F. J. （1997）. Early influences on the development of industrial and organizational psychology. *Journal of Applied Psychology,* **82,** 467-477.

Leahey, T. H. （1997）. *A history of psychology: Main currents in psychological thought* （4th ed.）. Upper Saddle River, NJ: Prentice-Hall.

Marrow, A. J. （1969）. *The practical theorist: The life and work of Kurt Lewin*. New York: Basic Books. （望月　衛・宇津木保（訳）　1972　クルト・レヴィン　誠信書房）

正田　亘　（1992）.　産業・組織心理学　恒星社厚生閣

松岡正剛（監修）　（1996）.　増補情報の歴史　NTT出版

三浦豊彦　（1991）.　暉峻義等　労働科学を作った男　リブロポート

Muchinsky, P. M. （1990）. *Psychology applied to work: An introduction to industrial and organizational psychology*. Belmont, CA: Wadsworth.

中島義明・安藤清志・子安増生他（編）　（1999）.　心理学辞典　有斐閣

中西信男・道又　爾・三川俊樹（編）　（1998）.　現代心理学　その歴史と展望　ナカニシヤ出版

名古屋大学史編集委員会（編）　（1995）.　名古屋大学五十年史　通史一

日本応用心理学会(編) (1998). 日本応用心理学会史

岡村一成(編) (1994). 産業・組織心理学入門 第2版 福村出版

小川一夫(監修) (1995). 改訂新版社会心理学用語辞典 北大路書房

労働科学研究所(編) (1981). 労働科学研究所60年史話

斎藤毅憲 (1983). 上野陽一：人と業績 産業能率大学

産業・組織心理学会(編) (1994). 産業・組織心理学研究の動向 産業・組織心理学会
　10年の歩み 学文社

佐々木士師二(編) (1996). 産業心理学への招待 有斐閣

佐藤達哉・溝口　元(編) (1997). 通史日本の心理学 北大路書房

心理科学研究会歴史研究部会(編) (1998). 日本心理学史の研究 法政出版

Spillmann, J., & Spillmann, L. (1993). The rise and fall of Hugo Münsterberg. *Journal of the History of the Behavioral Sciences*, **29**, 322-338.

上野陽一 (1967). 上野陽一伝 産業能率短期大学出版部

梅本堯夫・大山　正(編) (1994). 心理学史への招待 サイエンス社

索　　引

人名・団体名索引

あ行

アーサー（Arthur, M. B.）　197, 199, 200, 214

アイゼン（Isen, A. M.）　244

アイゼンク（Eysenck, H. J.）　65, 69

アヴォリオ（Avolio, B. J.）　128

青木修次　161

赤塚　肇　189

秋山　学　224, 243

アグレス（Agres, S. J.）　245

足木圭蔵　47

アダムス（Adams, S. J.）　24, 48, 162

アッシュ（Asch, S. E.）　87, 88

アトキンソン（Atkinson, J. W.）　16, 19

アブラムス（Abrams, D.）　112

アメリカ心理学会（APA）　148, 264, 269

アメリカ応用心理学会　270

アメリカ連邦通信委員会　243

蘭　千壽　163

アルダファ（Alderfer, C. P.）　5, 6

アル・レヴィン（Al Lewin, S.）　209

アレン（Allen, N. J.）　157

アンサリ（Ansari, M. A.）　125

安藤端夫　80

イオテイコ（Ioteyko, J.）　274

池上知子　97, 100, 110

池田謙一　111

池田　浩　118, 130

石川知福　273, 274

石田英夫　30, 47, 50

石橋優子　243

井手　亘　48

井上俊也　59

今川民雄　88, 89

今城志保　86, 213

岩出　博　31

イワンセヴィッチ（Ivancevich, J. M.）　46

インガム（Ingham, A. G.）　97

イングリッチ（Englich, B.）　108

ウィース（Weiss, H.）　13

ウィーラー（Wheeler, L.）　200

ヴィテルス（Viteles, M.）　269

ウェイド＝ベンゾーニ（Wade-Benzoni, K. A.）　170, 171

ウェクスラー（Wechsler, D.）　61, 63

上野陽一　271, 272, 275

ウォーカー（Walker, L.）　25, 48

ヴォーガン（Vaughan, J. A.）　41

ウォール（Wall, D. T.）　47

ウォーレン（Warren, C. H.）　55

ウォラック（Wallack, M. A.）　110

ウォルトン（Walton, R. E.）　14, 15

内田勇三郎　68

内山伊知郎　256

ウッドワース（Woodworth, R. S.）　65

梅澤　正　197

梅田　聰　180

梅津祐良　33

ヴルーム（Vroom, V. H.）　17, 77

ヴント（Wundt, W.）　259, 260

エヴァンス（Evans, P.）　53

エウェン（Ewen, A. J.）　87

エッサー（Esser, J. K.）　112

エドワーズ（Edwards, M. R.）

遠藤公嗣　37

オーガン（Organ, D. W.）　154

大沢武志　57, 75-78

オースティン（Austin, J. T.）　264

オーダム（Oldham, G. R.）　44, 45

大橋智樹　190

大原孫三郎　273

大渕憲一　163, 164, 169

大村政男　58, 61, 65, 68

316　索　　引

岡田昌毅　204
岡田邦夫　151
岡村一成　57, 70
岡本浩一　159
小川一夫　153, 160, 169
オズボーン（Osborn, A. F.）　99
オドリスコル（O'Driscoll, M. P.）　53
小野公一　53, 54
オファーマン（Offerman, L. R.）　126
オルポート（Allport, G. W.）　69

か行

カー（Kerr, S.）　129
ガーゲン（Gergen, K. J.）　48
ガードナー（Gardner, H.）　64
ガードナー（Gardner, W. L..）　130
カーネマン（Kahneman, D.）　102, 103, 106-109, 113, 114, 171
ガーハート（Gerhart, B.）　49
角山　剛　118
カシオッポ（Cacioppo, J. T.）　239
カッチ（Coch, L.）　93
カッツェル（Katzell, R. A.）　264
ガットシャルク（Guttschalk, G. E.）　200
加藤　司　167
加藤宏美　256
金井壽宏　28, 129
金井真弓　129
カバノフ（Kabanoff, B.）　163
亀田達也　98-100, 112107, 109, 119
カラゼック（Karasek, R.）　134, 135
カラムバイヤ（Karambayya, R.）　173
カルショーヴェン（Kalshoven, K.）　130
カヌンゴ（Kanungo, R. A.）　128
狩野素朗　92, 94
カンゲミ（Cangemi, J. P.）　200
カンファー（Kanfer, R.）　16
ギーゲレンツァー（Giegerenzer, G.）　109
北野利信　12
ギチャード（Guichard, J.）　210
キプニス（Kipnis, D.）　164
キャッテル（Cattell, M.）　262
キャッテル（Cattell, R. B.）　65, 69
キャノン（Cannon, W. B.）　133
キャリアコンサルティング協議会　212

キャロル（Carroll, J. S.）　170
キャンベル（Campbell, R. H.）　251
桐原葆見　273
ギルフォード（Guilford, J. P.）　63-65, 69, 73
ギルブレス（Gilbreth, F. B.）　263
ギルブレス（Gilbreth, L. M.）　263, 267
久保真人　164
熊沢　誠　39, 50
クラーク（Clark, M. S.）　244
クライン（Klein, H. J.）　22
クラグマン（Krugman, H.）　234, 240
倉敷労働科学研究所　273
倉田良樹　30
グラノヴェッター（Granovetter, M. S.）　215
クランボルツ（Krumboltz, J. D.）　201, 208, 209
グリーングラス（Greenglass, E. R.）　53
グリーンバーグ（Greenberg, J.）　49, 162
グリーンハウス（Greenhaus, J. H.）　140, 200
グリーンリーフ（Greenleaf, R. K.）　129
グリーンワルド（Greenwald, A. G.）　241
グリウェル（Grewal, D.）　242
クレーマー（Cramer, S. H.）　202
グレーン（Graen, G. B.）　125
クレッチマー（Kretschmer, E.）　69
クレペリン（Kraepelin, E.）　68
グロウィッチ（Grawitch, M. J.）　151
黒田（Kuroda, S.）　140
クンスト＝ウィルソン（Kunst-Wilson, W. R.）　234
ゲイトウッド（Gatewood, R. D.）　81
ゲールストナー（Gerstner, C. R.）　125
ゲスト（Guest, D.）　29
ケラー（Keller, P. A.）　244
ケリー（Kelley, H. H.）　35, 88, 89
厚生労働省　149, 150, 175, 213
コーレイ（Colly, R. H.）　232, 233
古賀行義　275
国際原子力機関（International Atomic Energy Agency）　188
国土交通省　190, 194
小嶋外弘　243
ゴッダード（Goddard, H. H.）　264

人名・団体名索引　317

コノウスキー（Konovsky, M.）　154
ゴフィン（Gffin, R. D.）　82
小谷津孝明　180
御領　謙　224, 225
コンガー（Conger, J. A.）　128

さ行

サーストン（Thurstone, L. L.）　63
ザイアンス（Zajonc, R. B.）　95, 234
斎藤毅憲　272
サイモン（Simon, H. A.）　102
ザヴァロニ（Zavalloni, M.）　110
サヴィカス（Savikas, M.）　201, 210, 211
坂田桐子　131
坂田哲人　157
坂野雄二　143
SASインスティチュートジャパン　229
佐藤　豪　146, 147
佐野勝男　66, 72, 74
サリヴァン（Sullivan, S. E. ）　198, 199
サルヴェンディ（Salvendy, G.）　177
サルス（Suls, J.）　200
サンダース（Sanders, M. S.）　177
ジーグリスト（Siegrist, J.）　136
ジェームズ（James, W.）　259
シェパード（Sheppard, B. H.）　49, 173
シェリフ（Sherif, M.）　92
ジェルミエ（Jermier, J.）　129
重森雅嘉　182, 183
渋沢栄一　172
嶋田洋徳　143
島津明人　141, 144, 145
清水　勤　31
志水聡子　157
シモン（Simon, T.）　60
シャイン（Schein, E. H.）　197, 201, 204-208
シャウフェリ（Schaufeli, W. B.）　138, 144
ジャクソン（Jackson, J. M.）　93, 94
ジャクソン（Jackson, S. E.）　143, 144
ジャコビー（Jacoby, J.）　238
ジャニス（Janis, I. L.）　111, 112
シュービック（Shubik, M.）　104
シュテルン（Stern, W.）　60, 261
シュミット（Schmidt, W. H.）　160, 161
シュロスバーグ（Schlossberg, N. K. ）　219

ショウ（Shaw, W.）　107
シュリースハイム（Schriesheim, C. A.）　131
ジョイス（Joyce, E. J.）　172
ショウ（Shaw, W.）　98
ジョーンズ（Jones, E. E.）　36
白井泰四郎　50
白戸宏明　189
スーパー（Super, D. E.）　55, 56, 201-204, 210
杉本徹雄　237
スコット（Scott, W. D.）　261, 262
鈴木伸一　143
スターンバーグ（Sternberg, R. J.）　64
ステイマン（Stayman, D. M.）　244
ステインズ（Staines, G. L.）　53
ストー（Staw, B. M.）　105
ストーナー（Stoner, J. A. F.）　110
ストグデイル（Stogdill, R. M.）　117
ストレーベ（Stroebe, W.）　98, 233, 241
スパイツミュラー（Spitzmuller, M.）　173, 174
スピアマン（Spearman, C. E.）　63
スピルマン（Spillmannn, J.）　261
スペンサー（Spencer Jr., L. M.）　85
スペンサー（Spencer, S. M.）　85
スミス（Smith, C. A.）　154
スミス（Smith, P. C.）　13
住田勝美　67
スルル（Srull, T. K.）　244
世界保健機関（WHO）　139
関本昌秀　157, 158
セデック（Zedeck, S.）　52
セリエ（Selye, H.）　133
千賀　肇　162
ソーンダイク（Thorndike, E. L.）　63

た行

ターナー（Turner, J. C.）　163
ターマン（Terman, L. M.）　60, 264
タイラー（Tyler, T. R.）　48, 49
田尾雅夫　45
高石光一　156
高垣寅次朗　275
高橋　潔　72

318　索　　引

高橋千枝子　151
竹沢真一　14
竹村和久　239
タジューリ（Tagiuri, R.）　34
ダトカ（Dutka, S.）　233
田中堅一郎　132, 155, 174
田中知恵　244, 145
WHO　139
タフト（Taft, R.）　34
タリス（Taris, T. W.）　138
ダンネット（Dunnette, M. D.）　77
チメルマン（Zimmerman, W. S.）　73
チャルディーニ（Cialdini, R. B.）　169, 222, 223
中央労働災害防止協会　191, 192
中央労働災害防止協会安全衛生情報センター　193
辻岡美延　65
辻平治郎　70
デイ（Day, D. V.）　125, 132
ティボー（Thibaut, J.）　25, 48
テイラー（Taylor, D. W.）　98, 100
テイラー（Taylor, F. W.）　2, 11, 263, 267, 170, 273
ディン（Dinh, J. E.）　118, 129
テオレル（Theorell, T.）　135
デシ（Deci, E. L.）　10, 27, 27
デ・デュルー（De Dreu, C. K. W.）　141
デ・ハーポート（DeHarpport, T.）　170
デ・フィリッピ（DeFillippi, R. J.）　199, 214
暉岡義等　273-275
ドイッチュ（Duetsch, M.）　48
トヴァスキー（Tversky, A.）　102, 103, 106-109, 113, 114, 171
ドウジャー（Dozier, J. B.）　159
トーマス（Thomas, K.）　164
戸川行男　67
徳川家達　272
床次竹次郎　272
外島　裕　72, 73, 88, 93
豊田秀樹　230
トリスト（Trist, E. L.）　45, 46
トンプソン（Thompson, L. L.）　170, 171

な行

中島義明　46
中西信男　55, 56
中村健壽　256
中谷内一也　243
ニアー（Near, J.P.）　159
ニーダー（Neider, L. L.）　131
ニール（Neale, M. A.）　108, 171
NIOSH　135, 136, 148
西田豊昭　155
西田直史　72
西田　豊　188, 189
ニスベット（Nisbett, R. E.）　36
日経広告研究所　237, 240
日本医療機能評価機構　176
日本経団連　216
二村英幸　71-73, 81, 77, 78, 87
ネイドラー（Nadler, D. A.）　18
ネヴィル（Nevill, D. D.）　204
ノースクラフト（Northcraft, G. B.）　108, 171
ノーマン（Norman, D. A.）　178, 179

は行

ハー（Herr, E. L.）　202
バーク（Burke, R.）　53
ハーシー（Hersey, P.）　123
パーソンズ（Persons, F.）　210
ハーツバーグ（Herzberg, F.）　12, 13
バートレット（Bartlett, F. C.）　178
バートロム（Bartolome, F.）　53
バール（Bhal, K. T.）　125
バイドル（Biddle, G. C.）　172
ハインリッヒ（Heinrich, H. W.）　184, 185
バヴェラス（Bavelas, A.）　268
ハウス（House, J. S.）　148
ハウス（House, R. J.）　124, 127
芳賀　繁　176, 183, 188
ハサウェイ（Hathaway, S.R.）　65
バス（Bass, B. M.）　41
ハストーフ（Hastorf, A. H.）　34
ハックマン（Hackman, J. R.）　44, 45
バトラ（Batra, R.）　244
花沢成一　67
ハフス（Hughes, E. C.）　200

人名・団体名索引　319

濱　保久　243
バムフォース（Bamforth, K.W.）　45
林　伸二　85
バルーク（Baruch, Y.）　198, 218
パルダ（Palda, K. S.）　232
バレラ（Barrera Jr., M.）　148
バロン（Baron, R.A.）　162
バンデューラ（Bandula, A.）　21, 22, 40, 41, 208
ビーア（Beer, M.）　29-32, 52
ビース（Bies, R. J.）　25, 49
肥田野直　63, 64
ビックマン（Bickman, L.）　225
ビネー（Binet, A.）　60
ビンガム（Bingham, W. V. D.）　55, 262
ファルベ（Falbe, C. M.）　165
ファン（Fang, R.）　215
フィードラー（Fiedler, F. E.）　53, 121, 122
フィールド（Field, H. S.）　81
フィッシュバイン（Fishbein, M.）　237
フェスティンガー（Festinger, L.）　92
フェニス（Fennis, B. M.）　233, 241
フェリス（Ferris, G. R.）　30, 47
フェルプス（Phelps, C. C.）　156
フォースト（Faust, W. L.）　18
フォード（Ford, H.）　271
フォークマン（Folkman, S.）　133, 146, 219
福岡欣治　256
福野光輝　169
藤村直子　86
藤森立男　162
淵上克義　125
フライド（Fried, G. R.）　45
プライン（Prein, H.）　172
ブラウン（Brown, M. D.）　130
ブランチャード（Blanchard, K. H.）　123
フリードマン（Freedman, J. L.）　221
ブリングマン（Bringman, W.G.）　262
古川久敬　41, 156
ブレイク（Blake, R. R.）　120, 121
フレイザー（Fraser, S. C.）　221
フレンチ（French Jr., J. R. P.）　93, 268
フレンチ（French, W. L.）　85
ベイザーマン（Bazerman, M. H.）　170
ペイン（Payne, B. K.）　241

ヘスリン（Heslin, P. A.）　200, 201
ペティ（Petty, R. E.）　239
ベンジャミン（Benjamin Jr., L. T.）　260, 269
ベンソン（Benson, G. S.）　216
ベンダー（Bender, I. E.）　34
ホイップル（Whipple, G. M.）　264
ボイテル（Beutell, N. J.）　140
ホヴランド（Hovland, C. I.）　204
ホーキンス（Hawkins, F. H.）　185
ポーター（Porter, L. W.）　17
ホール（Hall, D. T.）　200, 214
ポザコフ（Podsakoff, P. M.）　129
ボジオンロス（Bozionelos, N.）　198, 218
星野行則　270
ボノマ（Bonoma, T. V.）　165
ボヤチス（Boyatzis, R. E.）　85
ホランド（Holland, J. L.）　59
ホルナゲル（Holnagel, E. ）　194, 195
ホワイト（White, R.）　119, 268

ま行
マーヴィス（Mirvis, P. H.）　214
マイケルス（Michaelis, J. M.）　96
マインドル（Meindl, J. R.）　126, 127
マウディ（Mowday, R.T.）　157
前田　聡　146
槙田　仁　66
マクブライド（McBride, K.）　43
マグレガー（McGregor, D.）　5, 7
マクレランド（McClelland, D. C.）　5, 8, 85
マコーミク（McCormick, E. J.）　177
正田　亘　55, 190
マストン（Masten, A. S.）　147
マスラック（Maslach, C.）　177
マズロー（Maslow, A. H.）　5-9
マチンスキー（Muchinsky, P. M.）　263-265, 269
マッキンリー（Mckinley, J. C.）　65
マッコーリー（McCauley, C. D.）　110, 132
松原達哉　65
丸岡吉人　231
マレー（Murray, E. J.）　9
マレー（Murray, H. A.）　66
水谷榮二　33

320 索　　引

三隅二不二　15, 54, 119, 120
ミセリ（Miceli, M. P.）　159
ミチェル（Mitchell, G. B.）　209
三井化学岩国大竹工場レゾルシン製造施設事故
　調査委員会　175
ミュンスターベルク（Munsterberg, H.）
　259, 260
ミルコヴィッチ（Milkovich, G. T.）　49
ムートン（Mouton, J. S.）　120, 121136, 137,
　138
ムスウェイラー（Mussweiler, T.）　108
村上宣寛　70
村上千恵子　70
村田光二　245
メイヤー（Meyer, J. P.）　157
メイヨー（Mayo, G. E.）　3, 266
メシック（Messick, D. M.）　170
モーガン（Morgan, C. D.）　66
モーグ（Moag, J. F.）　25, 49
モシュー（Mosier, K.）　52
モスコヴィッチ（Moscovici, S.）　110
モリソン（Morrison, E. W.）　156

　や行
ヤーキズ（Yerkes, R. M.）　60, 264, 265
安田英理佳　256
山内光哉　256
山岸俊男　48, 162
八巻俊雄　232, 233
山口　勤　239
山口憲二　232
山口裕幸　118, 128
山本　寛　212, 216
山本（Yamamoto, I.）　140
ユークル（Yukl, G.）　165
ユール=ビエン（Uhl-Bien, M.）　125
ユング（Jung, C. G.）　69
ヨウ（Yoo, C. Y.）　241

　ら行
ライアン（Ryan, R. M.）　9, 28
ラザルス（Lazarus, R. S.）　133, 146, 219
ラスムッセン（Rasmussen, J.）　181
ラタネ（Latané, B.）　97
ランディ（Landy, F. J.）　260, 264

リーズン（Reason, J.）　177, 178, 180, 181,
　183, 186, 187, 188
リーヒー（Leahey, T. H.）　262, 264, 265
リチャードソン（Richardson, M. S.）　213
リピット（Lippitt, R.）　119, 268
リヒテンシュタイン（Lichtenstein, S.）
　106
流通経済研究所　228
リンカン（Licoln, J. R.）　43
リンド（Lind, E. A.）　48, 49
ルソー（Rousseau, D. M.）　200
レイサム（Latham, G. P.）　20, 21, 41
レイヒム（Rahim, M. A.）　165, 166
レヴィン（Lewin, K.）　160, 267-269
レーヴェンスタイン（Loewenstein, G.）
　171
レーヴェンソール（Leventhal, G. S.）　25,
　48, 49
レカ（Leka, S.）　139
労働政策研究・研修機構　217, 218
ローゼンツワイク（Rosenzweig, S.）　67
ローゼンマン（Rosenman, R. H.）　146
ロード（Lord, R. G.）　118, 126
ローラー（Lawler Ⅲ, E. E.）　17, 18
ロールシャッハ（Rorschach, H.）　65
ロス（Ross, J.）　105
ロス（Ross, L.）　36
ロック（Locke, E. A.）　10, 20, 21, 41
ロビンス（Robbins, S. P.）　37

　わ行
ワインガート（Weingart, L. R.）　141
渡辺文夫　162
渡辺三枝子　197, 202
渡辺龍聖　275
ワトソン（Watson, J. B.）　262

事項索引

alphabet
AIDMA　232
AIO　230
coping　134, 145

事 項 索 引　321

conflict　160
DAGMAR　232
egocentric fairness bias　170
ERG　6
EIMP　72
fixed-pie assumption　170
framing　171
GRP　235
HLT: happenstance learning theory
I-O　psychology: industrial-organizational　psy-
　chology　269
JD-C model　134
JDI　13
LMX: Leader-Member-eXchange　124
LPC　121
MOW　15
m-SHEL model　185
MSQ　13
negative framing　171
negotiation　169
OCQ: organizational commitment questionnaire
　157
OJT　43
organizational citizenship behavior　154
organizational commitment　157
PDCA　193
planed happenstance　206
PNA　244
positive framing　171
prosocial behavior　153
QWL　14
safety-I　194
safety-II　194
SD　248
SHEL model　186
SLTCDM　208
taking charge　156
the best possible effect　261
the best possible man　261
the best possible work　261

あ行

アーミーアルファ　264
アーミーベータ　264
アクション・リサーチ　269

アセスメント・センター方式　82
アトキンソンの達成動機理論　19
アポイントメント・セールス　226
アンカリングと調整⇒葛藤解決　171
安全と安定の欲求　5
安全文化　187
安全マネジメントシステム　193
アンダーマイニング効果⇒動機づけ　10, 26,
　27
EIMPプロジェクト⇒能力適性　72
意思決定　101
一次的評価⇒ストレス　134
違反　183
異文化間葛藤　161
医療過誤　176
因子　256
　――寄与　258
　――負荷　258
　――量　258
　――分析　256
印象形成　87
インフォーマルグループ　93
ヴルームの期待理論　17
AIOアプローチ⇒消費者行動　230
衛生要因　12
XY理論⇒動機づけ　7
X理論⇒動機づけ　7
m-SHELモデル⇒ヒューマンエラー　186
M機能⇒リーダーシップ　119
LMX理論⇒リーダーシップ　124
ERG理論⇒動機づけ　6
エルゴノミックス　265
LPC⇒リーダーシップ　121
エンプロイアビリティ　212, 213
オーセンティック・リーダーシップ　130

か行

外発的動機づけ　10
回避動機　19
科学的管理法　2
　――の原理　263
学習理論　39
かたり商法　225
葛藤　160
　――解決　164

322　索　　引

過程コントロール　25
過程理論　16
カリスマ性　127
カリスマ的リーダーシップ　127
関係欲求　7
観察による学習　40
危険予知訓練　191
基礎比率　76
企業帰属意識　157
基準関連妥当性⇒心理検査　70
基準変数　74
帰属理論　35
期待効用理論　101
期待理論　17
規範的影響　93, 110
客観的キャリア　200
キャリア・アンカー　206
キャリアカウンセリング　201,
キャリア・コンピテンシー　214, 215
キャリア・サバイバル　212
キャリアディベロプメント　198
キャリアトランジション　219
キャリアの意思決定における社会的学習理論
　208
キャリアの成功　200
QCサークル　101
教育訓練　39
強化　40
凝集性　95
共通性（因子分析）　258
恐怖喚起アピール　168
偶発性学習理論　209
グループ間のコンフリクト⇒ストレス　141,
　142
グループ・ダイナミックス　268
経営革新促進行動　156
計画された偶発性　209
決定コントロール　25
欠乏動機　5
健康経営　150
検定　251
広告　261
　──の繰越効果　232
向社会的行動　153
交渉　169

構成概念妥当性⇒心理検査　70
公正　23
　──理論　23
　手続き的──　23, 48
　分配的──　23, 48
交通事故　175
行動アプローチ⇒リーダーシップ　119
行動科学　4
合否分岐点　75
衡平分配　24
衡平理論　24, 48, 163
効用　101
コーピング　134, 145
　問題焦点型対処行動　146
　情動焦点型対処行動　146
顧客ID付POSデータ　227
個人と組織の関係性　218
固定資源知覚　170
コピーテスト　236
コミットメント　169
コンティンジェンシー・モデル⇒リーダーシッ
　プ　121
コントロール理論　22

さ行

最高の効果　261
最適の人　261
催眠商法　224
最良の仕事　261
作業検査法　64
サーバント・リーダーシップ　129
産業・組織心理学　269
産業能率研究所　272
360度フィードバック　87
資格商法　223
時間研究　263
事業所外資源によるケア　149
事業所内産業保健スタッフ等によるケア
　149
自己決定　10
自己効力　23
自己参照⇒主観的キャリア　200
自己志向性　166
自己実現欲求　6
自己中心的公正バイアス　170

事 項 索 引 323

自己動機づけ　21
仕事の要求度－コントロールモデル⇒ストレス
　134, 135
仕事の要求度－資源モデル⇒ストレス　137,
　138
市場実験　236
質問紙法　64
支配欲求　8
社会－技術システム論　45
社会的促進　95
社会的手抜き　97
社会的認知理論　22
社会的比較　23, 200
社会的抑制　95
従業員のもたらす影響　31
集合　91
従属変数　250
集団　91
　――規範　92
　――浅慮　112
　――分極化　109, 110
主観的キャリア　200
熟達性　10
SHELモデル⇒ヒューマンエラー　185
状況適合的アプローチ⇒リーダーシップ
　121
承諾先取り技法　223
情動焦点型対処行動⇒ストレス　146
情報的影響　93, 110
譲歩的要請技法　222
職業興味検査　59
職業適性　55
　一般――検査　58
職能資格制度　31
職務拡大　13
職務システム　31
職務充実　13
職務設計　47
職務特性理論　44
職務分析　46
職務満足　10
所属と愛の欲求　5
自律性　10
自律的キャリア　216
人事評価　32

人的資源管理　29
信憑性　167
信頼性⇒心理検査　70
親和欲求　8
スイスチーズモデル⇒ヒューマンエラー
　186
スキーマ　178
スキャン・パネル・データ　228
ステレオタイプ　35
ストレス　133
　――チェック制度　150
　――のケア　149
スピアマンの順位相関係数　254
スリップ⇒ヒューマンエラー　177, 178
性格　69
　――検査　64
正規分布　250
成功動機　19
精神技術学　261
生存欲求　7
精緻化見込みモデル⇒広告効果　239
成長動機　6
成長欲求　7
正の相関　254
生理的欲求　5
説得　167
Z値　253
セルフケア　149
潜在的な記憶　241
潜在的な態度　241
選抜　74
　――比率　75
相関係数　254
相互作用的アプローチ⇒リーダーシップ
　124
組織開発　42
組織コミットメント　157
組織市民行動　154
　――尺度　155
組織の3次元モデル　205
ソーシャル・サポート　148
率先　156
尊敬欲求　5

324 索 引

た行

タイアップ広告　243
第三者の介入　172
対人葛藤　161
対人的公正　25
対人認知　34
タイプA行動パターン⇒ストレス　146
ダイレクト・レスポンス広告　237
代替的アプローチ⇒リーダーシップ　129
多因子説　63
他者参照⇒主観的キャリア　200
他者志向性　166
達成欲求　9
妥当性⇒心理検査　70
多変量解析　256
多面観察評価手法　86
段階的要請技法　221
単純接触効果　234
知能検査　60
知能指数　60
知能偏差値　61
調整損失⇒社会的手抜き　97
低関与学習理論　234
適性　190
　――テスト　71
データウェアハウス　229
データマイニング　229
手続き的公正　23, 48
電子メールによる悪徳商法　226
伝統的なキャリア　199, 202
展望的記憶　180
ドアインザフェイス技法　222
投影法　64
動機損失⇒社会的手抜き　97
動機づけ　1
　―― ‐衛生理論　11
　――要因　12

道具性⇒期待理論　17
統合的合意　169
動作研究　263
特性アプローチ⇒リーダーシップ　117
特性論⇒性格　69
独立変数　250
努力 ‐報酬不均衡モデル⇒ストレス　136

トランザクショナルモデル⇒ストレス　133

な行

内発的動機づけ　9
内部告発　159
内容的妥当性⇒心理検査　70
内容理論　4
2因子説⇒知能構造　63
NIOSH職業ストレスモデル　135, 136, 148
二次的評価⇒ストレス　134
日本的経営論　30
人間関係論　3
人間工学　265
　――的設計原則　192
人間尊重の理念　214
認知スリップ⇒ヒューマンエラー　182
認知的アプローチ⇒リーダーシップ　126
認知的評価⇒ストレス　134
認知的評価理論　9, 27
ネガティブ・フレーミング　171
能率　263, 271

は行

ハーツバーグの2要因理論　11
バーンアウト　143
媒介変数　77
ハインリッヒの法則⇒ヒューマンエラー　184
バウンダリーレスキャリア　198, 202, 215
パス＝ゴール理論　124
ハロー効果　34
番組長のコマーシャル　243
ピアソンの積率相関係数　254
PM理論⇒リーダーシップ　119
P機能⇒リーダーシップ　119
比較広告　242
必要性に応じた分配　24
ヒヤリハット報告⇒ヒューマンエラー　185
ヒューマンエラー　176
ヒューマン・ファクターズ　176
ヒューマン・リソース・フロー　31
ヒューリスティックス　106
　アンカリングと調整――　108
　高速・倹約――　109
　代表性――　106

事 項 索 引　325

利用可能性——　106
評価バイアス　34
標準化　70, 253
標準正規分布　253
標準偏差　248
平等分配　24
VALS⇒消費者行動　231
不安全行動　177
フィッシュバイン・モデル　237
ブーメラン効果　168, 169
フォーマルグループ　94
フットインザドア技法　221
負の相関　254
フリーライダー　98
フレーミング　171
　——効果　102
　ポジティブ・——　171
ブレーン・ストーミング　99
プロスペクト理論　113
分散　249
分配的合意　169
分配的公正　23, 48
平均値　247
併存的妥当性⇒心理検査　71
ペットミルク説　11
変革型リーダーシップ　128
偏差値　253
報酬システム　31
ホーソン研究　3, 266
ホーソン効果　267
ホストセリング　243

ま行

マクレランドの達成動機理論　8
マネジリアル・グリッド　120
ミステイク　177, 181
無相関　254
無理，無駄，むら　263
メディアン（中央値）　250
モード（最頻値）　250
目標管理制度　22
目標理論　20, 41
モラール・サーベイ　13
問題解決　98
問題焦点型対処行動⇒ストレス　146

や行

役割曖昧性　170
役割葛藤　170
要素分析モデル　168
指差・呼称　189
予測的妥当性⇒心理検査　71
予測変数　74
欲求階層理論　5
弱い紐帯　215

ら・わ行

ライフ・サイクル理論⇒リーダーシップ　123
ライフ・スパン／ライフ・スペースキャリア　203
ライフデザイン・アプローチ⇒キャリア　210
ラインによるケア　149
ラプス⇒ヒューマンエラー　177, 180
リーダーシップの幻想　126
リーダーシップ開発　132
リーダー発達　132
リターン・ポテンシャルモデル　93
両面提示　168
倫理的リーダーシップ　130
類型論⇒性格　69
レジリエンス⇒ストレス　147
レジリエンス・エンジニアリング　194
レディネス　123
労働科学　274
　——研究所　275
労働災害　175
ローボール技法　223
ワーク・エンゲイジメント⇒ストレス　143, 144
ワーク／ノンワーク（work/nonwork）　52
ワーク・ファミリー・コンフリクト⇒ストレス　140
ワーク・ファミリー・スピルオーバー⇒ストレス　140
ワーク・ライフ・バランス　139
Y理論⇒動機づけ　8

執筆者紹介

井手　亘（第1章）
京都大学大学院文学研究科修士課程修了
現職　大阪府立大学現代システム科学系教授

小林　裕（第2章）
東北大学大学院文学研究科博士後期課程単位取得退学
現職　東北学院大学教養学部教授

外島　裕（第3章）
日本大学大学院文学研究科心理学専攻修士課程修了
現職　日本大学商学部経営学科教授

森　久美子（第4章）
名古屋大学大学院教育学研究科博士課程後期課程単位取得退学
現職　関西学院大学社会学部教授

田中　堅一郎（第5章，第7章）
日本大学大学院文学研究科博士後期課程修了
現職　日本大学大学院総合社会情報研究科教授

坂爪　洋美（第6章）
慶應義塾大学大学院経営管理研究科博士後期課程修了
現職　法政大学キャリアデザイン学部教授

芳賀　繁（第8章）
京都大学大学院文学研究科修士課程修了
現職　株式会社社会安全研究所技術顧問／立教大学名誉教授

今城　志保（第9章）
東京大学人文社会研究科社会心理学博士後期課程単位取得退学
現職　株式会社リクルートマネジメントソリューションズ　組織行動研究所主幹研究員

山下　玲子（第10章）
一橋大学大学院社会学研究科博士後期課程単位取得退学
現職　東京経済大学コミュニケーション学部教授

鈴木　祐子（特論）
日本大学大学院文学研究科博士後期課程心理学専攻満期退学

産業・組織心理学エッセンシャルズ［第4版］

2019年 3 月31日　　第4版第1刷発行　　　定価はカヴァーに
2020年10月10日　　第4版第2刷発行　　　表示してあります

監修者　外島　裕
編　者　田中堅一郎
発行者　中西　良
発行所　株式会社ナカニシヤ出版
〒606-8161　京都市左京区一乗寺木ノ本町15番地
Telephone 075-723-0111
Facsimile　075-723-0095
Website http://www.nakanishiya.co.jp/
Email　　　iihon-ippai@nakanishiya.co.jp
郵便振替　01030-0-13128

装幀＝白沢　正／印刷・㈱吉川印刷工業・製本＝㈱ファインワークス

Copyright © 2000, 2004, 2011, 2019 by Y. TOSHIMA and K. TANAKA

Printed in Japan.

ISBN978-4-7795-1385-5 C3011

　　　　本書のコピー，スキャン，デジタル化等の無断複製は著作権法上
　　　　での例外を除き禁じられています。本書を代行業者等の第三者に
　　　　依頼してスキャンやデジタル化することはたとえ個人や家庭内の
　　　　利用であっても著作権法上認められておりません。